라이트룸
CC 기본편 + 활용편

한빛미디어
Hanbit Media, Inc.

지은이 김주원(joowon77@naver.com)

풍경 사진가이자 사진 교육자, 저술가로 활동 중이다. 사진잡지 월간 《포토넷》 기자로 재직했고 동료 사진가들과 사진 에이전시 ZAKO를 만들어 사진 프로젝트, 전시, 광고, 강의, 출판 등 다양한 활동을 했다. 2011년 눈 내린 한국의 겨울 풍경을 담은 《WHITE》 시리즈로 스페인에서 개인전을 열었다. 2017년 한국인 사진작가 최초로 소니 글로벌 이미징 앰버서더에 선정되었고 2018년 '소니 a7R III, 프로의 오리지널리티'의 광고 모델로 출연했다.

블로그 http://joowon77.blog.me
페이스북 http://facebook.com/joowoni77
인스타그램 http://instagram.com/photographer_kimjoowon

맛있는 디자인 라이트룸 CC

초판 1쇄 발행 2019년 8월 1일

지은이 김주원 / **펴낸이** 김태헌
펴낸곳 한빛미디어(주) / **주소** 서울시 서대문구 연희로2길 62 한빛미디어(주) IT출판사업부
전화 02-325-5544 / **팩스** 02-336-7124
등록 1999년 6월 24일 제25100-2017-000058호 / **ISBN** 979-11-6224-205-6 13000

총괄 전태호 / **책임편집** 배윤미 / **기획편집** 장용희, 박지수, 박은경 / **진행** 박지수
디자인 김미현, 김연정 / **전산편집** 김희정
영업 김형진, 김진불, 조유미 / **마케팅** 송경석, 조수현, 이행은, 홍혜은 / **제작** 박성우, 김정우

이 책에 대한 의견이나 오탈자 및 잘못된 내용에 대한 수정 정보는 한빛미디어(주)의 홈페이지나 아래 이메일로 알려주십시오.
잘못된 책은 구입하신 서점에서 교환해 드립니다. 책값은 뒤표지에 표시되어 있습니다.
한빛미디어 홈페이지 www.hanbit.co.kr / **이메일** ask@hanbit.co.kr / **자료실** www.hanbit.co.kr/src/10205

지금 하지 않으면 할 수 없는 일이 있습니다.
책으로 펴내고 싶은 아이디어나 원고를 이메일(writer@hanbit.co.kr)로 보내주세요.
한빛미디어(주)는 여러분의 소중한 경험과 지식을 기다리고 있습니다.

맛있는 **가장 완벽한 디 자 인 레시피** 디자인

라이트룸
CC 기본편+활용편

김주원 지음

한빛미디어
Hanbit Media, Inc.

사진 속에 나의 감성과 느낌을 표현하는,
라이트룸 클래식 CC

몇 년 전만 해도 '디지털 사진을 찍고, 다룬다.'라는 말이 흔히 쓰였습니다. 하지만 카메라 관련 기기들이 디지털화된 현재는 이렇게 말하는 사람이 별로 없습니다. 디지털 사진이 필름을 대체하여 사진의 표준이 되었고, 사진을 찍는 것 자체가 곧 디지털 이미지를 다루는 행위가 되었기 때문입니다.

디지털화된 사진을 찍고 수정하는 작업은 필수 불가결한 과정입니다. 예전에는 수정한 디지털 사진을 '뽀샵한 사진'이라고 불렀다면 지금은 '보정한 사진'이라고 더 많이 부릅니다. 포토샵으로 사진을 한 장 한 장 수정하던 것이, 지금은 스마트폰의 보정 앱, 라이트룸, 캡처원 같은 다양한 프로그램을 쓰는 것으로 바뀌었다는 의미이기도 할 것입니다.

최근에는 디지털 사진의 촬영 양이 많고 수정해야 할 이미지도 많습니다. 이미지 관련 프로그램은 대량의 이미지를 쉽고 빠르게 사용자의 입맛에 맞도록 처리할 수 있어야 합니다. 라이트룸은 디지털 이미지를 다루는 사용자들의 요구에 맞도록 최적화되어 최신 기술에 빠르게 대응합니다. 최근에는 AI 기술의 결합으로 원본의 이미지를 향상하는 기술도 추가되었습니다.

카메라의 성능이 좋아지며 디지털 이미지를 수정하는 흐름도 바뀌었습니다. 과거에는 부족한 이미지를 좀 더 돋보이고 화사하게 만드는 데 중점을 두었다면, 현재는 고화질의 원본의 사진을 자신의 감성과 느낌에 맞게 향상하고 수정하는 데 초점을 두고 있습니다.

라이트룸에 촬영한 사진을 불러와 수정하는 행위는 항상 새롭습니다. 내 사진이 새로운 감성의 바다로 항해하는 느낌과 같습니다. 여러분도 이 책을 통해 그런 재미를 느끼면 좋겠습니다. 자신만의 느낌을 충만히 담아낼 수 있는 라이트룸의 사진 보정 세계로 출발해보세요.

이 책의 독자에게
당부합니다!

좋은 사진을 촬영하려면 카메라라는 도구를 사용하는 행위 자체를 잊어야 합니다. 어떤 상황, 장면을 맞이했을 때 내가 원하는 이미지를 카메라를 통해 자유자재로 담아낼 수 있을 정도가 되면 도구의 한계를 뛰어넘었다고 볼 수 있습니다.

라이트룸도 카메라와 같은 '도구'입니다. 카메라가 촬영을 담당한다면 라이트룸은 후반 보정 작업을 담당합니다. 라이트룸을 자유자재로 다룰 수 있다면 자신이 원하는 창의적인 느낌을 쉽게 표현할 수 있을 것입니다. 부단한 반복과 연습. 창의적인 무언가를 얻기 위한 수련 과정을 통해 라이트룸을 여러분의 개성을 표현하는 도구로 사용하고 만들어보세요.

열정적인 당신의 도전을
응원합니다!

라이트룸의 작업 흐름은 단순합니다. '불러오고, 수정하고, 내보낸다.' 이 중간 과정인 수정에 사용자의 의도나 느낌, 감성이 개입하는 것입니다. 하지만 보정 프로그램 관련 도서를 읽다 보면 너무 많은 기능을 익히다가 지쳐버리는 경우가 있습니다. 사진 보정에 꼭 필요한 기능만 익힌다면 이런 부담을 덜어낼 수 있습니다.

또 익숙하지 않은 도구를 다루다 이미지가 손상될까 걱정도 듭니다. 하지만 라이트룸은 원본 이미지를 손상하지 않습니다. 도서에서 제공하는 예제 이미지로 마음껏 따라해 보고 원하는 대로 수정해도 좋습니다. 그리고 기능이 익숙해졌을 때 자신의 사진을 불러와 직접 수정하면서 사용 방법을 익히길 바랍니다.

진화하고 변화하는 라이트룸,
열려 있는 저자와의 소통 통로

사진 업계에 종사한 지 20년이 넘었지만, 빠른 시대의 흐름에 적응하기란 참 쉽지 않습니다. 자고 나면 새로운 기술이나 카메라가 발표되고, 업데이트 속도를 책이 따라잡기는 힘들어 보입니다. 하지만 인터넷에 방대하고 좋은 정보가 많음에도 책을 통해 공부하고자 하는 것은 선별된 지식을 습득하고자 하기 위함입니다. 따라서 이 책에는 꼭 필요한 기능과 아무리 업데이트되어도 변하지 않는 원리를 충실하게 담았습니다.

이 책이 출간된 이후에도 라이트룸에 어떤 기술이 추가되거나 바뀔지 모릅니다. 만약 새로운 기능이 추가된다면 기존의 기술에 더해 자신의 사진을 더 향상할 수 있는 기회로 삼길 바랍니다. 책을 보다가 어려운 부분, 궁금한 점은 언제든 한빛미디어 홈페이지나 필자의 메일(joowon77@naver.com)로 질문해도 좋습니다. 이 책을 선택한 독자에게 감사의 마음을 전합니다.

2019년 8월

김주원

PART 01
라이트룸 기본편

라이트룸을 처음 접하는 분들을 위한 기본&핵심 기능 익히기

라이트룸이 처음인 분들을 위해 라이트룸의 설치부터 라이트룸의 기본&핵심 기능을 알아봅니다. 사진 보정을 위해 꼭 필요한 디지털 이미징 이론, 기본 조작 방법과 기능에 대해 알아보며 라이트룸과 더욱 친해질 수 있습니다.

LESSON

레슨 제목과 핵심 키워드를 통해 어떤 내용과 기능을 배울지 빠르게 확인해보세요.

준비 파일

실습에 필요한 예제 파일의 위치를 확인하고 미리 준비하세요!

LESSON 01

히스토그램으로 이미지의 구조를 파악하자

라이트룸 히스토그램의 구조와 조작 방법 알아보기

여러 그래픽 관련 프로그램을 다뤄봤지만 라이트룸의 Develop 모듈만큼 직관적인 사진 보정 기능은 만나보지 못했습니다. 라이트룸의 Develop 모듈에는 사진 보정에 관한 기능이 일목요연하게 정리되어있습니다. 각각의 항목은 슬라이더로 이루어져 있고, 설정에 따라 사진이 대략적으로 어떻게 바뀔지 확인할 수 있도록 오른쪽 상단에 히스토그램 그래프가 있습니다.

이미지의 구조와 히스토그램의 원리

준비 파일 기본편/CHAPTER02/01.dng

01 라이트룸을 다루기 전 기본적으로 이미지 구조에 대한 이해가 필요합니다. 디지털 사진(이미지)은 빨간색, 초록색, 파란색(RGB)의 세 가지 색 채널을 가지고 있습니다. 각각의 색을 더할수록 하얀색(White)에 가까워지고, 제거할수록 검은색(Black)에 가까운 이미지가 됩니다.

◀ 왼쪽 그림은 사진을 포토샵에서 각 채널로 확인한 것입니다. 디지털 이미지는 RGB의 세 가지 채널로 이루어져 있습니다.

각 RGB 채널은 0~255 사이의 값으로 나타낼 수 있습니다. 이것을 그래픽 형태로 보여주는 것이 히스토그램(Histogram)입니다. 이 조합을 숫자로 바꿔보면 완전한 검은색(Black)인 상태는 RGB가 0, 0, 0이 되고, 완전한 하얀색(White)인 상태는 255, 255, 255가 됩니다. 각 채널의 완벽한 중간을 나타낸 회색(Gray) 상태는 125, 125, 125가 됩니다.

◀ 포토샵의 레벨(Levels)로 확인한 톤의 분포도가 바로 히스토그램입니다. 가장 어두운 0에서 가장 밝은 255까지의 숫자가 그래프로 나타납니다.

PART 01 : 기초가 튼튼해지는 라이트룸 CC 기본편

간단 실습
Luminance Range Mask를 이용해 콘트라스트 극복하기

앞에서 [Graduated Filter]의 [Color Range Mask]를 이용한 작업을 봤다면 이번에는 [Adjustment Brush]의 [Luminance Range Mask]를 이용해 복잡한 패턴의 이미지를 보정해보겠습니다. 색을 기준으로 마스크 영역을 선택하는 대신 밝기를 기준으로 선택한다는 점만 제외하면 거의 동일합니다.

준비 파일 기본편/CHAPTER02/48.dng

01 ❶ Adjustment Brush를 클릭하고 [A] 브러시가 선택된 상태에서 하늘을 파랗게 만들기 위해 ❷ [Temp]는 -43, [Exposure]는 -0.68로 설정합니다. ❸ 보정할 하늘 부분을 브러시로 선택합니다. 나중에 간단히 수정할 수 있으므로 하늘 부분을 선택하기 위해 너무 정교하게 작업할 필요는 없습니다.

❶ 클릭
❷ 설정
❸ 드래그해 영역 설정

[Auto Mask]에 체크 표시해 활성화하면 브러시가 선택된 상태에서 더욱 편리합니다.

기능 꼼꼼 익히기 | [Visualize Spots] 옵션

사진 아래에 있는 도구 바에는 [Visualize Spots] 옵션이 있습니다. 체크 표시하면 먼지를 확인하면 단색 배경에서 먼지를 좀 더 자세히 관찰할 수 있습니다. [Visualize Spots] 오른쪽의 슬라이더를 왼쪽으로 이동하면 검은색과 흰색의 대비를 좀 더 자세히 보여주어서 사진 속 먼지를 파악하기 쉽습니다.

188 PART 01 : 기초가 튼튼해지는 라이트룸 CC 기본편

간단 실습

왕초보도 알기 쉬운 간단한 예제로 라이트룸에 익숙해져보세요!

TIP

실습을 진행하며 모르거나 실수할 수 있는 부분을 속 시원하게 알려드립니다.

기능 꼼꼼 익히기

실습을 진행하며 배우는 기능의 응용 방법, 전문가의 활용 노하우를 자세히 알려드립니다.

상황별 사진 보정 예제를 통해 라이트룸 실력 업그레이드하기

라이트룸 활용편은 기본편에서 배운 보정 기능으로 풍경, 여행, 음식, 인물 등 상황별 사진을 보정하는 방법은 물론 노출, 구도, 노이즈, 배경 등 사진에 발생한 다양한 문제를 해결하는 방법까지 알려드립니다.

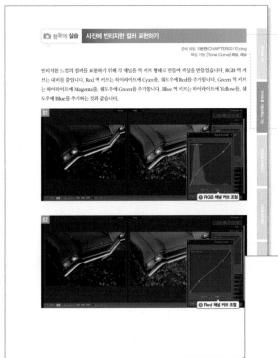

한눈에 실습

이론과 간단 실습을 통해 알아보았던 내용을 실습 예제를 통해 빠르게 익힐 수 있습니다.

핵심 기능

한눈에 실습을 진행하며 적용할 수 있는 기능에 대해 미리 알려드립니다. 모르는 부분은 앞의 이론, 간단 실습을 다시 복습해보세요!

실무 활용 예제

전문가가 직접 촬영하고 보정한 라이트룸 실무 활용 예제로 더욱 감각적인 보정 실력을 길러보세요!

미리 보기/이 예제를 따라하면

예제 파일(준비, 완성 파일) 이미지를 통해 어떤 내용을 배울지 미리 확인하고 어떤 기능에 대해 학습할 수 있는지 확인해보세요!

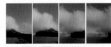

맛있는 디자인의
수준별 3단계 학습 구성

맛있는 디자인은 라이트룸을 처음 다뤄보는 왕초보부터 간단한 사진 보정 기능을 어느 정도 다뤄본 사람까지 누구나 쉽게 학습할 수 있도록 구성되어 있습니다. 기본 기능과 핵심 기능을 빠르게 실습하여 익히고, 전문가의 노하우로 구성된 활용편 예제로 사진 보정 실력을 쌓아보세요.

1 단계
라이트룸 CC는 처음이에요!

라이트룸 무료 체험판을 설치하고, 필요에 따라 포토그래피 유료 플랜에 가입합니다.
기본 화면 구성과 라이트룸에 사진을 삽입하고 보정한 후 내보내는 방법에 대해 우선 학습합니다. [간단 실습]을 통해 기본&핵심 기능을 빠르게 실습하고 꼭 알아야 하는 기능을 숙달하면 라이트룸 실력이 쑥쑥 향상됩니다.

▶ 크리에이티브 클라우드
다루기 p.010

2 단계
라이트룸을 실행은 해봤어요!

아직 라이트룸이 어렵다면 전문가의 친절한 설명과 함께 시작해보세요. 기초가 탄탄하면 라이트룸을 다루는 실력은 수직 상승합니다. 본격적인 기능 학습을 먼저 시작하거나 기본&핵심 기능을 훑어보며 모르는 부분 위주로 학습합니다. 입문자의 눈높이에 맞춘 친절한 설명과 구성으로 혼자 실습해도 전혀 어렵지 않습니다.

▶ 기본편 p.036

3 단계
사진 보정 전문가로 거듭나고 싶어요!

사진 보정에 대한 기본&핵심 기능에 대해 거의 다 익혔다고 생각된다면, 부분 보정 기능을 이용해 사진을 더욱 감각적으로 보정해보세요! 기본편의 기능을 모두 학습하면 활용편에서 각 상황별 예제를 통해 보정하는 것은 하나도 어렵지 않습니다!
필요에 따라 라이트룸의 부가 기능을 활용해 더욱 멋진 사진 보정 전문가가 되어보세요!

▶ 기본편 p.084
▶ 활용편 p.222

예제 & 완성 파일
다운로드

이 책에서 나오는 모든 예제 소스(준비 파일, 완성 파일)는 홈페이지에서 다운로드할 수 있습니다. 한빛출판네트워크 홈페이지는 검색 사이트에서 '한빛출판네트워크'로 검색해 접속하거나 주소창에 www.hanbit.co.kr을 입력해 접속합니다.

01 한빛출판네트워크 홈페이지에 접속합니다. 오른쪽 아래에 있는 [자료실]을 클릭합니다.

02 ❶ 검색란에 **라이트룸**을 입력하고 ❷ 검색 버튼을 클릭합니다. ❸《맛있는 디자인 라이트룸 CC》가 나타나면 [예제 소스]를 클릭합니다.

03 다운로드 페이지로 이동합니다. 예제 소스의 [다운로드]를 클릭한 후 예제 파일의 압축을 해제해 사용합니다.

▶ **빠르게 다운로드하기**
단축 주소 www.hanbit.co.kr/src/10205로 접속하면 바로 예제 파일 다운로드 페이지로 이동합니다.

크리에이티브 클라우드 다루기

어도비 포토그래피 플랜 구매

어도비 포토그래피 플랜은 최저 월 11,000원의 합리적인 가격으로 사진 보정에 꼭 필요한 라이트룸(CC, Classic CC, 모바일 포함)과 포토샵 CC 최신 버전을 함께 사용할 수 있습니다. 개별적으로 구매하면 각각 24,000원인 것에 비해 매우 저렴하므로 앞으로 사진 보정을 계속해서 공부해나갈 계획이라면 부담 없는 선택이 될 것입니다.

01 ❶ 인터넷 브라우저에서 어도비 홈페이지 주소(http://www.adobe.com/kr)를 입력한 후 접속합니다. 상단 메뉴의 ❷ [크리에이티비티 및 디자인]–[모든 플랜 및 가격 보기]를 선택합니다.

02 [포토그래피] 플랜에서 크리에이티브 클라우드 스토리지 용량과 지불 방법을 선택한 후 [지금 구매]를 클릭하고 안내에 따라 결제합니다. 기존에 크리에이티브 클라우드 모든 앱 플랜을 구매한 사용자라면 포토그래피 플랜을 별도로 구매할 필요는 없습니다.

라이트룸 무료 체험판 신청하기

라이트룸 정품이 없다면 우선 어도비 홈페이지(http://www.adobe.com/kr)에 접속하여 회원으로 가입합니다. 신규 회원은 '어도비 포토그래피 플랜'에 체험 가입한 후 체험판을 다운로드할 수 있습니다. 체험판은 설치 후 7일간 무료로 사용할 수 있습니다.

01 어도비 홈페이지의 상단 메뉴에서 [크리에이티비티 및 디자인]-[Lightroom]을 클릭합니다.

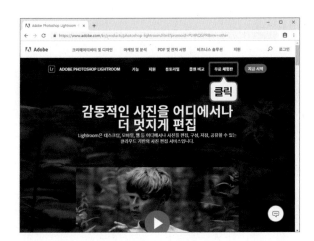

02 라이트룸 페이지 상단의 [무료 체험판]을 클릭합니다.

03 [포토그래피 플랜]의 [무료로 체험하기]를 클릭합니다.

04 ❶ 이메일 주소를 입력한 후 ❷ 약관을 확인하여 동의 절차를 거칩니다. ❸ [계속]을 클릭한 후 어도비 사이트의 안내에 따라 결제가 가능한 카드 정보를 입력하여 새로 가입합니다. 무료 사용 기간은 일주일이며 이후 유료 결제가 청구됩니다. 유료 결제를 원하지 않는다면 기간 내에 결제를 취소합니다.

한 개의 카드 정보로는 한 번만 무료 체험판을 사용해볼 수 있습니다. 취소 방법은 어도비 Help 홈페이지(https://helpx.adobe.com/kr/manage-account/using/cancel-creative-cloud-subscription.html)의 내용을 참조합니다.

크리에이티브 클라우드 & 라이트룸 설치하기

어도비 포토그래피 플랜에 가입하거나 무료 체험판을 신청한 후 크리에이티브 클라우드 프로그램과 라이트룸을 설치합니다. PC에서 사용 가능한 라이트룸은 두 가지 버전이 있습니다. 하나는 라이트룸, 다른 하나는 라이트룸 클래식입니다. 클래식은 가장 기본적인 데스크톱 기반의 사진 편집 프로그램으로 맛있는 디자인 라이트룸 CC의 내용은 클래식을 기반으로 설명됩니다. 가급적 두 가지 프로그램을 모두 설치합니다.

01 어도비 홈페이지의 상단 메뉴에서 [크리에이티비 및 디자인]-[모든 제품 보기]를 선택합니다.

02 크리에이티브 클라우드 홈페이지 화면입니다. 가운데 [다운로드하기]를 클릭합니다.

03 크리에이티브 클라우드 설치 프로그램 다운로드가 시작됩니다. 다운로드가 완료되면 설치 프로그램을 실행합니다. 다운로드 위치는 웹 브라우저마다 상이하므로 다운로드 폴더를 확인합니다.

04 프로그램을 실행하면 설치가 시작됩니다. 필요에 따라 앞서 무료 체험판으로 가입한 아이디나 기존에 사용하던 어도비 아이디로 로그인해야 합니다.

05 설치가 완료되면 프로그램 목록에서 [Lightroom]을 찾아 [설치]를 클릭합니다. 마찬가지로 [Lightroom Classic]도 설치합니다.

06 설치가 진행됩니다. 완료될 때까지 잠시 기다립니다.

07 설치가 완료되면 [열기]가 활성화됩니다. [열기]를 클릭해 라이트룸을 실행합니다.

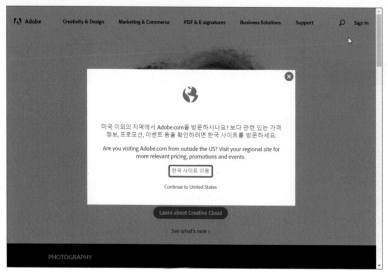

어도비 사이트에 접속할 때 영문 사이트로 접속하면 자동으로 한국 사이트로 이동할지 확인하는 메시지가 나타납니다. 한국어 서비스를 이용하려면 [한국 사이트 이용]을 클릭해 이동합니다.

라이트룸 클래식 & 라이트룸
설치 문제 해결 및 사양

라이트룸 클래식과 라이트룸의 설치 에러 해결 방법은 어도비 공식 사이트에서 정확한 내용을 확인할 수 있으며, 안내 가이드에 따라 해결할 수 있습니다. 자세한 내용 및 최신 버전으로 업데이트되며 발생하는 문제는 어도비 도움말 센터(helpx.adobe.com/kr/support.html)에서 확인해보세요!

라이트룸 클래식과 라이트룸 최신 버전은 윈도우 8.1 혹은 윈도우 10의 1511, 1607 버전, 매킨토시 Mac OS X v10.9(매버릭스) 이전 버전에서는 실행이 불가능합니다. 따라서 해당 버전의 윈도우 혹은 매킨토시는 반드시 업그레이드해야 합니다.

윈도우

라이트룸 클래식(Classic)	라이트룸
Intel® 또는 AMD 프로세서(64비트 지원); 2GHz 이상의 프로세서	
64비트 지원 Microsoft Windows 10(버전 1709 이상)	
4GB RAM(8GB 권장)	
프로그램 설치를 위한 2GB의 하드 디스크 여유 공간	
1024×768 디스플레이	
필수 소프트웨어를 활성화하거나 구독을 확인하고 온라인 서비스를 이용하려면 인터넷 연결 및 등록이 필요합니다.	

매킨토시

라이트룸 클래식(Classic)	라이트룸
멀티코어 Intel 프로세서(64비트 지원)	
macOS v10.12(Sierra), macOS v10.13(High Sierra) 또는 macOS v10.14(Mojave)	
4GB RAM(8GB 권장)	
2GB의 하드 디스크 여유 공간(대/소문자 구분 파일 시스템을 사용하는 볼륨 또는 이동식 플래시 저장 장치에 설치할 수 없음)	
1024×768 디스플레이	
소프트웨어를 활성화하거나 가입을 확인하고 온라인 서비스를 이용하려면 인터넷 연결 및 가입이 필요합니다.	

라이트룸 예제, 미리 맛보기

▲ 태양의 디테일을 살리고 각 부분을 강조하는 풍경 사진 보정 p.222

▲ 흑백 사진의 그러데이션과 톤을 조절하고 인화된 사진 느낌 추가하기 p.227

▲ 디테일이 살아 있는 고해상도의 파노라마 풍경 사진 만들기 p.233

▲ 다양한 계조를 담은 HDR 사진 합성하기 p.239

▲ 촬영 때 느꼈던 나만의 느낌과 감정을 되살리는 여행 사진 보정하기 p.246

▲ 밤하늘의 별과 은하수가 더욱 잘 드러나게 보정하기 p.258

▲ 사진의 왜곡을 수정하고 정사각형 구도로 잘라 음식 사진 보정하기 p.273

▲ 인물 사진의 첫걸음인 감성을 담아 사진 수정하기 p.291

▲ 닷징과 버닝으로 다큐멘터리 스타일의 인물 사진 보정하기 p.295

▲ 사진의 색감 문제 수정하기 p.310

▲ 톤과 콘트라스트의 문제를 해결해 해무 낀 사진 수정하기 p.317

▲ 렌즈의 광학적 왜곡 문제 수정하기 p.320

▲ 카메라 센서의 표현 문제 수정해 어두운 부분의 디테일 살리기 p.323

▲ 고감도 촬영 시 노이즈 문제 수정하기 p.328

▲ 라이트룸에서 동영상 색 보정하기 p.344

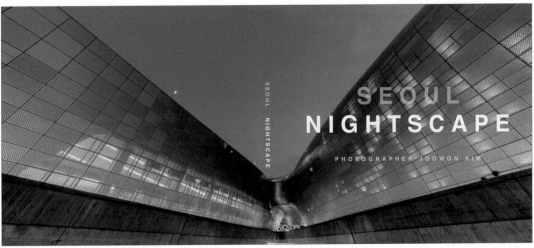

▲ Book 모듈에서 포트폴리오 PDF 만들기 p.356

목 차

PART 01

기초가 튼튼해지는
라이트룸 CC 기본편

CHAPTER 01
라이트룸 CC
파헤치기

LESSON 01
반갑다, 라이트룸

사진가를 위한 최고의 사진 보정 프로그램
라이트룸 알아보기

LESSON 02
라이트룸 어떻게 생겼을까

사진 선택을 더욱 편리하게 만들어주는
네 가지 보기 모드

LESSON 03
꼭 알아야할 라이트룸과
디지털 이미징의 기초 상식

디지털 이미징 이론과 라이트룸 작업 속도를
올려주는 전문가의 조언

LESSON 13
작업의 효율을 높여주는 기능들
라이트룸을 조금 더 편리하게 사용하는 기능 모음

LESSON 01
모바일 사진 편집을 위한
모바일 라이트룸
모바일 카메라의 진화와 사진 플랫폼의 변화

LESSON 02
라이트룸 CC로
모바일 라이트룸과 연결하기
라이트룸 CC와 라이트룸 클래식 CC의
다른 점 및 클라우드 스토리지 동기화

PART 02

더 좋은 사진을 만드는 라이트룸 CC 활용편

CHAPTER 01
사진 장르별로 알아보는
라이트룸 레시피

목 차

CHAPTER 02
내 사진은 무엇이 문제일까?
라이트룸 보정으로 사진 업그레이드하기

LESSON 01

내 사진을 업그레이드하기 위한
사진 선택하기

좋은 사진을 만들기 위해 좋은 사진을 선택하는 방법

LESSON 02

사진에 나타난 상황별 문제점
수정하기

사진 촬영과 기기의 한계를 넘어
라이트룸에서 감성 보완하기

라이트룸은 사진 보정과 관리에 최적화된 프로그램이며

사진 보정이라는 본연의 기능에 충실합니다.

포토샵이 한 장의 사진을 변형하고 합성하는 작업에 최적화되었다면

라이트룸은 많은 양의 사진을 관리하고

일괄적으로 보정한 후 수정, 출력할 수 있습니다.

익숙하지 않은 화면 때문에 어려워 보일 뿐

사실 사진을 보정하는 방법은 그렇게 어렵지 않습니다.

사진을 불러온 다음 Library 모듈에서 사진을 선별, 관리하고

Develop 모듈에서 보정한 후 출력하는 과정이 전부입니다.

이번 PART에서는 라이트룸, 그리고 사진 보정에 관한

가장 기초적인 지식과 기능에 대해 알아보겠습니다.

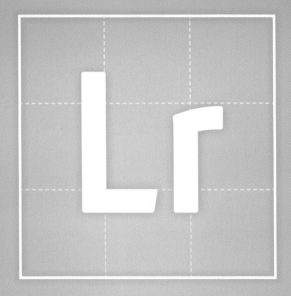

PART 01

기초가 튼튼해지는
라이트룸 CC 기본편

라이트룸의 기본은 사진을 불러온 후 간단히 수정하고 내보내는 것입니다.

모든 사진 보정 작업에서 이러한 과정은 가장 기본입니다.

포토샵처럼 한 장을 불러오는 것이 아니라

필요에 따라 폴더 전체를 선택하거나 여러 장의 사진을 한 번에

라이트룸으로 불러올 수 있으며, 수정한 내역을 일괄 반영하는 등

사진 보정 작업 시간을 획기적으로 단축할 수 있습니다.

또한 사진을 내보낼 때도 일괄적으로 사진의 크기나 포맷을 선택해

모든 사진을 동일한 규격에 맞춰 저장하는 것도 가능합니다.

이번 CHAPTER에서는 사진을 불러오고 내보내는 방법과

사진 보정에 필요한 기초적인 디지털 이미징 상식,

그리고 사진을 관리하고 보정할 때 꼭 필요한 기능 및

단축키에 대해서 알아보도록 하겠습니다.

CHAPTER 01

라이트룸 CC
파헤치기

LESSON 01

반갑다, 라이트룸

사진가를 위한 최고의 사진 보정 프로그램 라이트룸 알아보기

디지털 사진 보정에 최적화된 라이트룸

라이트룸(Lightroom)은 암실(Darkroom)의 반대말입니다. 아날로그 필름 현상을 어두운 암실에서 진행했다면 디지털 사진은 밝은 모니터에서 진행하기 때문에 붙은 이름입니다. 어두운 방에서 작업하지 않으므로 필름을 실수로 자르거나 먼지가 묻을 걱정이 없습니다. 또 원본 사진 파일에 덮어써 저장할 염려도 없고 이미지를 삭제할 염려도 거의 없습니다.

원본 비파괴 방식과 대량 사진 보정에 유용한 라이트룸

라이트룸으로 사진을 편집할 때는 카탈로그(Catalog) 파일을 하나 생성합니다. 카탈로그는 원본 사진을 불러올 때 작은 섬네일 이미지를 같이 저장합니다. 이 섬네일은 단지 원본 사진과 연결되는 매개체 역할만 합니다. 원본 데이터는 하드디스크에 안전하게 보관되어 있으므로 컴퓨터가 바이러스에 감염되거나 하드디스크가 큰 충격으로 망가지지 않는 이상 라이트룸 때문에 원본 사진이 사라질 우려가 없습니다.

최고의 사진 편집 툴이라는 포토샵도 있는데 왜 라이트룸을 사용해야 할까요? 포토샵은 한두 장의 사진을 수정하기는 좋지만 대량의 사진을 관리하고 수정하는 작업에는 적합하지 않습니다. 또 라이트룸은 원본 사진을 직접 수정하는 것이 아니라 섬네일에 적용된 보정 효과의 설정값만 저장해 원본 유지가 쉽습니다. 무엇보다 포토샵보다 훨씬 조작이 쉽고 간편하며, 다양한 기능을 포함하고 있습니다.

라이트룸은 사진을 관리하고 선별하는 작업(Library), 사진을 선택하고 수정하는 작업(Develop), 직접 개인 사진집을 만드는 작업(Book), 디지털 슬라이드 쇼와 프레젠테이션 파일을 만드는 작업(Slideshow), 홈페이지 제작(Web) 등을 하나의 프로그램으로 가볍게, 그리고 거뜬히 해냅니다. 이런 개별의 기능을 라이트룸에선 모듈(Module)이라고 합니다. 가장 핵심은 Library, Develop 모듈입니다.

라이트룸을 실행하면 복잡해 보이는 인터페이스에 지레 겁먹거나 작업 프로세스에 익숙하지 않아 당황할 수도 있습니다. 하지만 카메라를 처음 대할 때 '딸각'하고 다이얼을 돌리면서 혹시나 잘못되지 않을까, 사진이 이상하게 나오지 않을까 했던 두려움과 크게 다르지 않을 것입니다. 이 책을 끝까지 마스터한 뒤에 여러분은 밥을 먹듯 사진을 찍고 당연스레 라이트룸을 다루고 있을 것입니다.

▲ **라이트룸의 기본 화면** | 화면 오른쪽 위에 Library, Develop, Map, Book, Slideshow, Print, Web 등의 모듈 메뉴가 있습니다.

▲ 가장 많이 사용하는 모듈은 사진을 관리하고 선택하는 Library 모듈, 사진을 수정하는 Develop 모듈입니다. 이 두 모듈의 기능만 제대로 알아도 라이트룸 사용에는 문제가 없습니다.

라이트룸의 핵심 구조, Import 파악하기

라이트룸을 이해하는 가장 큰 핵심은 Import(불러오기)와 Export(내보내기) 기능으로, 포토샵처럼 사진을 한 장씩 불러와 수정하고 저장하는 방식과 다릅니다. 라이트룸에서는 그날 촬영한 모든 사진을 라이트룸으로 불러와 사진 선별 과정을 거쳐 수정한 후 하드디스크에 내보내면 끝입니다.

라이트룸은 발전을 거듭하며 많은 기능이 추가되었지만 기초적인 불러오기와 수정, 내보내기만으로도 충분합니다. 작업의 흐름이 단순하면 원하는 결과를 얻기까지 집중도는 높아지고 핵심에는 빠르게 접근할 수 있습니다. 사진을 찍고 라이트룸을 쓰면 촬영한 좋은 사진을 담아 선별하고 수정하여 저장하기 편리합니다. 사용법이 단순하지만 원하는 결과를 빠르게 얻을 수 있습니다.

Import, 라이트룸으로 사진 파일 불러오기

01 Import 창의 화면 구성

라이트룸의 Library 모듈 왼쪽 아래에 있는 [Import]를 클릭하면 크게 세 개의 공간으로 구성된 [Import] 창이 나타납니다. ❶ 가장 왼쪽은 사진 파일이 있는 위치를 선택하는 곳, ❷ 가운데는 선택된 폴더 안의 사진을 미리 볼 수 있는 곳, ❸ 오른쪽은 불러오기 설정을 할 수 있는 곳입니다. 왼쪽에서 사진 파일이 있는 위치를 선택한 후 오른쪽 아래의 ❹ [Import]를 클릭하면 라이트룸으로 사진을 불러옵니다.

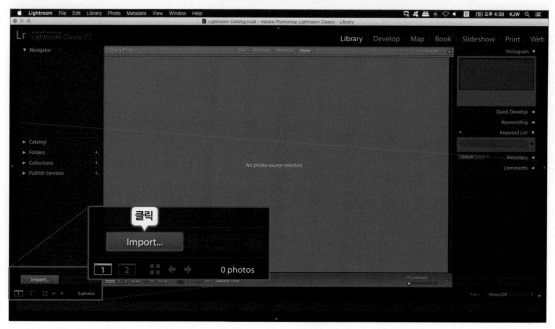

▲ 라이트룸을 처음 실행하면 Library 모듈 왼쪽 아래의 [Import]가 활성화된 것을 볼 수 있습니다.

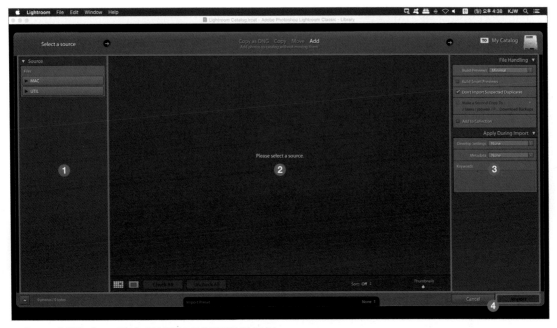

▲ [Import] 창은 세로로 된 세 개의 공간으로 분할되어 있습니다.

02 하드디스크의 사진 불러오기

Import 작업에서 눈여겨볼 것은 개별 사진이 아닌 폴더 자체를 선택하는 것입니다. 앞서 말했듯 라이트룸은 여러 사진을 한 번에 불러와 작업하는 방식으로, 사진을 보정하기 전 작업할 사진을 하나의 폴더에 백업하고 라이트룸으로 불러오는 것이 좋습니다. 중앙 하단의 [Check All], [Uncheck All]을 클릭해 사진 전체를 선택하거나 전체 선택을 해제할 수 있습니다. 몇 장의 사진만 선택적으로 불러오고 싶다면 [Uncheck All]을 클릭하고 원하는 사진의 섬네일을 선택해 불러옵니다.

03 Import 방식의 네 가지 옵션

[Import] 창 가운데 위를 보면 [Copy as DNG], [Copy], [Move], [Add]의 네 가지 옵션이 있습니다. 기본 설정은 가장 안전한 [Add]로 선택되어 있습니다. ❶ [Copy as DNG], [Copy]는 파일을 다른 폴더에 DNG 파일 형식으로 변환해 복사하거나 그냥 복사하는 것을 의미합니다. ❷ [Move]는 아예 사진을 지정된 폴더로 옮깁니다. ❸ [Add]가 안전한 이유는 백업한 폴더 속의 사진은 보존하고 카탈로그 파일에 섬네일만 추가하여 연결하는 역할만 하기 때문입니다. 라이트룸의 가장 큰 장점인 '원본 보존'의 혜택을 충분히 누리려면 [Add]를 사용하는 것이 가장 안전한 방법입니다.

DNG 파일 형식은 어도비에서 제작한 RAW 이미지 파일 형식입니다.

04 File Handling 옵션

오른쪽 영역의 [File Handling] 패널-[Build Previews] 항목은 [Minimal]로 기본 선택되어 있습니다. [Build Previews]의 옵션은 [Minimal], [Embedded&Sidecar], [Standard], [1:1] 순서로 섬네일의 크기가 커집니다. 큰 섬네일로 불러올수록 불러오기 속도는 느려지지만 한 번 불러온 뒤 사진을 확대하거나 작업할 때의 속도는 빨라집니다. 가장 추천하는 옵션은 [Minimal]입니다. 사진을 확대해서 볼 때 시간은 조금 걸리지만 라이트룸을 가장 쾌적하게 사용할 수 있습니다.

[Apply During Import] 패널은 사진을 불러올 때 Develop 세팅, 메타데이터, 키워드 등을 입력할 수 있는 항목이지만, 어차피 이 옵션들은 나중에 작업할 수 있기 때문에 따로 설정할 필요는 없습니다.

05 스마트 프리뷰를 설정하여 작업하기

보통 사진을 촬영하고 사진 파일을 외장 하드에 백업하는 경우에는 외장 하드의 연결이 끊어지면 라이트룸에서 편집을 진행할 수 없습니다. 라이트룸 카탈로그 파일은 섬네일만 저장하므로 외장 하드의 연결이 끊어지면 원본을 읽을 수 없기 때문입니다.

외장 하드를 자주 이동하거나 노트북을 사용하는 사용자는 [Build Smart Preview]에 체크 표시하고 Import를 진행하면 외장 하드 연결이 끊겨도 사진을 편집할 수 있습니다. 단, [Build Smart Preview]를 사용하면 큰 사이즈의 섬네일을 생성하므로 불러오는 시간이 조금 더 걸립니다. 이 기능 역시 수정 가능한 큰 섬네일을 만드는 것으로, 편집한 후 내보낼 때는 꼭 외장 하드를 연결하고 작업합니다.

❶ [Build Smart Preview]에 체크 표시하고 Import를 진행하면 외장 하드 연결이 끊겨도 사진을 편집할 수 있습니다. 이렇게 불러온 파일은 라이브러리에서 ❷ [Original+Smart Preview]라고 표시되고, 외장 하드 연결이 끊기면 [Smart Preview] 표시가 나타납니다.

Export, 사진 내보내기의 핵심

내보내기는 라이트룸 사진 작업의 마무리입니다. 수정 등 모든 작업이 완료되면 파일을 저장하기 위해 Library 모듈에서 [Export]를 클릭합니다. 내보내기에 관련된 옵션은 [Export] 대화상자에서 설정합니다. 라이트룸 Export에서는 포토샵에서 했던 여러 명령을 하나의 대화상자에서 조정할 수 있습니다.

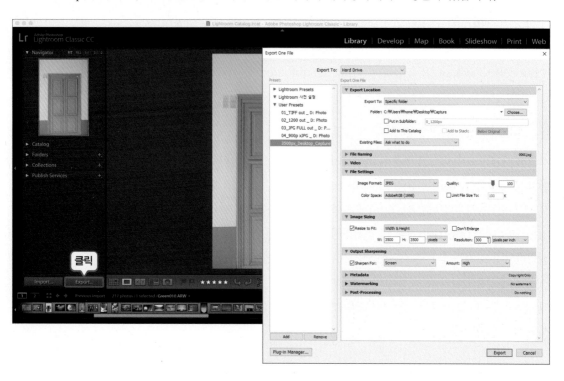

내보내기 작업을 위한 세밀한 옵션 설정

라이트룸 Export는 간단합니다. [Export Location]에서 저장할 위치를 선택하고 [File Settings]에서 파일 형식과 컬러 프로파일을 선택합니다. [Image Sizing]에서 파일 사이즈를 줄이거나 [Output Sharpening]에서 선명도를 지정하고, [Export]를 클릭하면 끝입니다. 여러 명령을 하나의 대화상자에서 실행하고 설정을 저장할 수 있어 아주 편리합니다.

01 Export Location

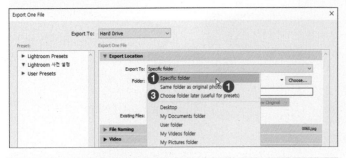

[Export Location]은 내보낼 위치를 지정하는 항목으로, [Export to]에서 선택할 수 있는 항목은 세 가지입니다.

① **Specific folder** ㅣ 원하는 폴더를 지정해서 내보냅니다.

② **Same folder as original photo** ㅣ 원본 사진 파일이 있는 폴더로 내보냅니다.

③ **Choose folder later** ㅣ 내보내기 작업 후에 폴더를 선택합니다.

보통 [Specific folder]와 [Same folder as original photo]를 많이 사용합니다. ❹ [Put in Subfolder]에 체크 표시하면 [Folder]에서 선택한 폴더 안에 특정한 폴더를 새로 만들어 저장합니다. 예를 들어, 바탕화면에 **JPG**라는 폴더를 만들어 파일을 저장하고 싶다면 먼저 [Specific folder]가 체크 표시된 상태에서 [Choose]를 [Desktop]으로 설정하고 [Put in Subfolder]에 체크 표시한 후 **JPG**라고 입력합니다.

02 File Naming

선택한 사진의 파일 이름을 바꾸어 저장하려면 이 옵션을 설정합니다. 물론 파일 이름 바꾸기는 나중에 작업할 수도 있습니다. ❶ [Rename to]에 체크 표시합니다. 기본으로 제공되는 이름 프리셋도 충분하지만 임의로 지정해 저장하고 싶다면 ❷ [Edit]를 선택합니다. 이름은 [Filename Template Editor] 대화상자에서 설정합니다. 만약 **0000.jpg**처럼 네 자리의 숫자로 이뤄진 파일을 순서대로 만들고 싶다면 ❸ [Example]에 입력된 내용을 지웁니다. ❹ [Sequence and Date] 첫 번째 옵션에서 [Sequence #(0001)]을 선택한 후 ❺ [Insert]를 클릭합니다. 시작 번호가 1이라면 파일 이름은 아래 [Example]과 같이 **0001.jpg**로 저장되고 여러 장을 선택해 내보낼 경우 자동으로 **0001, 0002**와 같은 이름이 순차적으로 붙습니다. ❻ [Done]을 클릭하면 설정이 완료됩니다.

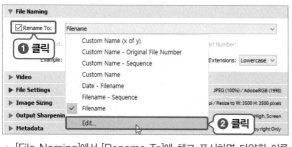
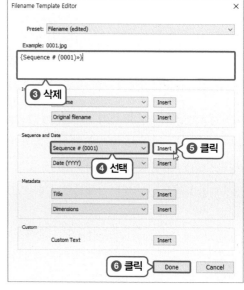

▲ [File Naming]에서 [Rename To]에 체크 표시하면 다양한 이름 변경 옵션을 선택할 수 있습니다.

▶ [Edit]를 선택하면 0001.jpg 같이 네 자리 숫자로 된 이름도 선택할 수 있습니다.

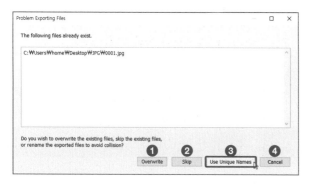

만약 한 폴더에 같은 파일을 다시 내보내기 했거나 파일 이름이 중복되면 [Problem Exporting Files] 대화상자가 나타납니다. ❶ [Overwrite](파일 덮어쓰기), ❷ [Skip](무시), ❸ [Use Unique Names](파일 이름 자동 변경), ❹ [Cancel](취소) 네 가지 옵션이 있습니다. [Use Unique Names]를 선택하면 **0001-1.jpg** 등의 이름으로 뒤에 숫자를 붙여 저장합니다.

03 Video

라이트룸에서도 비디오 파일을 불러와 간단히 편집하고 내보낼 수 있습니다. 비디오 파일은 [DPX](Digital Picture eXchange)와 [H.264] 포맷으로 선택할 수 있는데, 인터넷에서 주로 사용하는 포맷은 H.264입니다. 압축률 대비 화질이 뛰어나 주로 사용합니다. DSLR이나 스마트폰 카메라로 촬영한 영상도 보통 H.264 포맷으로 저장됩니다. [Quality](품질)를 [Max]부터 [Low]까지 선택해 압축률에 따른 영상 품질과 파일 크기를 지정할 수 있습니다.

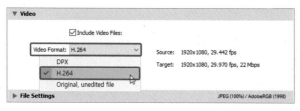

▲ 일반적인 비디오 포맷으로 H.264를 선택하면 호환성이 좋습니다.

04 File Settings

[File Settings]는 이미지 파일을 내보낼 때 이미지의 포맷과 품질, 색 공간을 결정하는 아주 중요한 옵션입니다. RAW 파일로 촬영한 원본 사진만 서로 유의미한 포맷 변환이 가능하며, JPEG(JPG 파일 형식)로 촬영한 사진을 TIFF 16비트의 고화질 파일로 변환해도 용량만 커질 뿐 화질이 좋아지는 것은 아닙니다.

이미지 포맷은 JPEG, PSD, TIFF, DNG 등을 선택할 수 있으며 일반적으로 많이 사용하는 포맷은 JPEG와 TIFF입니다. JPEG는 용량 대비 화질이 뛰어나고 압축률에 따라 파일 사이즈를 지정할 수 있습니다. 출력용이라면 JPEG 포맷에 [Quality]를 100으로 설정해 저장합니다. 웹용은 [Quality]를 80~90정도로 설정해 저장하면 화질은 어느 정도 유지하면서 용량도 크게 줄어듭니다.

> JPG가 8비트 이미지라면 TIFF는 8비트와 16비트에서 선택할 수 있습니다. 고화질 잉크젯 프린트라면 16비트를 선택하는 것이 좋으며, 일반적인 인쇄나 프린트용이라면 8비트로도 충분합니다.

[Color Space](색 공간)의 경우 웹 이미지는 [sRGB], 인쇄나 프린트 용은 [Adobe RGB], 고화질 잉크젯 프린트용은 [Adobe RGB]나 [ProPhoto RGB]를 선택합니다. TIFF 파일 형식을 선택할 경우 [Compression](압축)을 할 것인지 지정할 수 있습니다. [None]을 선택하는 것보다 [ZIP]을 선택하면 화질 손상 없이 용량이 작아지지만 파일을 여는 데 시간이 좀 더 걸립니다.

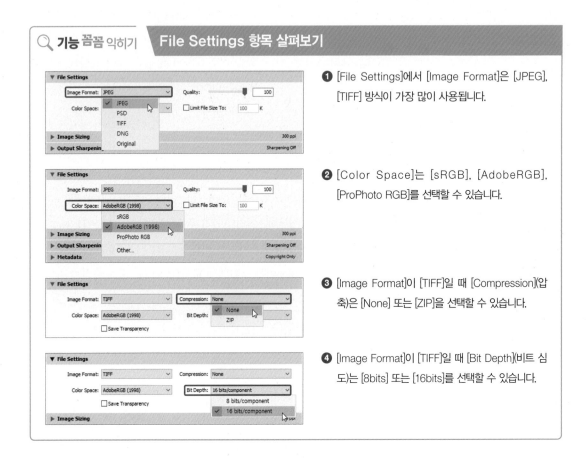

🔍 **기능 꼼꼼 익히기** | **File Settings 항목 살펴보기**

❶ [File Settings]에서 [Image Format]은 [JPEG], [TIFF] 방식이 가장 많이 사용됩니다.

❷ [Color Space]는 [sRGB], [AdobeRGB], [ProPhoto RGB]를 선택할 수 있습니다.

❸ [Image Format]이 [TIFF]일 때 [Compression](압축)은 [None] 또는 [ZIP]을 선택할 수 있습니다.

❹ [Image Format]이 [TIFF]일 때 [Bit Depth](비트 심도)는 [8bits] 또는 [16bits]를 선택할 수 있습니다.

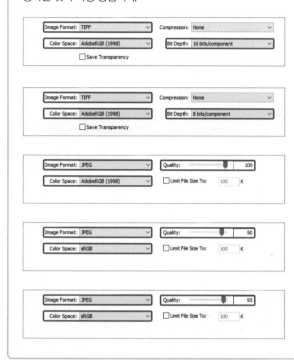

기능 꼼꼼 익히기 | 자주 사용하는 File Settings 옵션 살펴보기

다음은 필자가 실제 작업에서 자주 사용하는 옵션으로 위에서 아래 순서로 파일 용량이 줄어듭니다. 각각의 목적에 맞게 사용하는 것이 가장 좋습니다.

❶ TIFF+16비트+Adobe RGB 혹은 ProPhoto RGB | 고화질 잉크젯 프린트 혹은 최종 데이터 보관용입니다.

❷ TIFF+8비트+Adobe RGB | 인쇄용 혹은 인쇄 전 디자이너 확인 발송용입니다.

❸ JPEG+Quality 100+Adobe RGB | 잉크젯 프린트 인쇄용입니다.

❹ JPEG+Quality 90+sRGB | 블로그, 페이스북 등 SNS 업로드용입니다.

❺ JPEG+Quality 80~90+sRGB | 메일 발송용입니다.

05 Image Sizing

2,000만 화소 이상의 카메라로 촬영한 여러 장의 사진을 한 번에 내보내면 용량이 엄청납니다. 원본을 보관할 때는 이 옵션을 쓸 일이 없지만 웹에 사진을 업로드할 때나 메일로 보낼 때는 이미지 크기를 줄이면 좋습니다. ❶ [Resize to Fit]에 체크 표시하면 [Width&Height]가 기본으로 선택됩니다. 다른 옵션이 있지만 [Width&Height]가 가장 간단하고 편리합니다. 줄이고자 하는 너비와 높이 중 큰 넓은 쪽의 사이즈를 입력합니다. 2,400만 화소 이미지의 사이즈가 평균 6000×4000픽셀이므로 3000×2000픽셀로 줄이고자 한다면 [Width&Height] 아래에 각각 **3000**을 입력하면 됩니다.

페이스북이나 블로그 등에 사용할 이미지는 **900~1200**픽셀이면 충분합니다. 만약 선택된 사진 중 기준 해상도보다 작은 경우는 반대로 사이즈가 늘어나는데, ❷ [Don't Enlarge]에 체크 표시하면 이미지를 불필요하게 크게 늘리는 것을 방지합니다. 이미지를 확대할 때 발생하는 화질 손상(깨짐)을 방지하기 위한 옵션입니다.

오른쪽 아래에서 ❸ [Resolution](해상도)을 설정할 수 있습니다. [pixels per inch](ppi)는 1×1인치
(2.54×2.54cm)의 사각형에 몇 개의 픽셀이 들어가는지 측정하는 단위입니다. 인쇄에서는 dots per inch
(dpi)를 주로 사용합니다. 보통 고화질 인쇄용으로 300ppi(dpi) 사진이면 충분하고, 웹 업로드용이면
72ppi(dpi)로도 충분합니다.

왼쪽 그림은 높이, 너비 중 넓은 쪽을 3000픽셀로 줄
이라는 명령입니다.

🔍 기능 꼼꼼 익히기 | ppi와 dpi의 차이

ppi는 Pixel per Inch로 디지털 이미지에 사용되며, dpi는 Dots per Inch로 출력물에 사용하는 단위입니다. 디지털 파일의
ppi와는 다르게 dpi는 인쇄 사이즈를 결정할 때도 사용할 수 있습니다. 예를 들어, A3 용지에 300dpi 사진 대신 200dpi
사진을 인쇄하면 가로세로 1인치에 점(dot)이 더 적게 들어가므로 이미지를 크게 프린트할 수 있지만 화질은 약간 떨어집
니다. 가로 6000, 세로 4000개의 픽셀을 가진 이미지를 한정된 A3 용지 안에 프린트할 때 1X1인치의 정사각형 안에 점을
200개 뿌릴 것인지 300개 뿌릴 것인지에 따라 출력물의 크기가 달라지는 것입니다.
보통 초고해상도 출력의 한계는 350dpi 정도로 인간의 눈이 인지할 수 있는 한계에 가깝습니다. 따라서 일반적인 출력물은
200dpi 이상이면 충분히 고화질이라고 볼 수 있습니다. [Resolution]은 프린트할 때 다시 설정할 수 있으며 사진의 화질은
[Resolution]보다는 원본 데이터의 품질과 화소에 따른 픽셀 사이즈가 더 중요합니다. 라이트룸에서 제시하는 240ppi(dpi)
로 그냥 사용해도 무방하고 초고화질 프린트에 맞는 300ppi를 입력해 사용해도 좋습니다.

🔍 기능 꼼꼼 익히기 | Image Sizing 옵션 살펴보기

다음은 필자가 자주 사용하는 옵션으로 위에서 아래순으로 파일 용량이 줄어듭니다. 각각의 목적에 맞게 사용하는 것이 가
장 좋습니다.

❶ [Resize to Fit]에 체크 표시하지 않을 때 | 이미지
를 줄이지 않고 원본 사이즈 그대로 내보내기합니다.

❷ [Resize to Fit]에 체크 표시하지 않고 [Resolution]
에 300을 입력 | 원본 사이즈 그대로 내보내지만 해
상도를 300으로 설정합니다. 실제 화질이나 파일 사
이즈에 영향을 미치지는 않고 프린트할 때 사이즈만
결정합니다.

❸ [Resize to Filt]에 체크 표시 후 [Widht&Height]
에 각각 3000을 입력 | 가로세로 변 중 큰 변을
3000픽셀로 줄이면서 저장합니다.

06 Output Sharpening

내보낼 이미지의 선명도를 조절할 수 있는 옵션입니다. 포토샵의 [Unsharp Mask] 기능과 유사하며 출력 목적에 따라 [Output Sharpening]을 설정하면 좋습니다. ❶ [Sharpen For]에 체크 표시하고 ❷ [Screen], [Glossy Paper], [Matte Paper] 순서로 선명함의 강도를 지정할 수 있으며 ❸ [Amount]는 [Low], [Standard], [High] 순서로 선명함의 양을 지정할 수 있습니다.

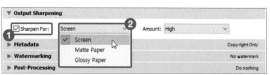 

인터넷에 올릴 사진이라면 [Screen]+[Standard] 설정으로도 충분합니다. 그러나 네이버 블로그나 페이스북 등에 사진을 업로드하면 이미지를 다시 압축해 용량을 줄이는 경우도 있어 화질이 떨어집니다. 이때 [Screen]+[High]로 저장한 이미지를 업로드하면 선명함을 조금 더 유지할 수 있습니다. 잉크젯 프린트로 출력할 때 무광이며 질감이 있는 파인아트 종이 등은 [Matte]+[High]로 설정하면 선명한 출력물을 얻을 수 있습니다. 인쇄 원고로 보낼 사진이라면 [Grossy]+[High]로 설정하는 것이 좋습니다.

07 Metadata

[Include]를 [All Metadata]로 설정하면 촬영 정보 같은 메타데이터가 파일에 같이 저장됩니다. 업로드할 사진의 촬영 정보를 공개하기 싫다면 [Copyright Only]로 선택합니다. 물론 Copyright(저작권) 관련 정보는 미리 입력되어 있지 않기 때문에 파일의 메타데이터가 사라진 채 저장됩니다.

◀ [Copyright Only]를 선택하면 메타데이터가 사라집니다.

08 Watermarking

사진 파일에 워터마크를 넣어 이미지가 개인의 소유이고 저작권이 있다는 것을 표시하는 기능입니다. [Watermark]에 체크 표시하고 [Edit Watermarks]를 선택해 사진에 자신의 이름을 넣거나 저작권 표시를 삽입할 수 있습니다. 보통 저작권 도용은 인터넷에서 찾은 이미지 중 워터마크가 없는 이미지에 많이 발생합니다. 중요한 사진이라면 무단 또는 상업적인 사용이 불가능하도록 조치하기 위해 소유권을 명확히 밝히고 공개하는 것이 좋습니다.

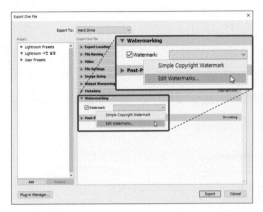

09 Post-Processing

내보내기 작업 후에 무엇을 할지를 결정하는 옵션입니다. 내보내기 작업 후 특별히 다른 작업을 하지 않을 것이라면 [After Export]에서 [Do nothing]을 선택합니다.

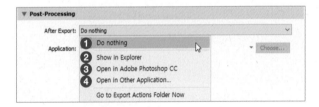

① **Do nothing** | 아무런 작업을 하지 않습니다.

② **Show in Explore** | 사진이 저장된 경로의 폴더를 탐색기에서 엽니다.

③ **Open in Adobe Photoshop CC** | 포토샵에서 엽니다.

④ **Open in Other Application** | 다른 프로그램에서 엽니다.

10 각 항목 옵션값 한눈에 보기

[Export] 대화상자에서 설정을 완료하고 각 항목의 오른쪽에서 간단한 설정 정보를 확인할 수 있습니다. 각 옵션 항목의 ▼를 클릭해 최소화한 후 어떻게 설정되었는지 한눈에 확인합니다.

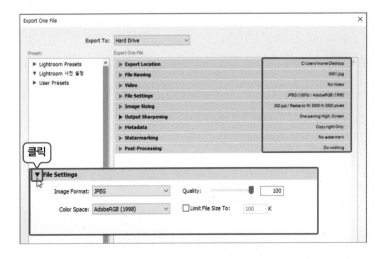

라이트룸을 효율적으로 사용하는 보기 모드와 단축키

라이트룸의 핵심 기능은 Library와 Develop 모듈에 있으며 사진을 빠르게 선별하기 위해 필요한 단축키 몇 가지를 알아두면 작업 속도가 훨씬 빨라집니다. 단축키가 생각나지 않는다면 언제든 [Help] 메뉴를 선택해 확인하거나 단축키 `Ctrl` (Mac에선 `Command`)+ `/` 를 눌러 확인할 수 있습니다.

> PC와 Mac 버전은 기본적으로 같은 단축키를 사용합니다. PC의 `Ctrl` 이 Mac에서는 `Command` 라는 것만 기억하면 됩니다.

예를 들어 Library 모듈에서 사진을 비교, 선택하다가 수정이 급하게 필요한 경우 `D` 를 누르면 Develop 모듈로 이동합니다. Library에서 사진을 보다가 사진을 조금 크롭하려고 할 때 `R` 을 누르면 [Crop Overlay] 도구가 나타납니다. 마우스만 이용하는 것보다 키보드 단축키를 사용하면 작업이 빨라질 수밖에 없습니다.

필자가 가장 많이 사용하는 단축키는 [Undo] `Ctrl` + `Z` 와 [Redo] `Shift` + `Ctrl` + `Z` 입니다. 사진을 수정하다가 이전 작업으로 돌아가거나 취소한 작업을 되돌릴 때 편리하니 가장 먼저 외워둡니다.

> 라이트룸의 주요 단축키는 [Help] 메뉴에서 확인할 수 있습니다.

수많은 단축키를 다 외우는 데 시간을 소비할 필요는 없습니다. 기억력이 뛰어난 사람은 다 외워도 좋지만 다음에 제시하는 몇 가지만 외워도 작업 속도가 훨씬 빨라질 것입니다. 어떤 기능이 어떻게 작동하는지 궁금하다면 지금 당장 단축키를 눌러봅니다.

빠른 작업을 위해 꼭 외워야 하는 단축키

01 보기 모드 관련 단축키

① **Grid 모드** `G` | 사진을 격자 형태로 보여줍니다.

② **Loupe 모드 E** ┃ 한 장의 사진을 관찰하기 좋은 모드입니다.

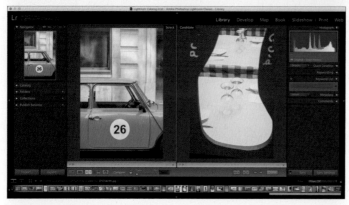

③ **Compare 모드 C** ┃ 두 장의 연속된 사진을 비교하기 좋은 모드입니다.

④ **Survey 모드 N** ┃ 여러 장의 사진을 선별하고 비교하기 좋은 모드입니다.

⑤ **Esc** ┃ 위의 네 가지 모드에서 Grid 모드로 빠르게 이동할 때 사용합니다.

⑥ **섬네일 확대/축소** `+` / `-` | Grid 모드에서 섬네일을 크게 확대하거나 작게 축소할 때 사용합니다.

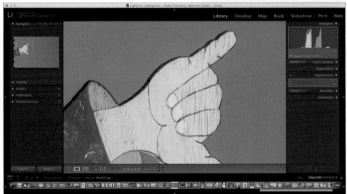

⑦ `Space` | 사진을 확대해 보거나 Grid 모드에서 Loupe 모드로 빠르게 이동합니다. Loupe 모드 단축키가 생각나지 않을 때 사용하면 좋습니다.

⑧ **Full Screen 보기** `F` | 사진을 전체 화면으로 보여줍니다. 사진을 좀 더 집중해 관찰하기 좋습니다.

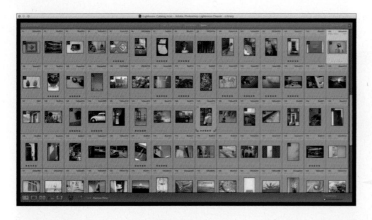

⑨ Shift + Tap | 전체 패널을 숨기거나 나타낼 때 사용합니다.

Tap 은 양옆의 패널만 숨기거나 나타낼 때 사용합니다.

⑩ **Full Screen 모드 전환** Shift + F | 여러 번 누르면 라이트룸을 전체 화면으로 보여줄 것인지 프로그램 바를 보여줄 것인지를 순환하며 선택합니다. 큰 화면으로 작업하고 싶다면 앞서 설명한 Shift + Tap 과 함께 사용하면 좋습니다.

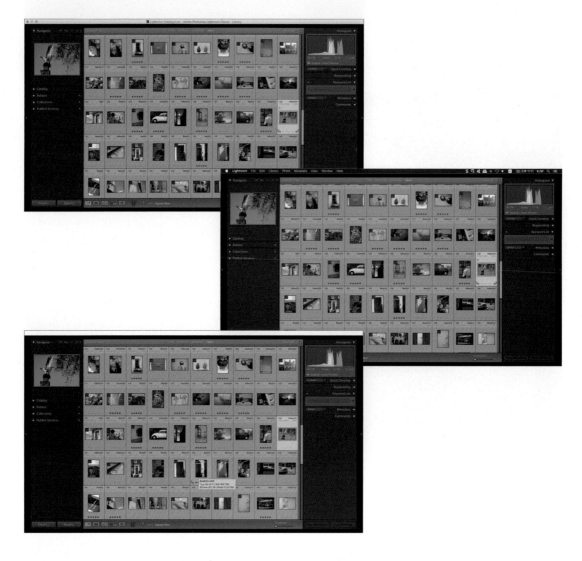

⑪ **Lights Out 모드 전환** L │ 마치 어둠 속에서 사진을 관찰하는 것 같은 효과를 줍니다. 사진에 집중해서 관찰하고 싶을 때 사용하면 좋습니다.

02 사진 분류(레이팅) 관련 단축키

① **Set Ratings** 1 ～ 5 │ [Rating]은 사진에 별점을 주는 기능입니다. 예를 들어 마음에 쏙 드는 사진은 별 5개, 마음에 드나 사용할지 말지 결정하기 애매한 사진은 별 네 개를 주는 식으로 사용할 수 있습니다.

② **Set Color Labels** 6 ～ 9 │ 컬러 레이블 기능으로 색을 지정해 사진을 선택하는 방식입니다. 예를 들어 별 5개를 준 사진 중 블로그에 올릴 세 장의 사진을 선택할 때 6 을 눌러 빨간색 컬러 레이블로 선택하면 알아보기 좋습니다.

03 사진 편집 관련 단축키

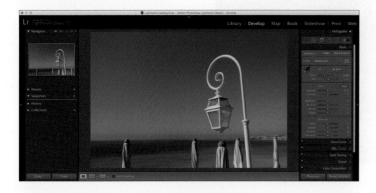

① **Develop** D | Develop 모듈로 이동하여 사진을 편집할 수 있습니다.

② **Crop Overlay** R | 사진 크롭(Crop) 도구를 실행하여 사진을 잘라내거나 구도를 수정할 수 있습니다.

③ **Spot Removal** Q | 스폿 리무벌(Spot Removal)을 실행하여 화면의 불필요한 먼지 등을 제거할 수 있습니다.

🔍 기능 꼼꼼 익히기 · 라이트룸 설정 리셋 단축키

Shift + Alt +라이트룸 실행 | 라이트룸이 갑자기 느려지거나 설정이 이상할 때 Shift + Alt 를 누른 상태에서 라이트룸 아이콘을 클릭해 실행하면 리셋할지 묻는 메시지가 나타납니다. 여기에서 [Reset Preferences]를 클릭하면 라이트룸이 다시 실행되면서 기존의 환경설정이 모두 초기화됩니다. 환경설정만 초기화되고 기존에 작업하던 사진에는 영향을 미치지 않습니다.

라이트룸 기초

라이트룸 기본설정과 기능

라이트룸 라이브러(C/O)

출력하는 방법

사진 인디케이트하기

다양한 라이트룸 부가 기능

LESSON

02

라이트룸 어떻게 생겼을까

사진 선택을 더욱 편리하게 만들어주는 네 가지 보기 모드

Grid, Loupe, Compare, Survey View 모드

▲ **라이트룸을 이용한 선택과 수정 작업** | 라이트룸은 여러 사진을 동시에 선택하거나 수정할 수 있습니다.

라이트룸의 Library 모듈에서는 네 가지의 보기 방식이 있습니다. 여러 가지 보기 방식이 매우 불편하다고 느낄 수도 있겠지만, 이 모든 것은 사진 선택 작업의 효율 때문입니다.

만약 여러분이 일주일 동안 해외 촬영을 간다면 하루에 기본 100장은 촬영할 것입니다. 일주일이면 700장입니다. 이 사진들 중 연사를 사용하여 촬영한 사진도 있고, 한 장면을 다양한 구도로 촬영하기도 했을 것입니다. 700장의 사진을 한 장씩 보며 선택한다면 그 시간은 어마어마할 것입니다. 이때는 전체 섬네일을 살피며 대략 70장 정도를 추린다고 생각해보겠습니다.

전체적인 섬네일을 보며 기억나는 베스트 몇 컷을 선택하고, 구도가 비슷한 사진은 한 장씩 확대해 꼼꼼히 확인하며 최종적으로 선택합니다. 선택된 사진을 섬네일 형태로 보며 전체적인 흐름을 다시 한 번 살펴봅니다. 70장 정도를 골랐는데 다시 고르다 보니 약 30장이 되었습니다. 이것을 다시 모아 수정한 후 블로그에 'OOO 여행 사진 BEST'라는 제목으로 올립니다.

재미있는 점은 이 과정의 많은 부분이 '선택'과 연관되었다는 것입니다. 사진을 수정하거나, 사진을 올리거나 모두 '선택'이라는 행위가 선행되어야 합니다. 또 사진을 선택하기 위해서는 한 장씩 보는 것도 좋지만 전체적인 흐름을 확인하기 위해서는 바둑판 형태의 섬네일로 보는 것도 편리합니다.

그래서 라이트룸의 보기 모드 중 가장 많이 사용하는 것은 [Grid View](격자 보기)와 [Loupe View](확대 보기)입니다. 각각 단축키 G 와 E 를 사용해도 좋습니다. [Grid View] 상태에서 사진 사이를 이동하려면 키보드의 화살표 키를 사용하고, 사진을 확대해 [Loupe View]로 보고 싶다면 Enter 를 누릅니다. 다시 [Grid View]로 전환하고 싶다면 Esc 를 누릅니다.

[Grid View] 상태에서 섬네일을 좀 더 크게 보고 싶다면 + 를, 작게 보고 싶다면 - 를 누릅니다. 만약 촬영 순서가 뒤죽박죽 섞인 것처럼 보인다면 T 를 눌러 아래 도구바를 활성화한 후 [Sort](정렬)를 [File Name] 으로 바꾸거나 [Capture Time]으로 바꿔주면 됩니다.

▲ [Grid View] 상태에서 섬네일을 크게 보거나 작게 보려면 + , - 를 누르거나 아래 도구바의 [Thumbnails] 슬라이더를 조절합니다.

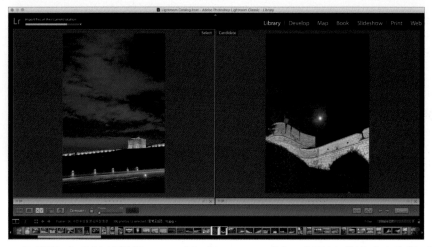

▲ 두 사진을 비교해 보기 좋은 [Compare View] C 모드, Tab 을 누르면 양옆의 패널을 숨겨 화면을 더 크게 볼 수 있습니다.

두 장 이상의 사진을 비교할 때는 [Survey View] N 가 좋습니다. [Grid View]에서 Ctrl (Mac OS는 Command)을 누른 상태에서 여러 장의 사진을 선택하고 N 을 누르면 됩니다. Shift + Tab 을 누르면 큰 화면에서 사진을 비교할 수 있습니다. Shift + Tab 은 전체 패널을 숨겨줍니다.

[Compare], [Survey View]에서도 G 나 Esc 를 누르면 [Grid View] 모드로 변경됩니다. Grid, Loupe View가 Compare, Survey View모드에 비해 많이 사용하는 편이니 단축키를 외우거나 그것도 어렵다면 Enter , Esc 를 사용하는 편이 편리하다는 것이라도 알아둡니다. 이런 단축키 사용은 여러분의 선택 작업 속도와 효율을 한층 더 높여줍니다.

🔍 **기능 꼼꼼 익히기** | **작업이 빨라지는 단축키 요약 정리**

❶ Grid View(격자 보기) | G 또는 Esc

❷ Loupe View(확대 보기) | L 또는 Enter

❸ Compare View(비교 보기) | Ctrl (Command)을 누른 상태에서 마우스로 두 장의 사진을 선택한 후 C

❹ Survey View(탐색 보기) | Ctrl (Command)을 누른 상태에서 마우스로 여러 장의 사진을 선택한 후 N

❺ Grid View에서 썸네일 크기 크게 하거나 작게 하기 | + / −

❻ Grid View에서 사진 사이 이동 | 키보드 화살표 키

❼ 왼쪽, 오른쪽 패널을 가리고 화면을 더 크게 보기 | Tab

❽ 전체 패널을 가리고 화면을 더 크게 보기 | Shift + Tab

라이트룸을 더욱 넓게 쓰는 듀얼 모니터 활용

라이트룸을 쓰다 보면 Library 모듈에서 사진을 보는 일이 왠지 답답하게 느껴질 때가 있습니다. 특히 노트북 사용자들은 화면에 가득 찬 라이트룸이 더욱 작게 느껴질 것입니다. 이때 라이트룸의 듀얼 모니터 지원 기능을 사용하면 좁은 모니터를 두 배로 확장해 사용할 수 있습니다. 물론 이 기능을 사용하려면 확장 모니터를 HDMI(DVI)나 RGB 케이블로 연결할 수 있어야 합니다. 좀 더 확장된 방법으로 노트북과 스마트 TV를 HDMI 케이블로 연결해 큰 화면에서 사진을 감상해도 좋습니다.

▲ 필자는 iMac 5K를 메인 컴퓨터 및 모니터로 사용하고 문서 작업용 DELL 모니터를 서브 모니터로 활용합니다.

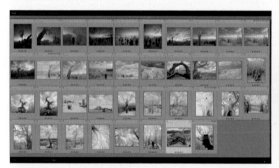

▲ 메인 컴퓨터인 아이맥에 HDMI 케이블을 연결해 확장 모니터로 활용할 수 있습니다. 별다른 설정 없이 케이블 연결만으로 작업 영역을 확장할 수 있습니다.

라이트룸에서 가장 많이 사용하는 모듈인 Library와 Develop 모듈을 이동하여 사진을 선택하거나 수정할 때 약간의 지연이 발생합니다. 수정할 사진이 몇 장 되지 않으면 상관없지만 많은 사진을 수정할 때는 이 지연조차 작업 속도를 느리게 만드는 요인입니다. 듀얼 모니터를 사용해 작업 영역을 확장하면 한 모니터는 Library 모듈로, 메인 모니터는 Develop 작업 모듈로 활용할 수 있습니다.

Library 모듈에서 [Import] 아래에 모니터 모양의 **1**과 **2**를 볼 수 있습니다. 일반적으로 하나의 모니터 만 사용한다면 **1**만 밝은 색으로 활성화되어 있습니다. **2**를 클릭하면 새로운 라이트룸 창이 나타납니다. 이것이 바로 듀얼 모니터를 사용할 경우 라이트룸이 보여줄 화면입니다. 만약 듀얼 모니터 환경을 끄고 싶다 면 **2**를 다시 클릭하면 됩니다.

▲ 왼쪽 아래의 **1**은 메인 모니터, **2**는 보조 모니터 설정입니다.

▲ 듀얼 모니터 버튼을 마우스 오른쪽 버튼으로 클릭하면 다양한 보기 환경을 설정할 수 있습니다.

듀얼 모니터는 왜 편리할까요? Library 모듈 상태에서 Grid와 Loupe View를 전환하려면 매번 단축키를 눌러야 합니다. 크게 보려면 Loupe View로 전환하거나 전체적으로 작게 보려면 Grid View로 전환해야 합니다. 듀얼 모니터를 사용하면 한 화면은 Grid View, 다른 화면은 Loupe View로 볼 수 있습니다. 번거 로운 전환 없이 편리하게 사진을 감상하고 관찰할 수 있습니다.

라이트룸 사용을 위해 꼭 듀얼 모니터가 필요한 것은 아닙니다. 때론 작업 공간을 더 혼란스럽게 만들거나 지저분하게 보일 수도 있습니다. 다만 꼭 듀얼 디스플레이가 필요한 사용자들이 있을 것입니다. 클라이언트나 고객에게 라이트룸을 이용해 대형 TV로 사진을 보여준다고 생각해보겠습니다. 고객이 모니터 속 사진만 보게 한 상태에서 사용자는 PC를 조작할 수 있습니다. 또 별도의 모니터 화면에 주변 패널이나 복잡한 툴을 감춘다면 사진에만 집중하게 만들 수 있습니다.

Duet display, 아이패드나 아이폰도 듀얼 모니터로 변신

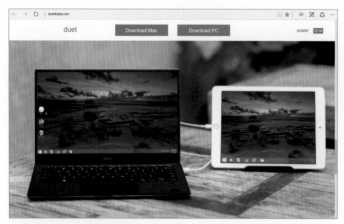

▲ Duet 디스플레이 홈페이지를 사용해 아이패드나 아이폰 같은 애플 기종에 한해 연결을 지원하는 앱입니다.

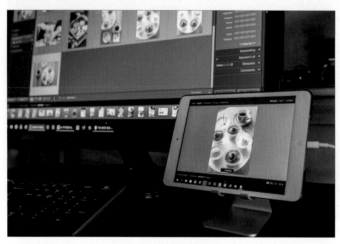

▲ 애플의 라이트닝 USB 케이블을 이용하여 듀얼 디스플레이를 훌륭하게 구현합니다. 스튜디오 보조 모니터 등의 활용 방안을 생각해볼 수 있습니다.

아이패드나 아이폰을 듀얼 모니터로 사용할 수도 있습니다. 물론 바로 사용할 수는 없고 Duet 디스플레이 앱을 이용하면 가능합니다. Duet 디스플레이는 애플 앱스토어에서 유료로 다운로드할 수 있습니다. 홈페이지 (www.duetdisplay.com)에서 Mac이나 PC에 클라이언트 앱을 다운로드해 설치하고 아이폰이나 아이패드에 앱을 받아 USB로 연결하면 듀얼 모니터처럼 작동합니다.

USB 연결을 통해 화면 데이터를 전송하는 방식이어서 시스템 자원을 조금 점유하지만 꽤 근사한 속도로 화면을 보여줍니다. 물론 Duet 디스플레이 앱이 라이트룸을 위해 만들어진 것은 아닙니다. 노트북 등 작은 화면에서 작업하는 사용자들을 위해 가상의 듀얼 모니터를 구현하는 앱입니다.

라이트룸 기초

라이트룸 기본/백업 기능

라이트룸 설치/CC

사진 등록 편집 실습

사진 노그레이드하기

다양한 라이트룸 사진 기능

LESSON 03 꼭 알아야할 라이트룸과 디지털 이미징 기초 상식

디지털 이미징 이론과 라이트룸 작업 속도를 올려주는 전문가의 조언

화면과 결과물의 색감을 맞추는 컬러 매니지먼트

▲ 카메라 LCD에서 보던 이미지를 모니터에서 봤을 때 전혀 다른 느낌일 때가 있습니다.

촬영한 사진을 카메라 LCD로 볼 때는 굉장히 멋지고 좋았는데, 모니터에 띄우거나 출력해보면 뭔가 칙칙하고 보잘것 없어 보이는 경험이 있을 것입니다. 사진을 찍는 사람들은 촬영한 이미지가 카메라 LCD에서 보던 것처럼 모니터나 프린터에서도 똑같이 멋지게 나오길 원하지만 그건 이상적인 이야기입니다.

카메라 LCD와 컴퓨터 모니터는 빛의 삼원색인 RGB의 세 가지 빛을 화면에 쏘아 색을 표현하는 발광체입니다. 반면 프린트는 CMYK의 잉크를 혼합해 종이에 뿌리는 방식이며 기본적으로 종이는 빛의 조건에 따라 반사율이 달라지는 반사체입니다. 발광체인 모니터는 주변 조도(빛이 비추는 정도)에 따라 밝기가 다르게 느껴집니다. 스마트폰 화면을 어두운 밤에 보는 것과 낮의 햇빛 아래서 보는 것의 밝기 차이를 떠올려보면 이해가 쉽습니다. 또한 브랜드나 성능에 따라 나타나는 LCD 모니터의 색감 차이도 무시할 수 없습니다. 반사체인 프린트는 빛의 반사율, 색 온도 등에 따라 매우 다릅니다. 사진을 노란색 텅스텐 불빛 아래에서 보는 것과 형광등 아래에서 보는 것은 전혀 다른 느낌입니다.

RGB는 Red, Green, Blue의 약자로 빨간색, 초록색, 파란색 세 가지 색을 섞어 색을 표현하며, 색을 많이 섞을수록(빛을 많이 쬐면) 하얀색이 되는 가산혼합입니다. CMYK는 Cyan, Magenta, Yellow, Black 네 가지 색을 섞어 색을 표현하고, 색을 많이 섞을수록 (잉크를 많이 쓰면) 검은색이 되는 감산혼합입니다.

좋은 카메라, 모니터, 프린터를 구입했다고 생각했는데 왜 이런 현상이 발생할까요? 문제는 바로 컬러 매니지먼트 시스템(Color Management System, CMS)에 있습니다. 카메라와 스캐너 같은 장비가 이미지를 입력하는(생산하는) 장치라면 모니터와 프린터는 이미지를 출력(보여주는)하는 장치입니다.

▲ CMS는 카메라, 모니터, 프린터 등 각기 다른 성격을 가진 기기 간의 색 표현
  차이를 좁히려는 노력입니다.

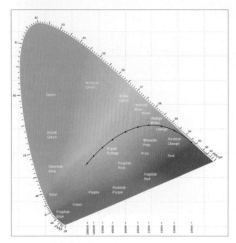

아무리 정교하게 색을 구현하려 해도 각 장치들이 소통할 수 있도록 하나의 색 언어가 제시되지 않는다면 붉은 사과를 촬영한 사진이 모니터에서는 분홍빛 사과로 보일지도 모릅니다. 그래서 빛과 조명 분야에서 과학, 기술에 관한 모든 사항을 국제적으로 규정하는 국제 조명 위원회(Commission Internationale del'Eclairage, CIE)에서는 색의 표준 규정인 색 공간(컬러 스페이스, Color Space)을 만들었습니다. 색 공간이란 인간의 눈으로 보는 모든 색을 X축과 Y축 선상의 삼각형 그래프로 표현한 것으로, 장치들이 이 언어를 통해 색을 인식하도록 하는 규약입니다.

▲ 국제 조명 위원회가 규정한 색 공간(컬러 스페이스)

가장 기본적인 CMS는 카메라의 색 공간과 컴퓨터의 색 공간을 일치시키는 것입니다. 다음 단계로는 각 기기 간의 미세한 색상 차이를 캘리브레이션 기기를 이용해 교정합니다.

▲ 모니터 캘리브레이션 기기를 이용해 모니터를 교정합니다.

▲ 스펙트로 컬러리미터를 이용해 프린터 프로파일을 제작합니다.

첫 번째는 모니터 캘리브레이션입니다. 모니터 색상 교정을 통해 모니터 프로파일을 만들려면 모니터 캘리브레이션 장비가 필요합니다. 잉크젯 프린터로 프린팅을 즐기는 사용자들은 모니터 색상 교정 이외에 프린터 프로파일링이 추가로 필요합니다. 모니터에서 보는 색감을 프린터에서 정확히 구현하는 것이 프린터 프로파일링입니다. 이 역시 프린터나 용지에 따라 프로파일을 제작해주는 기기가 필요합니다.

컬러 매니지먼트는 이처럼 원하는 색을 정확하게 촬영하고, 보고, 출력하기 위한 노력입니다. 컬러 매니지먼트에 대한 이해 없이는 촬영한 사진과 모니터나 출력물에서 보는 결과물에서 차이가 생기는지 이해하지 못합니다.

몇 년 전만 해도 이미지의 최종 결과물 대부분을 출력 결과물에 맞췄으므로 모니터 캘리브레이션, 프린터 캘리브레이션 장비만으로 충분했습니다. 하지만 요즘은 잡지나 화보집의 인쇄 매체보다는 SNS, 스마트폰, TV에 결과물을 더 많이 활용하고 있는 현실이라 상황이 더 복잡해졌습니다. CMS 장비를 모두 갖추고 각 장비를 일일이 교정하는 것도 하나의 방법이지만 이런 장비를 구입하거나 운용하는 데 드는 시간과 비용이 만만치 않습니다.

◀ 2018년 소니 '프로의 오리지널리티' CF에 등장했던 작품입니다. 프린팅 전문 프린팅 랩에 의뢰한 뒤 디아섹(Diasec) 방식으로 제작해 소니 매장에 전시했습니다.

필자의 수년간의 경험으로는 구식이나 저가형 장비가 아니라면 어느 정도의 컬러매니지먼트가 적용된 상태로 출시됩니다. 차이는 있지만 화면 밝기나 대비를 비슷하게 맞추면 기기 간 색감의 차이가 엄청나게 크지는 않습니다. CMS 기기로 정밀하게 교정하여 이미지를 편집하는 것이 이상적이지만, 그렇지 못한 상황일 경우에 스트레스받을 필요는 없습니다.

자신이 편집한 이미지가 의심스러울 경우 SNS에 사진을 업로드해 모니터와 스마트폰에서 같은 사진을 비교해보거나 인화 업체에 출력을 의뢰해 어느 정도 색감을 맞추면 됩니다. 또 전문적인 프린트는 프린팅 랩에 의뢰해 교정 프린트를 확인하고 결과물을 만드는 것도 한 방법입니다. 출판 작업에 해당하는 오프셋 인쇄의 경우 인쇄 당일 미리 노트북이나 출력 결과물을 가져가 출력 담당자와 함께 맞추는 것도 방법입니다.

라이트룸 활용을 위한 디지털 이미지 상식

라이트룸, 포토샵 같은 이미지 편집 프로그램을 다루기 전 디지털 이미지에 대한 기본 상식이 필요합니다. 이런 상식을 알고 이미지를 다루면 이미지 편집에 대한 이해가 깊어지고 실수할 우려도 적습니다.

RAW 파일, 디지털 이미지 파일의 표준 형식

라이트룸은 포토샵의 Camera RAW 플러그인을 기반으로 탄생한 프로그램입니다. 이름에서도 알 수 있듯 JPG 파일보다는 RAW 파일을 주로 편집하기 위한 프로그램입니다. RAW는 '날것'이라는 말로 전혀 가공되지 않은 이미지의 원본 상태라 할 수 있습니다.

몇 년 전만 하더라도 메모리와 하드디스크의 가격이 비싼 편이었고 저장 속도 등의 문제로 RAW 파일로 촬영하는 것을 권하지 않았습니다.

하지만 요즘은 더 좋은 사진을 원한다면 반드시 RAW 파일로 촬영할 것을 권합니다. JPG 파일은 압축률이 높기 때문에 용량을 획기적으로 줄일 수 있으나 카메라에서 한 번 가공되어 나온 이미지이기에 수정을 가할수록 파일이 급속도로 손상됩니다.

▲ 포토샵의 Camera RAW(좌)와 라이트룸(우)은 거의 같은 기능과 구조를 가지고 있습니다.

RAW 파일은 원본에 수정을 가해도 손상되지 않으며 관용도(빛을 받아들이는 정도)가 높아 촬영할 때 노출이 부족하거나 색 공간 등을 잘못 선택했을 때도 변경이 가능합니다. 결정적으로 Camera RAW 플러그인, 라이트룸에서 다양하게 수정할 수 있습니다.

심지어 스마트폰에서도 어도비의 RAW 파일 형식인 DNG 파일로 저장하는 옵션을 제공하는 모델이 있습니다. 용량이 작고 전달하기도 편리한 JPG 파일은 노출과 촬영에 자신이 있거나 대량의 사진을 수정 없이 전달해야 하는 행사 사진에 알맞습니다. 중요한 작품 촬영, 프린트의 품질을 높이거나 수정을 해야 하는 작업, 노출이나 화이트 밸런스가 민감하게 작용하는 촬영을 할 때는 RAW 파일을 선택합니다.

8비트 vs 16비트

채널 당 비트 수	톤 레벨
8비트	256
12비트	4,096
14비트	16,384
16비트	65,536

디지털 이미지를 확대해서 보면 작은 픽셀(Pixel)이 모여 전체 이미지를 구성하고 있습니다. 각 픽셀은 컴퓨터의 메모리에서 0과 1로 된 비트(bit)에 대응하는데 JPG, GIF, TIFF, BMP 같은 이미지 파일 형식을 비트맵 이미지라고 합니다. RGB 각 채널 당 표현하는 색의 범위, 즉 톤 레벨 수가 8비트라면 256개(Red 256개×Green 256개×Blue 256개=16,777,216)입니다. JPG는 8비트 파일 형식입니다. RAW는 이보다 높은 단계인 채널당 12~14비트의 톤 레벨을 가지고 있습니다(현재 대부분의 DSLR 카메라는 12~14비트를 지원합니다). 만약 16비트를 지원하는 RAW 파일을 사용하면 채널당 65,536개의 톤 레벨(Red 65,536×Green 65,536×Blue 65,536=281,474,976,710,656)을 가지고 있어 JPG 파일보다 훨씬 더 많은 정보를 가지고 있습니다.

▲ RAW 파일(좌)과 JPG 파일(우)을 800배 확대했을 때 비교 사진. 왼쪽의 RAW 파일이 픽셀의 밀도가 훨씬 촘촘한 것을 볼 수 있습니다.

이미지를 수정하는 과정에서 데이터가 손상되기 때문에 너무 많은 수정은 좋지 않습니다. JPG 파일과 RAW 파일의 차이는 여기서 극명하게 나타납니다. 톤 레벨의 숫자만 봐도 알 수 있듯 수정을 가해도 RAW 파일의 데이터는 손상 정도가 덜하고 더 많은 색 정보를 가지고 있어 더욱 깊이 있는 색조와 부드러운 질감을 표현할 수 있습니다.

해상도, ppi, dpi

▲ 라이트룸에서 사진 이미지를 프린터로 출력하는 [Print Job] 항목에 ppi를 입력하는 항목이 보입니다.

디지털 이미지를 다루다 보면 해상도, 화소, ppi, dpi 같은 낯선 용어들이 많이 등장합니다. 물론 이런 용어를 몰라도 작업하는 데 문제는 없습니다. 그러나 프린트를 염두에 둔 작업에서 이런 용어를 모르면 상황이 달라집니다. 사진을 어떤 크기로 뽑아야 하는지, 어떻게 카메라의 최대 성능을 살리는 작품을 만들어내는지 모르기 때문입니다.

라이트룸 기초

라이트룸 기초핵심 기능

라이트룸 설치하기/CC

실력별 보정 실습

사진 업그레이드하기

다양한 라이트룸 부가 기능

▲ **카메라의 이미지 센서 크기 비교** | 이미지 센서의 크기가 커질수록 단위 면적 당 받아들이는 정보의 양이 많아 집니다.

카메라를 구입하면 '이 카메라가 1,000만 화소다.', '2,000만 화소다.' 같은 이야기를 합니다. 화소는 영어로 픽셀(Pixel)이라 하며, 이는 'Picture Element'의 줄임말입니다. 이미지가 가로세로 4000×3000픽셀로 이루어져 있다면 총 화소는 12,000,000개이며, 쉽게 1,200만 화소라고 이야기합니다. 해상도가 높을수록 좋은 점은 더 큰 크기로 프린트할 수 있다는 점입니다. 그러나 해상도가 높다고 해서 프린트 화질까지 좋은 것은 아닙니다. 즉 화소와 해상도는 밀접한 관련이 있지만 화소와 해상도가 높다고 꼭 화질이 좋은 것은 아니라는 의미입니다.

프린트할 때는 해상도(Resolution)의 단위인 ppi와 dpi의 개념을 알아두어야 합니다. 가로세로 1인치(1inch=2.54cm) 당 몇 개의 픽셀로 이루어졌는지를 나타내는 것이 ppi(pixels per inch), 가로세로 1인치 당 몇 개의 점으로 이루어졌는지를 나타내는 것이 dpi(dots per inch)입니다. ppi는 픽셀의 단위이므로 컴퓨터에서 쓰는 단위고, dpi는 점의 단위이므로 출력물에서 쓰는 단위입니다. 우리는 컴퓨터에서 디지털 이미지를 다루므로 ppi만 생각하도록 합니다. 라이트룸에서 ppi를 입력하여 출력하면 dpi는 프린터 드라이버에서 자동으로 설정됩니다.

색 공간

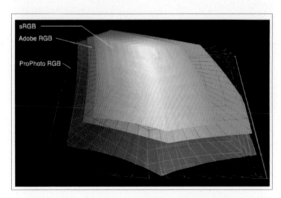

▲ RAW 파일로 촬영하면 색 공간을 선택적으로 사용할 수 있지만, 각 색 공간은 용도에 따라 다르게 사용해야 합니다.

자연계의 색을 총천연색이라 부릅니다. 디지털 이미지 기술이 아무리 발전해도 자연의 그 미묘하고 아름다운 색을 완벽하게 옮기거나 복사하는 것은 불가능합니다. 여러분 앞에 그림을 그릴 수 있는 캔버스가 있고 물감을 짜놓은 팔레트가 있다고 생각해보겠습니다. 만약 8색이 있는 팔레트와 12색이 있는 팔레트가 있다면 어느 쪽을 써야 더 풍부한 색감으로 그림을 그릴 수 있을까요? 색이 많은 팔레트로 더 풍부한 색감을 표현할 수 있다는 것은 자명한 일입니다. 자연계의 색을 디지털 이미지로 옮길 때 팔레트의 역할을 하는 것이 바로 색 공간(Color Space)입니다. 색 공간의 종류는 굉장히 다양한데 현재 디지털 사진에서 편집에 사용하는 것은 세 가지 정도로 압축됩니다.

색 공간의 종류

① **sRGB** | 마이크로소프트 사와 휴렛팩커드 사가 만든 색 공간으로 그동안 일반적인 모니터, 인터넷 환경, 텔레비전, 가전기기 등에서 가장 많이 사용해왔고 지금도 대중적으로 사용하고 있는 색 공간입니다. 웹 용 이미지와 전자기기 등에서 사진을 보여줄 때는 대부분 이 색 공간을 사용해도 큰 문제가 없었습니다. 그 러나 디지털 이미지를 인쇄하거나 인화할 때는 좁은 색 공간으로 인해 색 표현에 한계가 있습니다.

② **Adobe RGB** | 어도비 사에서 만든 색 공간으로 많은 사진가들이 사용하고 있는 색 공간입니다. Adobe RGB는 인쇄와 잉크젯 프린트에서 그 진가를 발휘합니다. sRGB보다 Green, Red 등의 색을 더 표현할 수 있기 때문에 일반적인 풍경 사진, 인물 사진과 같은 미묘한 색조가 포함된 사진에 알맞습니다. 프린트 를 염두에 둔 사용자라면 반드시 선택해야 하는 색 공간입니다.

③ **ProPhoto RGB** | 디지털카메라 초창기에는 권장되지 않던 색 공간이었으나 RAW 파일과 고급 잉크젯 프린터를 사용할 때 유용합니다. ProPhoto RGB의 장점은 잉크젯 프린터의 넓은 색 재현 범위를 거의 그대로 표현할 수 있지만 반드시 RAW 파일을 변환할 때 16비트 모드로 편집해야 합니다. 8비트 모드에 서 편집하면 색의 경계가 끊어지는 포스터리제이션(Posterization) 현상이 나타날 수 있습니다. 그러나 16비트 모드 편집은 컴퓨터 메모리나 시스템에 많은 부하가 걸릴 수 있습니다.

sRGB는 일반적인 웹 사진이나 인터넷 인화 업체에 의뢰할 때 적당한 방식이고, Adobe RGB는 잡지 등에 게재될 인쇄용 이미지와 잉크젯 프린트에 적합합니다. ProPhoto RGB는 디지털 이미지와 편집에 전문적 인 지식이 있고 고급 잉크젯 프린트를 즐기는 이들에게 알맞은 방식입니다.

색 공간은 용도에 맞게 사용하는 것이 좋습니다. sRGB, Adobe RGB, ProPhoto RGB의 순서로 색 표현력 이 커지지만 웹용으로 사용할 이미지를 편집하는 데 ProPhoto RGB 같은 넓은 색 공간은 필요는 없다는 말 입니다. 현재 일반적인 모니터는 대부분 sRGB의 색 공간밖에 표현하지 못합니다. 더 넓은 Adobe RGB 색 공간을 지원하는 모니터가 있긴 하지만 가격이 비싼데다 웹에서는 대부분 sRGB로 보기 때문에 굳이 인터 넷에 Adobe RGB로 사진을 편집할 필요는 없습니다.

이미지 편집을 위한 라이트룸 상식

라이트룸은 사진 파일의 여러 정보를 보여주거나 여러분이 언제쯤 사진을 촬영했는지, 무슨 렌즈를 사용했 는지, 또 어떤 실수를 했는지조차 화면에 출력해줍니다. 때론 그래픽 형태로 때론 경고 메시지로 출력해주 는데 이런 메세지나 정보는 모두 해결 방안이 있으니 겁먹을 필요는 없습니다. 이번에는 라이트룸을 사용하 면서 익혀야 할 상식에 대해 알아보겠습니다.

라이트룸 영문 버전과 한글 버전 변경

어도비 코리아 홈페이지를 통해 라이트룸을 설치하면 기본적으로 한글판 라이트룸이 설치됩니다. 이 책은 영문 버전을 기반으로 하고 있으므로 라이트룸을 영문 버전으로 바꾸려면 환경설정 `Ctrl` + `,` 에서 [Language]를 [English]로 선택하고 라이트룸을 재시작합니다.

카메라에서 RAW+JPG 파일로 촬영했는데 왜 한 장의 사진만 보일까?

라이트룸은 기본적으로 RAW 파일 보정을 기본으로 하는 프로그램입니다. 라이트룸의 뛰어난 사진 수정 능력을 활용하려면 RAW 파일 수정을 권합니다. 그래서 카메라에서 'RAW+JPG' 파일로 세팅해 촬영한 데이터를 라이트룸으로 불러와도 기본적으로 RAW 파일 한 장만 화면에 보여줍니다.

이 문제를 해결하려면 환경설정 Ctrl + , 에서 [Treat JPEG files next to raw files as separate photos] (RAW 파일 다음에 JPG 파일을 보여줌)에 체크 표시하면 됩니다. 그리고 라이트룸으로 사진을 불러오면 RAW 파일과 JPG 파일을 동시에 보여줍니다. 다만 이 방법은 사진을 선택하고 관리하는 데 있어 그리 좋은 방법은 아닙니다. 매번 두 장의 사진을 보고 선택해야 하는 단점 때문입니다. 이 옵션은 카메라에서 세팅한 JPG 파일의 색감을 확인하고 참조하여 RAW 파일 수정을 할 때만 유용한 방법입니다.

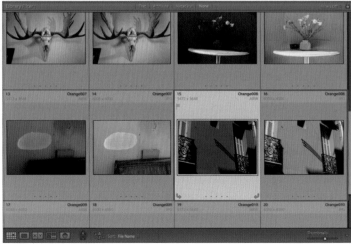

▲ 환경설정에서 [Treat JPEG files next to raw files as separate photos]에
   체크 표시하고 사진을 불러오면 RAW 파일과 JPG 파일을 동시에 불러옵니다.

폴더와 사진에 ?와 !가 표시되고 아무런 작업을 할 수 없다면?

라이트룸 초보자들이 착각하는 것 중에 하나가 사진을 불러오면 사진 파일이 라이트룸으로 들어온다고 생각하는 것입니다. 앞서 강조했듯 라이트룸으로 사진을 불러오는 Import는 사진 파일을 카탈로그 파일에 연결해주는 역할만 할 뿐 사진 원본 폴더나 사진 파일 자체에는 전혀 수정을 가하지 않습니다.

Import 작업 후에는 라이트룸이 실시간으로 원본 사진 파일과 카탈로그가 연결되어 있는지 검사합니다. 이때 원본 폴더의 위치나 이름을 바꾸거나 외장 하드 등에서 파일을 읽어 올 수 없을 때 왼쪽의 [Folders] 패널에 📁?가 표시되거나 사진 섬네일에 ❗가 표시됩니다. 라이트룸으로 사진 파일을 불러온 후에는 원본 폴더를 이동하거나 이름 변경 등의 작업을 하지 않는 것이 바람직합니다. 외장 하드를 사용 중이라면 작업이 끝날 때까지 분리하지 않도록 주의합니다.

📁? 또는 ❗ 표시를 클릭하고 경로를 다시 지정하면 해결됩니다. 연결한 외장 하드의 경로 문자가 바뀌거나 원본 폴더의 이름이 바꾼 후 📁? 표시가 나타납니다. 이때는 ❶ [Folders] 패널에서 📁?가 나타난 폴더를 마우스 오른쪽 버튼으로 클릭하고 ❷ [Find Missing Folder]를 선택해 다시 경로를 지정합니다.

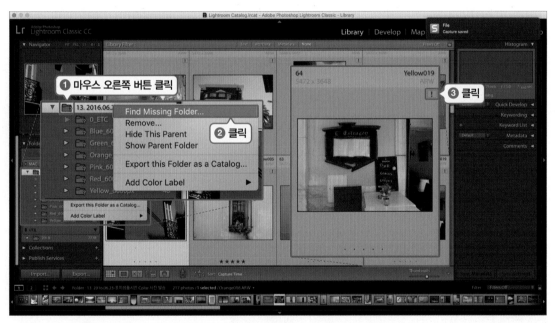

▲ 폴더나 사진에 📁? 또는 ❗가 표시되면 원본 폴더나 사진 파일을 찾을 수 없다는 메시지입니다.

❸ 사진 파일 또한 ❗를 클릭하면 '…Would you like to locate it?'이란 메시지가 나타납니다. 이때 ❹ [Locate]를 클릭해 사진 파일이 위치한 폴더를 선택하면 표시가 없어집니다.

사진 보정 및 내보내기 작업이 끝나면 폴더 상단의 ■를 클릭해 불러온 폴더를 제거합니다. 라이트룸의 폴더 목록을 깨끗한 상태로 유지하면 에러 발생률을 줄어듭니다. 카탈로그에 폴더가 쌓여 경로가 엉키면 사진을 찾기 어렵고 라이트룸의 속도도 느려집니다.

Delete 를 누르면 사진 파일이 사라질까?

작업하다 실수로 Delete 를 누른다고 사진 파일이 사라질까요? 사라질 수도 있고 아닐 수도 있습니다. 사진 파일을 선택하고 Delete 를 누르면 아래와 같은 메세지가 나타납니다. 친절하게 [Remove]가 활성화되어 있는 것을 볼 수 있습니다. ❶ [Remove]는 라이트룸에 불러온 사진을 보이지 않게 카탈로그 파일에서만 지워줍니다. 원본 사진에는 전혀 영향을 미치지 않는다는 의미입니다.

반대로 ❷ [Delete from Disk]는 하드디스크에 있는 원본 파일까지 지운다는 의미입니다. 이 버튼을 누를 때는 메시지를 한 번 더 보고 신중하게 생각합니다. 사진 선택 작업이 끝나고 불필요한 파일을 라이트룸에서 숨기고 싶을 때 Delete 를 누르고 [Remove]를 클릭해 작업해도 좋습니다.

Delete 를 누르면 이런 메시지가 출력되는데, 제일 왼쪽의 [Delete from Disk]를 클릭하면 실제 사진이 삭제되므로 신중하게 생각해야 합니다.

작은 섬네일의 위력, 정보 보기와 세팅 기능

Library 모듈의 섬네일의 초기 상태는 사진 파일을 집중해서 볼 수 있도록 세팅되어 있습니다. 기본적으로 섬네일 주변에 다른 항목이 없는 듯하지만 Grid 뷰에서 섬네일을 좀 더 확대하고 마우스 포인터를 사진 섬네일에 올리면 다양한 옵션이 나타납니다.

▲ 섬네일에 표시되는 아이콘 중 🖉는 수정을 했다는 표시이며 🔲는 크롭 작업을 했다는 표시입니다. 각각 클릭하면 Develop 모듈로 이동합니다.

❶ 섬네일의 왼쪽 위에는 깃발 모양의 Flag▢가 있으며, 클릭할 경우 깃발로 사진을 선택하거나 해제할 수 있습니다. ❷ 섬네일 오른쪽 상단의 ⬤는 [Catalog]-[Quick Collection] 목록에 사진을 추가하는 항목입니다. [Quick Collection]은 빠르게 사진을 선택할 때 사용하는 기능으로 클릭하면 [Quick Collection] 목록에 사진을 추가하고 한 번 더 클릭하면 해제(제외)합니다. 선택한 파일은 왼쪽 패널 [Catalog] 항목의 [Quick Collection+]에서 확인할 수 있습니다.

▲ [Quick Collection]을 클릭해 선택한 사진은 왼쪽 패널의 [Catalog]-[Quick Collection]에서 확인할 수 있습니다.

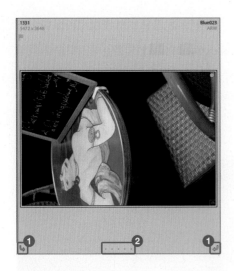

섬네일의 좌우 아래에 있는 ❶ ↵과 ↵를 클릭하면 사진을 좌우 90°로 회전할 수 있습니다. 단축키 Ctrl + [,] 를 눌러도 효과는 동일합니다.

섬네일 아래에 있는 ❷ ・・・・・・ 는 별 개수만큼 클릭해 별점을 줄 수 있는 기능입니다. 하지만 마우스를 이용해 추가하는 것보다 단축키를 이용하는 것이 훨씬 직관적입니다.

◀ 섬네일 왼쪽과 오른쪽 아래엔 사진을 회전할 수 있는 아이콘과 Rating(별점)을 추가할 수 있는 기능이 있습니다.

01 사진 파일의 정보를 좀 더 자세히 보고 싶다면 [View]−[View Options] Ctrl + J 메뉴를 선택합니다. [Library View Options] 대화상자가 나타나면 [Grid View], [Loupe View] 탭에서 섬네일에 표시될 여러 옵션을 설정할 수 있습니다. ❶ [Grid View] 탭의 [Show Grid Extras]를 [Expanded Cells]로 선택하면 사진 파일의 해상도나 파일 이름 등을 좀 더 자세히 보여주고, ❷ [Compact Cell Extras]나 ❸ [Expanded Cell Extras]에서 설정하면 촬영 정보나 기타 정보를 볼 수도 있습니다. ❹ [Loupe View] 탭의 옵션도 [Info1], [Info2] 등의 항목에서 마찬가지로 설정할 수 있습니다.

02 Loupe View 상태나 Develop 모듈 상태에서 화면에 정보를 출력하고 싶다면 [View]−[Loupe Info]−[Cycle Info Display] 메뉴를 선택하거나 I 를 누릅니다. 정보가 왼쪽 상단에 출력되면 I 를 반복해 눌러 Info1, Info2의 항목을 번갈아 보여주거나 숨길 수 있습니다.

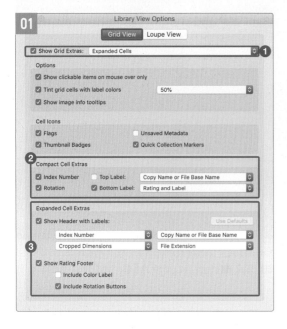

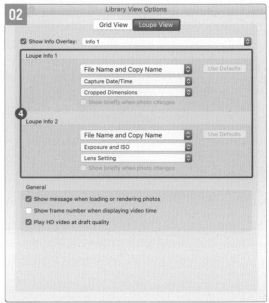

사진 파일의 블랙 박스, 메타데이터 읽기

▲ 오른쪽 패널의 [Metadata]를 클릭하면 사진의 메타데이터를 볼 수 있습니다.

디지털 사진 파일의 블랙 박스라 할 수 있는 메타데이터(Metadata)는 카메라의 종류, 촬영 시간, 셔터 속도, 조리개, ISO, 렌즈 등 디지털 사진에 관한 많은 정보를 수록합니다. 이 모든 것은 촬영될 때 사진 파일에 자동으로 기록되며 디지털 이미지 내용을 확인할 수 있는 중요한 단서입니다. 라이트룸에서는 이런 메타데이터의 내용을 볼 수 있고 각 항목에 따라 분류할 수 있습니다.

Library 오른쪽 패널의 [Metadata] 항목을 클릭하면 파일명, 촬영 날짜, 각종 촬영 정보, 카메라의 종류 등이 기록되어 있는 메타데이터의 세부 항목을 볼 수 있습니다.

또한 상단 [Filter Bar] ₩를 클릭해 각 항목별 분류로 사진을 쉽게 찾을 수 있게 합니다. 가장 기본은 [ISO], [Camera], [Lens], [Label]로 구성되어 있지만 각 항목을 클릭해 원하는 것을 선택하면 다른 분류로 선택 가능합니다.

Library Filter :		Text	Attribute	**Metadata**	None		Custom..	
ISO Speed		**Camera**		**Lens**		**Label**		
ISO 200	22	All (5 Cameras)	22	All (8 Lenses)	22	All (1 Label)		22
ISO 250	4	DSC-RX100M3	3	12-24mm F4.5-5.6	2	No Label		22
ISO 320	5	DSLR-A900	11	17-35mm F2.8-4	3			
ISO 400	9	ILCE-7R	5	20mm F2.8	1			
ISO 500	3	NX500	1	24-70mm F1.8-2.8	7			
ISO 640	2	SLT-A99V	2	35mm F2	7			
ISO 800	7			FE 35mm F2.8 ZA	2			
ISO 1000	4			NX 50-150mm F2.8 S	1			
ISO 1250				Unknown Lens	3			

▲ Filter Bar의 [Metadata]를 선택하면 [ISO], [Camera], [Lens] 등을 선택해 볼 수 있습니다. 각 항목을 클릭해 다른 분류로 선택도 가능합니다.

메타데이터 저장 기능, 작업한 내용을 보존한다

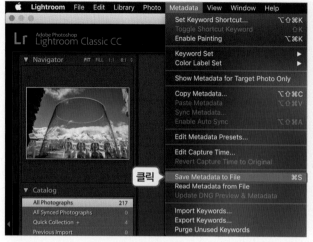

오랜 시간 라이트룸을 다루어도 종종 착각하는 순간이 있습니다. 라이트룸에서 작업한 내역(선택 작업을 위해 별점을 주거나 하는 등)이 실제 파일에도 적용되어 있다고 생각하는 것입니다. 그러나 불러온 사진을 라이트룸에서 제거하면 작업 내역은 사라집니다. 라이트룸은 실제 파일에 수정을 가하는 방식이 아닌 카탈로그 파일에 작업 내역을 보존하기 때문입니다.

▲ [Photo]-[Save Metadata to File](Ctrl + S) 메뉴를 선택하면 수정 내역이 xmp 파일로 저장됩니다.

사진을 라이트룸에서 삭제한 뒤에도 작업한 내역을 보존하려면 메타데이터 저장 기능을 사용합니다. 수정한 내역이 있는 사진 파일을 선택하고 [Metadata]-[Save Metadata to File] Ctrl + S 메뉴를 선택하면 xmp(사이드카 파일, Sidecar file) 파일 형식으로 저장합니다.

▲ xmp 파일 형식의 메타데이터 파일이 이미지 옆에 생성됩니다. xmp 파일은 RAW 파일의 수정 내역을 그대로 보관하고 있습니다.

xmp 파일은 라이트룸에서 작업한 내역을 보존하는 문서라고 생각하면 됩니다. [Save Metadata to File]을 실행하면 원본 파일 이름과 같고 확장자만 다른 .xmp 파일 형식의 메타데이터가 생성됩니다. 라이트룸에서 작업한 별점이나 수정 내역 등이 xmp 파일에 보존되어 있으므로 포토샵이나 어도비 브릿지 등의 프로그램에서 작업 내역을 그대로 읽을 수 있습니다. 물론 이 파일을 지우면 수정 내역 역시 지워집니다.

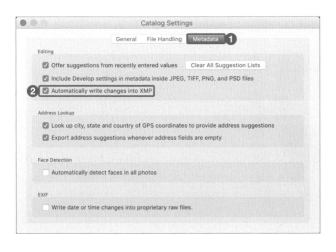

실시간으로 작업한 내용을 xmp 파일로 저장하고 싶다면 [Edit]-[Catalog Settings] 메뉴를 선택합니다. [Catalog Settings] 대화상자의 ❶ [Metadata] 탭을 선택하고 ❷ [Automatically write changes into XMP]에 체크 표시하면 됩니다. 이 옵션은 라이트룸에서 작업한 Rating, Develop 모듈 등의 수정 작업을 xmp 파일로 자동 저장하여 포토샵, 브릿지 등 기타 어도비 프로그램에서 수정 내역을 읽을 수 있도록 하는 기능입니다. 이미지 파일마다 xmp 파일이 따라다니므로 작업 방식이나 필요에 따라 이 옵션을 선택하도록 합니다.

Rating, 사진을 더 신중하고 진지하게 선택하기

'사진은 찍는 게 반, 고르는 게 반'이라는 이야기가 있습니다. 아무리 좋은 사진을 촬영하더라도 사진을 고르는 안목이 없다면 실패한 사진이나 마찬가지입니다. 그래서 사진 촬영만큼 신중하고 깊이 생각해야 하는 일이 바로 사진을 고르는 일입니다. 여러분의 사진이 작품이 되느냐 마느냐는 마우스 클릭 한 번에 좌지우지된다는 사실을 명심하고 사진 선택에 더 신중하고 진지하게 임할 필요가 있습니다.

너무나 사용하기 쉬운 Rating

▲ [Rating] 기능을 사용할 때는 사용자가 별의 숫자를 중요도로 생각하고 선택하면 좋습니다.

사진을 선택할 때 중요도를 표시할 수 있는 기능이 바로 [Rating]입니다. 우리말로 별점이라고 생각하면 쉽습니다. 최고로 좋은 사진에 별점 5점, 좀 못한 사진에 별점 4점 이런 식으로 구분할 수 있게 사용하면 됩니다.

Rating 이외에도 라이트룸에는 사진 선택을 도와주는 [Quick Collection], [Flag], [Color Label] 등의 기능이 있지만 일반인, 그리고 사진 전문가도 [Rating] 하나면 사진을 분류하기에 충분합니다. 여러 기능을 전부 사용하면 오히려 선택이 복잡해집니다. 차라리 [Rating] 기능 하나로 단순하게 선택하는 것이 오히려 좋은 방법입니다. [Rating]이 좋은 이유는 단축키가 외우기 쉽기 때문입니다. [Grid]나 [Loupe] 모드에서 사진을 고르다 마음에 드는 사진에 1 ~ 5 를 누르면 별 1~5개까지 쉽게 줄 수 있습니다.

◀ Rating 기능은 1 ~ 5 만 사용하기 때문에 외우기 편리합니다. 한 번 더 누르거나 0 을 누르면 별점이 제거됩니다.

[Quick Collection] 기능은 B 로 실행합니다. [Flag] 기능을 쓰려면 단축키 P , 제거하려면 U 를 외워야 합니다. 반면 [Rating]의 별점 5는 5 를 누르고, 별을 제거하려면 0 을 누르면 됩니다.

모든 단축키를 외우면서 사진을 선택할 자신이 없다면 F 를 눌러 전체 화면으로 사진을 관찰하거나, [Grid] 모드로 보다가 마음에 들면 별 5개를 주고 후에 별 5개를 준 사진만 다시 모아 본 뒤 좀 별로인 사진은 다시 별을 제거하는 방식을 사용하는 것이 훨씬 단순하고 명확합니다.

만약 선택할 때 Rating으로도 부족하면 6 ~ 9 을 사용하는 [Color Label] 기능을 이용합니다. 6 은 빨간색, 7 은 노란색, 8 은 녹색, 9 는 파란색 레이블로 사진을 선택합니다. 예를 들어 별 5개를 준 사진들 중 더 좋은 사진에는 6 을 눌러 빨간 레이블로 선택해두면 구분하기 더 좋습니다.

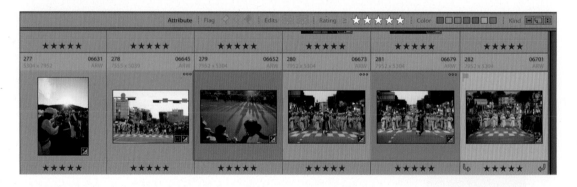

Attribute, 선택된 사진을 모아 보기

라이트룸은 화면 크기의 한계상 섬네일을 최소화해봐야 한 화면에 30~60장 정도의 사진만 보여줍니다. 내가 별점을 준 사진만 모아 보고 싶다면 어떻게 할까요? 바로 [Library Filter]를 이용합니다. [Library Filter]는 당연히 Library 모듈에서만 보입니다. Develop 모듈에서는 사진을 한 장씩만 볼 수 있기 때문입니다.

나머지 사진은 숨기고 내가 별점을 준 사진만 모아서 보고 싶다면 ❶ [Library Filter]의 [Attribute](특성)을 클릭하고 별의 개수만큼 선택하면 됩니다. 만약 3~5점까지 준 사진을 모두 보고 싶다면 ❷ [Rating ≥]에서 [★★★]를 클릭합니다. '≥' 기호에서 볼 수 있듯 3점을 포함한 그 이상의 별점을 모두 보여달라는 의미입니다. 만약 전체 사진을 다 보고 싶다면 [None]을 클릭하거나 Ctrl + L 을 누르면 됩니다.

▲ [Library Filter] 도구바가 화면에서 보이지 않는다면 Library 모듈에서 ₩ 를 누릅니다.

라이트룸에서 여러 사진 빠르게 수정하고 내보내기

가끔 의뢰받은 사진이나 개인 작품이 아니더라도 일반적인 스냅사진을 대량으로 수정해 저장하는 경우가 있습니다. 예를 들어 가족과의 여행, 부모님의 생일 파티, 조카 돌잔치, 친구 결혼식 행사 사진은 양이 무한정 늘어납니다. 필름 걱정 없이 셔터를 마음껏 누른다는 디지털 사진의 장점은 단점이 되기도 합니다. 많은 사람들이 메모리와 카메라만 있으면 사진을 찍을 수 있다고 쉽게 생각하기 때문에 찍은 사진을 바로 보정해 보내달라는 요구를 쉽게 합니다.

디지털 이미지 편집에서 라이트룸을 최고의 프로그램이라 부르는 이유는 바로 대량의 사진을 빠르게 선택하여 수정 작업을 진행할 수 있기 때문입니다. 개별 사진을 수정하기에는 포토샵이 더 빠르고 편리하지만, 대량의 사진을 한꺼번에 수정하려면 라이트룸만한 프로그램이 없습니다.

🔍 기능 꼼꼼 익히기 | 라이트룸 설정 리셋 단축키

기능	단축키	기능	단축키
Rating ★	1	Color Label Red	6
Rating ★★	2	Color Label Yellow	7
Rating ★★★	3	Color Label Green	8
Rating ★★★★	4	Color Label Blue	9
Rating ★★★★★	5	Library Filter 도구바 활성화	₩
Rating 제거	0	Library Filter 활성화/해제	Ctrl + L

Color Label 제거 | 위의 각 숫자를 한 번 더 누르면 됩니다.

여러 사진을 한 번에 수정하고 내보내기

여러 사진을 한 번에 내보내는 기능은 라이트룸을 사용하면서 제일 많이 사용하게 될 기능입니다. 때로는 사진을 선택하고 정밀하게 수정하여 수정 내용을 다른 사진에 동일하게 적용해봅니다. 하지만 이런 수정 적용 방법은 뒤에서 알아보도록 하고 우선 대량의 사진을 축소하여 쉽게 전송할 수 있는 사이즈로 조정한 후 저장하는 단순한 프로세스를 알아보겠습니다.

01 먼저 촬영한 사진 파일을 한 폴더에 저장하고 라이트룸에서 Import로 불러옵니다. 기존에 가지고 있던 사진이라면 어떤 것이든 무방합니다.

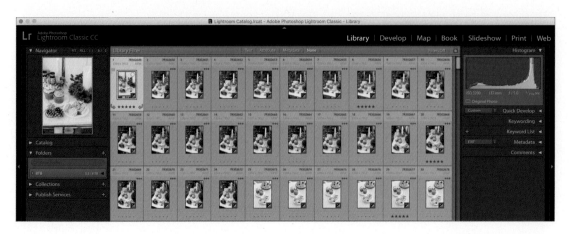

02 ❶ 내보낼 사진의 일부를 선택하거나 전체 선택 Ctrl + A 한 후에 ❷ [Export]를 클릭합니다. [Export] 대화상자가 나타납니다.

03 [Export] 대화상자에서 [Export Location]을 설정합니다. ❶ [Export To]에서 컴퓨터에 저장할 위치를 선택하고 ❷ [Put in Subfolder]에 체크 표시한 후 ❸ 입력란에 저장할 폴더명을 입력합니다. 실습에서는 2000px_JPG라는 폴더를 만들어 저장했습니다.

예제는 Mac에서 '바탕화면'(Desktop)을 지정했을 때의 위치입니다. PC 사용자라면 자신이 원하는 폴더어디로 설정하든 상관없습니다.

04 [File Settings]를 [Image Format]을 [JPEG], [Quality]를 85, [Color Space]를 [sRGB]로 설정하면 스마트폰이나 컴퓨터에서 보기 좋은 용량이 됩니다. 여기서 [Quality]를 너무 높이면 파일 용량이 지나치게 커지므로 원본 사진이 아니라면 80~90 사이로 입력합니다.

▼ File Settings			
Image Format:	JPEG	Quality:	85
Color Space:	sRGB	☐ Limit File Size To: 100 K	

05 [Image Sizing]에서 [Resize to Fit]에 체크 표시한 후 너비(W)와 높이(H)를 각각 2000픽셀로 설정합니다. 보통 블로그용 사진은 1000픽셀 이하, 페이스북이나 인스타그램은 1500픽셀 이하, 이런 전송용 사진은 2000픽셀 정도면 적당합니다. 물론 용도에 따라 사용자가 적절한 픽셀을 선택합니다. 픽셀 크기가 커질수록 파일 용량도 늘어납니다.

▼ Image Sizing			
☑ Resize to Fit:	Width & Height	☐ Don't Enlarge	
	W: 2,000 H: 2000 pixels	Resolution: 300 pixels per inch	

06 [Output Sharpening]에서 [Sharpen For]를 [Screen](화면), [Amount](양)를 [Standard]로 설정하면 저장하면서 약간의 샤프닝을 적용합니다. [Amount]를 [High]로 설정하면 강한 샤픈이 적용되는데 2000픽셀 이상의 큰 이미지는 상관없지만, 1000픽셀 정도의 작은 이미지는 강한 샤픈에 의한 노이즈가 생기므로 주의합니다.

▼ Output Sharpening	
☑ Sharpen For: Screen	Amount: Standard

라이트룸 기초

라이트룸 기능세부기능

라이트룸 버전별 신기능 CC

상황별 보정하기

사진 관리하기

다양한 플러그인 기능

07 내가 촬영한 사진의 정보를 누군가 보는 게 싫다면 ❶ [Metadata]에서 [Include]를 [Copyright Only]로 설정해 메타데이터를 제거하고 저장합니다. 필자는 다른 사람에게 내 촬영 정보를 군이 보여줄 필요가 없다면 최종 수정본의 메타데이터를 제거하고 저장하는 편입니다. ❷ 설정이 끝나면 [Export]를 클릭합니다.

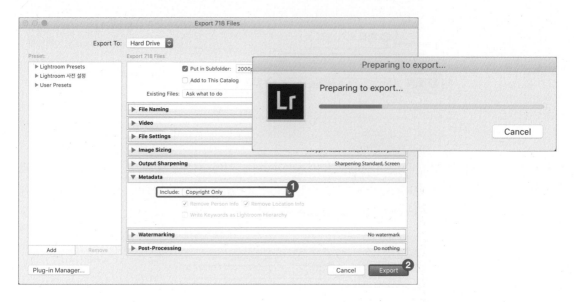

08 [Export]를 실행하면 준비 과정을 거친 후 백그라운드 작업으로 사진 파일을 저장합니다. 진행 상태는 라이트룸 왼쪽 위에서 확인할 수 있습니다.

09 라이트룸에서 일괄 내보낸 사진들이 Desktop의 **2000px_JPG**라는 폴더에 저장되는 것을 볼 수 있습니다.

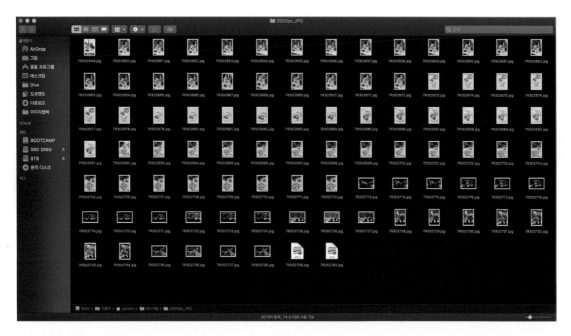

라이트룸 기초

라이트룸 기초에서 기능

라이트룸 클라우드/CC

상세한 편집 기능

사진 라이브러리 관리

여러 라이트룸 활용 기능

라이트룸의 사진 보정은 대부분 Develop 모듈에서 진행합니다.

Develop 모듈은 다양한 패널로 이루어져 있습니다.

그중에서 사진 보정에 필요한 거의 모든 기능은 [Basic] 패널에 모여 있습니다.

또 고전적인 색 보정 방법인 [Tone Curve] 방식은 물론

편리한 색 보정 기능을 담당하는 [HSL/Color] 패널,

두 가지의 색을 입체적으로 표현하는 [Split Toning] 패널,

노이즈를 조절하는 [Detail] 패널과 사진을 크롭하는 [Transform] 패널 등

다양한 패널을 이용해 보다 다채롭게 사진을 보정하고 수정할 수 있습니다.

그 외에도 [Lens Correction], [Effects] 패널 등 다양한 패널의 사용 방법과

사진의 부분 보정을 담당하는 다양한 도구에 대해서도 알아보겠습니다.

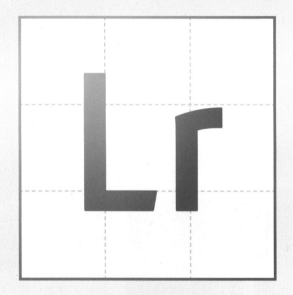

CHAPTER 02

이것만 알면
라이트룸 완전 정복

LESSON 01

히스토그램으로 이미지의 구조를 파악하자

라이트룸 히스토그램의 구조와 조작 방법 알아보기

여러 그래픽 관련 프로그램을 다뤄봤지만 라이트룸의 Develop 모듈만큼 직관적인 사진 보정 기능은 만나보지 못했습니다. 라이트룸의 Develop 모듈에는 사진 보정에 관한 기능이 일목요연하게 정리되어 있습니다. 각각의 항목은 슬라이더로 이루어져 있고, 설정에 따라 사진이 대략적으로 어떻게 바뀔지 확인할 수 있도록 오른쪽 상단에 히스토그램 그래프가 있습니다.

이미지의 구조와 히스토그램의 원리

준비 파일 기본편/CHAPTER02/01.dng

01 라이트룸을 다루기 전 기본적으로 이미지 구조에 대한 이해가 필요합니다. 디지털 사진(이미지)은 빨간색, 초록색, 파란색(RGB)의 세 가지 색 채널을 가지고 있습니다. 각각의 색을 더할수록 하얀색(White)에 가까워지고, 제거할수록 검은색(Black)에 가까운 이미지가 됩니다.

◀ 왼쪽 그림은 사진을 포토샵에서 각 채널로 확인한 것입니다. 디지털 이미지는 RGB의 세 가지 채널로 이루어져 있습니다.

각 RGB 채널은 0~255 사이의 값으로 나타낼 수 있습니다. 이것을 그래픽 형태로 보여주는 것이 히스토그램(Histogram)입니다. 이 조합을 숫자로 바꿔보면 완전한 검은색(Black)인 상태는 RGB가 0, 0, 0이 되고, 완전한 하얀색(White)인 상태는 255, 255, 255가 됩니다. 각 채널의 완벽한 중간을 나타낸 회색(Gray) 상태는 125, 125, 125가 됩니다.

◀ 포토샵의 레벨(Levels)로 확인한 톤의 분포도가 바로 히스토그램입니다. 가장 어두운 0에서 가장 밝은 255까지의 숫자가 그래프로 나타납니다.

02 Develop 모듈 오른쪽 최상단에는 히스토그램이 있습니다. 히스토그램은 이미지를 보여주는 객관적인 지표입니다. 그래프가 왼쪽으로 치우치면 사진에 어두운 부분이 많다는 의미이며, 오른쪽으로 치우치면 밝은 부분이 많다는 의미입니다. 중앙이 완만한 산 형태라면 이미지에 중간톤이 풍부하다고 볼 수 있습니다.

같은 사진에 노출(Exposure) 변화를 줬을 때 히스토그램의 변화를 관찰해보겠습니다. 밝은 이미지일 경우 그래프 오른쪽이 높게 나타납니다.

◀ 밝은 이미지

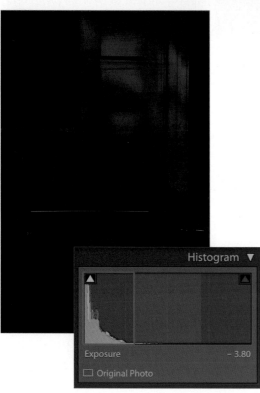

▲ 어두운 이미지

▲ 중간톤이 풍부한 이미지

히스토그램 읽기와 조정하기

01 히스토그램 아래에는 ISO, 렌즈 화각, 조리개, 셔터 속도 등 이미지의 촬영 정보가 간략히 나타납니다. 촬영 정보를 통해 노이즈의 양, 화각, 심도, 셔터 속도에 따른 흔들림 정도를 대략적으로 파악할 수 있습니다.

◀ 히스토그램은 Library와 Develop 모듈에서 동일하게 확인할 수 있습니다.

02 Develop 모듈에서 사진을 열고 마우스 포인터를 사진 위에서 이리저리 이동하면서 현재 위치에서 히스토그램 그래프 아래의 RGB 숫자가 바뀌는 것을 확인해보겠습니다. 보통 포토샵에서는 RGB 상태를 0, 0, 0의 형태로 표시하지만 라이트룸에서는 %로 보여줘 조금 더 파악하기 쉽습니다. 붉은색이 가득한 장미라면 R의 숫자가 가장 높을 것이고, 파란 하늘이라면 B가 가장 높게 나타날 것입니다.

◀ 마우스 포인터를 자동차의 어두운 부분에 올렸을 때와 하얀 배경에 올렸을 때 변화하는 수치에 주목합니다.

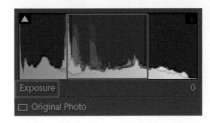

03 이번에는 히스토그램에 마우스 포인터를 올려보겠습니다. 클릭하지 않고 왼쪽부터 오른쪽으로 이동해보면 제일 왼쪽부터 [Black], [Shadows], [Exposure], [Highlights], [White] 순서로 이름을 출력해주고 [Basic] 항목과 연동되면서 이름이 강조되어 밝게 빛나는 것을 볼 수 있습니다.

히스토그램의 각 부분을 움직여보면 사진이 함께 변하며 히스토그램의 슬라이더도 따라서 움직임이는 것을 알 수 있습니다. 즉, 라이트룸에서는 이미지 전체를 수정하는 것이 아니라 내가 원하는 톤을 선택해 부분적인 수정도 할 수 있습니다.

▲ 원본 사진

검은 부분을 더 진하게 조정

▲ 히스토그램의 Blacks 조절 기능

어두운 부분을 밝게 조정

▲ 히스토그램의 Shadows 조절 기능

노출을 밝게 조정

▲ 히스토그램의 Exposure 조절 기능

밝은 부분을 어둡게 조정

▲ 히스토그램의 Highlights 조절 기능

하얀 부분을 더 밝게 조정

▲ 히스토그램의 Whites 조절 기능

라이트룸 기초

라이트룸 기초&핵심 기능

라이트룸 클래식 CC

필수 보정 작업

사진 더 멋지게 보정하기

다양한 라이트룸 부가 기능

히스토그램의 Shadow&Highlight Clipping 기능

히스토그램은 이미지의 분포를 시각적으로 보여주기도 하지만 인쇄 시 밝은 부분과 어두운 부분의 클리핑 (Clipping) 정보를 보여주는 역할도 합니다.

클리핑(Clipping)은 밝고 어두운 부분이 표현 범위 밖을 넘어선다는 의미입니다. 디지털 이미지를 모니터에서 볼 때는 상관없지만 인쇄가 목적이라면 이 클리핑 경고를 활성화하고 작업하는 것이 좋습니다. 인쇄 시 사진 속에 지나치게 밝은 부분이나 어두운 부분의 디테일이 사라지는 현상을 미리 예방할 수 있습니다.

01 히스토그램의 왼쪽 상단 삼각형은 Show Shadow Clipping▲, 오른쪽 상단 삼각형은 Show Highlight Clipping▲ 기능입니다. 각각 클릭하면 Shadow와 Highlight 영역의 클리핑 현상을 경고해줍니다.

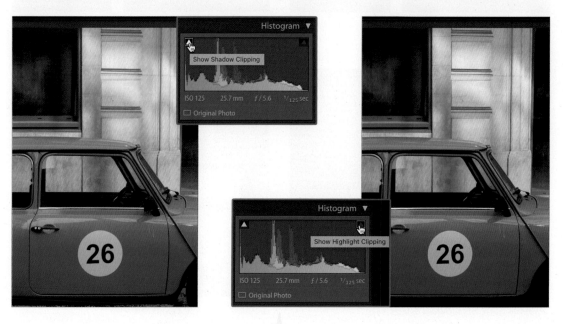

Shadow&Highlight Clipping 기능을 동시에 켜고 끄는 단축키는 J 입니다.

▲ 완벽한 검은색일 때 파란색으로 경고하며 RGB 값은 0, 0, 0%입니다. 반대로 완벽한 흰색일 때 빨간색으로 경고하며 RGB 값은 100, 100, 100%입니다.

02 Shadow&Highlight Clipping 기능을 켜면 화면 속에 어두운 부분에 대한 경고는 파란색으로, 밝은 부분에 대한 경고는 빨간색으로 표시해줍니다. 어두운 톤의 로우 키(Low key) 사진, 아주 밝은 톤의 하이 키 (High Key) 사진 등을 작업할 때 Shadow&Highlight Clipping 기능을 켜고 경고 표시가 없어질 때까지 [Highlights]나 [Shadows] 속성을 조절해 디테일을 복원하면 출력 시 문제가 생길 여지를 줄일 수 있습니다.

02

[Basic] 패널, 사진 수정의 핵심

사진의 색감을 조정하는 가장 기본적인 방법

[Basic] 패널의 각 항목은 사진 수정의 대부분을 담당하며 앞으로 모든 사진 수정에 기본적으로 사용될 것입니다. 제공된 준비 파일 이미지를 라이트룸으로 직접 불러와 [Basic] 패널의 각 슬라이더가 어떤 역할을 하는지 파악하고 익혀보겠습니다.

[Basic] 패널은 자칫 복잡해 보이지만 사진 수정의 가장 기본이 되는 기능이 모여 있다고 생각하면 쉽습니다. 포토샵에선 이런 기능들이 [Image](이미지)–[Adjustments](조정) 메뉴에 모여 있으며 명도/대비, 곡선, 레벨, 노출, 색상 균형 등 각 항목이 분리되어 있어 어떤 역할을 하는지 직관적으로 보여주진 않습니다. 따라서 각 기능의 역할을 알아야만 수정이 가능했습니다.

▲ **포토샵(좌)과 라이트룸(우)의 이미지 수정 도구들** | 시각적으로 봐도 라이트룸이 훨씬 직관적이고 사용하기 편해 보입니다.

히스토그램을 통해 이미지를 파악하는 법을 알았다면 이제부터는 식은 죽 먹기입니다. 사진 보정에 관한 대부분의 작업은 [Basic] 패널에서 진행할 수 있습니다. [Basic] 패널은 위에서부터 화이트 밸런스(색온도와 색조), 톤(노출과 콘트라스트, 하이라이트, 쉐도우, 화이트, 블랙), 외관(부분 대비, 디헤이즈, 생동감, 채도) 등을 조절할 수 있는 항목으로 이루어져 있습니다. 또한 대부분 항목은 슬라이더 형태로 시각적으로 파악하기 쉬운 것은 물론 조작도 쉽습니다.

컬러 사진과 흑백 사진의 수정 방법 선택하기

[Basic] 패널은 기본적으로 컬러 사진을 수정할 수 있게 선택되어 있습니다. 이때 [Treatment]에서 [Color] 혹은 [Black&White]를 선택하면 컬러 사진과 흑백 사진을 선택해 수정할 수 있습니다.

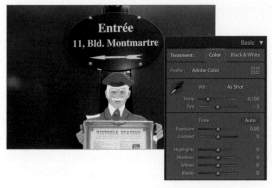 

▲ Basic 패널은 컬러와 흑백 사진 수정을 선택해 사용할 수 있습니다.

화이트 밸런스 조절

컬러나 흑백 사진의 수정 방법은 모두 동일하나 흑백 사진은 화이트 밸런스를 이용해 이미지의 톤을 변경합니다. 화이트 밸런스(White Balance)는 말 그대로 '흰색의 균형'입니다. 흰색이 특정한 색으로 치우치면 색이 왜곡됩니다. 색온도(Temp)는 슬라이더가 왼쪽일수록 파란색 계열이, 오른쪽일수록 노란색(옐로우) 계열이 증가합니다.

색조(Tint)는 왼쪽으로 갈수록 녹색이, 오른쪽으로 갈수록 보라색(마젠타) 계열이 증가합니다. 준비 파일과 같은 야경 사진은 화이트 밸런스 변경을 통해 좀 더 색다른 이미지로 탄생합니다. 하지만 꼭 정확한 화이트 밸런스만이 사진의 답은 아닙니다.

준비 파일 기본편/CHAPTER02/02.dng, 03.dng, 04.dng

▲ 색온도(Temp) 슬라이더는 왼쪽으로 갈수록 파란색, 오른쪽으로 갈수록 노란색을 띱니다.

▲ 색조(Tint) 슬라이더는 왼쪽으로 갈수록 녹색, 오른쪽으로 갈수록 보라색을 띕니다.

화이트 밸런스는 설정값이 미리 지정된 프리셋(Preset) 형태로도 제공되며 카메라의 설정에서 제공하는 것과 거의 동일합니다. 다양한 화이트 밸런스 프리셋은 클릭 한 번으로 쉽게 적용할 수 있습니다.

▲ 화이트 밸런스 프리셋에서 사용자가 필요로 하는 여러 화이트 밸런스의 값을 선택할 수 있습니다.

스포이드 모양의 White Balance Selector  W 를 사용해 화면 속의 중성 회색 계열을 선택하여 화이트 밸런스를 맞출 수도 있습니다. White Balance Selector를 클릭하고 사진에 마우스 포인터를 가져가 보겠습니다. RGB 값의 %를 볼 수 있는 작은 격자 모양의 창이 나타나고 클릭하면 화이트 밸런스가 바뀝니다. 이 기능을 이용하면 중성색이 아닌 특정 색을 클릭하여 독특한 느낌의 색으로 변환도 가능합니다.

▲ White Balance Selector를 이용해 사진 속의 중성 회색 계열을 클릭해도 화이트 밸런스를 맞출 수 있습니다. 특정 색을 클릭하면 독특한 느낌의 색으로 변하기도 합니다.

톤 조절

[Tone](톤) 항목은 이미지의 밝고 어둠, 강함과 부드러움, 어두운 곳과 밝은 곳의 밝기를 따로 조절할 수 있는 기능입니다. 슬라이더의 색을 보면 어둡고 밝은 부분이 구분되어 있어 쉽게 어떤 기능을 하는지 알 수 있습니다. 준비 파일을 불러와 직접 슬라이더를 움직여보면서 알아보겠습니다.

준비 파일 기본편/CHAPTER02/05.dng

01 **Exposure** ┃ 카메라의 노출 보정 방식과 비슷하게 작동합니다. 슬라이더를 오른쪽으로 움직이면 밝아지고, 왼쪽으로 움직이면 어두워집니다.

02 **Contrast** ┃ 대비를 조절해 이미지의 강약을 표현할 수 있습니다. 슬라이더를 오른쪽으로 움직이면 강한 대비의 사진을, 왼쪽으로 움직이면 부드러운 대비를 가진 사진을 만듭니다.

03 **Highlights** | 밝은 부분만 임의로 조절할 수 있습니다. 특히 JPG 파일보다 RAW 파일의 색과 디테일 복원력이 좋습니다. 밝은 부분이 날아가는 것을 방지할 때 슬라이더를 왼쪽으로 움직여 밝은 부분의 색과 디테일을 복원할 수 있습니다.

04 **Shadows** | 사진의 어두운 부분을 임의로 조절할 수 있습니다. 어두운 부분의 디테일이 너무 뭉치거나 짙게 보일 때 슬라이더를 오른쪽으로 이동하여 어두운 부분의 디테일을 살릴 수 있습니다.

05 **Whites** | 사진의 가장 밝은 부분만을 조정합니다. 슬라이더를 오른쪽으로 이동해 RAW 파일의 약간 흐린 느낌을 없앨 수 있습니다.

06 **Blacks** | 사진의 가장 어두운 부분만을 조정합니다. 화면 속에 검은색을 더 첨가할 때는 슬라이더를 왼쪽으로, 검은색이 너무 많을 때는 오른쪽으로 이동해 수정합니다.

외관 조절

[Presence](외관) 항목은 이미지의 선명함이나 대기 중의 안개, 먼지 때문에 흐릿하게 촬영된 사진, 원색 등을 강조할 때 주로 쓰이는 항목입니다.

01 **Texture** | 2019년 업데이트 후 새로 생긴 기능입니다. 인물 사진에서 피부 톤을 부드럽게 만들 때 사용하면 좋습니다. 슬라이더를 왼쪽으로 이동하면 간단하게 부드러운 피부 톤을 만들 수 있습니다. 반대로 슬라이더를 오른쪽으로 이동하면 거친 피부 톤이 됩니다.

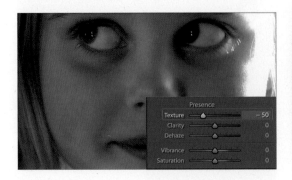 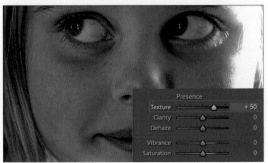

02 **Clarity** | '명료하게'라는 명령입니다. [Clarity] 슬라이더를 오른쪽으로 이동하면 이미지의 중간톤을 강조해 좀 더 선명하게 하거나, 왼쪽으로 이동해 이미지를 좀 더 부드럽게 보이게 할 수 있습니다. 과거에 포토샵 사용자들이 Highpass 필터를 이용해 효과를 주던 방식과 비슷한데, 너무 과하게 적용하면 이미지를 어색하게 만들 수 있으니 주의합니다.

03 Dehaze l 보통 안개나 대기 중의 먼지 때문에 흐릿하게 촬영된 사진을 쨍하게 만들 때 사용합니다. [Clarity]와 [Dehaze]를 결합하여 사용해 풍경 사진에 강렬한 느낌을 주기도 합니다.

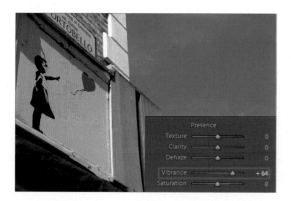

04 Vibrance l '생생하게'라는 의미로 빨간색, 파란색, 녹색 등의 원색을 강조하거나 피부색을 좀 더 생기 있게 표현할 때 사용합니다. [Saturation]과 비슷하지만 훨씬 자연스럽게 색을 강조해주며 이미지의 손상도 덜합니다. 컬러 사진의 경우 [Vibrance]를 오른쪽으로 이동하면 훨씬 생동감 있는 사진이 되기도 합니다.

05 Saturation l '채도'를 조정할 수 있는 슬라이더로 [Vibrance]의 사용 빈도가 높아지면서 주로 흑백 이미지를 만들 때 많이 사용합니다. 슬라이더를 오른쪽으로 이동하면 높은 채도의 이미지가, 완전히 왼쪽으로 이동하면 흑백 이미지가 됩니다.

자동 수정 기능

[Basic] 패널에서 무엇부터 건드려야 할지 도저히 모르겠다면 [Auto]를 클릭해봅니다. [Auto]는 자동으로 사진을 보정하는 기능으로, 운이 좋으면 괜찮은 결과나 보정에 대한 힌트를 얻을 수 있습니다. 자동으로 보정한 사진이 마음에 든다면 슬라이더를 조정해 보정합니다.

준비 파일 기본편/CHAPTER02/06.dng

Profile Browser로 한 번에 보정하기

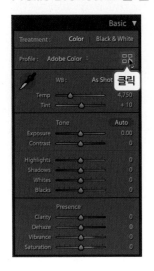

[Profile] 오른쪽에 있는 Profile Browser▦를 클릭하면 라이트룸이 제공하는 [Artistic], [B&W], [Mordern], [Vintage] 등의 다양한 색감 프로파일을 이용해 한 번에 설정을 적용할 수 있습니다. 각 프로파일에 마우스 포인터를 올리면 사진이 어떻게 변할지 바로 보여줍니다. 클릭하면 간단하게 프로파일이 적용됩니다.

적용된 프로파일에서 [Amount] 슬라이더를 조정하면 프로파일에 적용된 전체 설정값을 좀 더 강조하거나, 약하게 조정할 수 있습니다. 프로파일을 적용한 후에도 [Basic] 패널의 다양한 옵션들을 이용해 수정하면 자신만의 독특한 색을 구현할 수 있습니다.

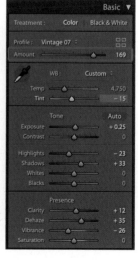

항목 초기화하기

[Basic] 패널의 모든 기능들은 직접 슬라이더를 이동해 적용해보면 쉽게 익힐 수 있습니다. 수정 결과가 마음에 들지 않을 때는 오른쪽 아래의 [Reset]을 과감히 클릭하면 됩니다. 만약 특정 수치의 슬라이더의 값을 초기화하고 싶다면 항목의 이름 부분을 더블클릭합니다.

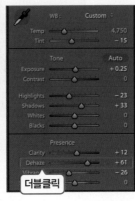

정밀한 수정을 위한 방법

01 슬라이더를 드래그해 과감하게 이미지를 수정할 수 있지만 정밀한 수정이 필요할 경우 슬라이더 오른쪽의 숫자를 한 번 클릭하고 키보드의 ↑, ↓를 눌러 최소 단위로 조절할 수 있습니다. 또한 원하는 수치를 직접 숫자로 입력해도 됩니다.

준비 파일 **기본편**/CHAPTER02/07.dng

02 [Exposure], [Highlight], [Shadows], [Whites], [Blacks] 슬라이더를 조정할 때 Alt 를 누른 상태에서 드래그하면 히스토그램의 Shadow&Highlight Clipping 기능을 사용하는 것과 비슷한 효과를 줍니다.

예를 들어 ❶ Alt 를 누른 상태에서 [Exposure] 슬라이더를 오른쪽으로 드래그하면 화면이 검은색으로 바뀐 후 클리핑되는 영역을 표시해줍니다.

❷ Alt 를 누른 상태에서 [Shadows] 슬라이더를 왼쪽으로 드래그하면 화면이 흰색으로 바뀐 뒤 클리핑 영역을 표시합니다. 극도로 밝거나 어두운 이미지나 흑백 사진 등에서 흰색과 검은색 영역을 확인하며 세밀하게 조절할 때 필요한 기능입니다.

▲ 검은색 화면에서 클리핑되는 영역만 표시됩니다.

▲ 흰색 화면에서 클리핑되는 영역만 표시됩니다.

[Tone Curve] 패널, 부드러운 곡선으로 수정한다

사진의 느낌을 조절하는 더욱 강력한 도구

포토샵의 Levels(레벨)은 1차원적인 직선 형태의 일괄 보정 방법이라 전체 이미지에 적용되어 손상을 초래한다면, Curve(커브)는 2차원 곡선 형태의 부분 보정으로 이미지의 필요한 영역만 수정해 손상이 적다고 알려져 많은 전문가들이 애용해왔습니다. 커브는 톤, 밝기, 콘트라스트 등을 다루는 RGB 채널 이외에 Red, Green, Blue 각각의 색 영역을 조절하는 세 개의 색상 채널이 있습니다.

라이트룸은 [Basic] 패널의 슬라이더로 쉽게 사진을 보정할 수 있어 [Tone Curve] 패널을 사용하는 경우는 적지만, [Basic] 패널의 여러 옵션과 [Tone Curve]를 같이 사용하면 더욱 확장된 형태의 수정이 가능합니다.

 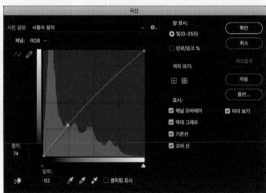

▲ **라이트룸과 포토샵의 Curve(곡선)** | 둘 다 사용하는 방법과 기능은 거의 동일합니다.

Curve의 값을 읽고 보정하는 방법

준비 파일 기본편/CHAPTER02/07.dng

[Tone Curve] 패널은 XY의 2차원 좌표 그래프로, X축은 입력값, Y축은 출력값을 의미합니다. Curve를 읽고 사용하는 방법은 히스토그램과 흡사하며 Curve에서도 히스토그램을 동일하게 확인할 수 있습니다. X축의 왼쪽은 이미지의 어두운 부분, 오른쪽은 밝은 부분에 대응합니다.

이때 X축은 이미지의 실제 톤과 동일한 입력값이며, [Tone Curve] 패널의 왼쪽 상단에 있는 Target Adjustment Tool◉을 클릭하고 마우스 포인터를 사진 위로 옮기면 어두운 부분에는 Curve의 왼쪽 하단에 점이, 밝은 부분에는 오른쪽 상단에 점이 나타나는 것을 볼 수 있습니다.

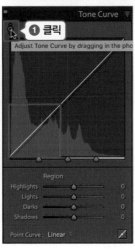 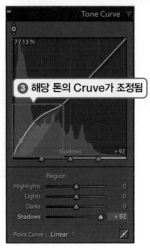

▲ Target Adjustment Tool ◎을 이용하여 이미지에서 위아래로 드래그하면 커브에서 어두운 영역과 밝은 영역의 위치를 파악할 수 있습니다.

Y축은 출력값으로 위로 갈수록 밝다는 의미, 아래로 갈수록 어둡다는 의미입니다. 만약 X축의 어두운 부분을 선택하고 Y축을 상단으로 드래그하면 '이미지의 어두운 부분을 밝게 하라'는 명령과 동일한 의미로 [Basic] 패널의 [Shadows]를 밝게 조정한 것과 흡사합니다. 반대로 X축의 밝은 부분을 선택하고 Y축의 아래로 드래그하면 '이미지의 밝은 부분을 어둡게 하라'는 의미이며 [Basic] 패널의 [Highlights]를 어둡게 조정한 것과 흡사합니다. 중간 부분을 위로 올리는 것은 '노출을 밝게 하라'는 의미로 [Basic] 패널의 [Exposure]와 같은 의미입니다.

일반 사용자들에겐 [Basic] 패널의 다양한 기능이 훨씬 보기 좋고 직관적이어서 편리하겠지만, [Tone Curve]를 활용할 줄 알면 다양한 효과를 하나의 패널에서 편리하게 적용할 수 있을 것입니다.

Tone Curve의 Region 지정 기능

[Tone Curve]를 조정하면 곡선 위아래로 밝은 회색의 영역이 나타나는데, 조정할 때 벗어나지 말아야 할 영역을 의미합니다. 이 범위를 벗어나면 지나치게 이미지가 손상되거나 계단 형태로 깨지는 포스터리제이션(Posterization) 현상이 나타나 부자연스러워 보일 수 있습니다.

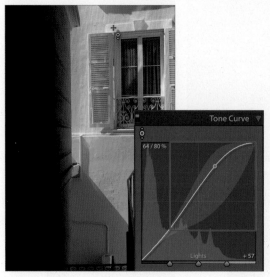 

▲ 곡선 주변의 회색 영역은 벗어나지 말아야 할 범위를 말합니다. 커브를 조정할 때 영역 안에서만 조정하는 것이 좋습니다.

라이트룸에서는 [Tone Curve] 패널을 사용하기 어려운 사용자를 위해 친절하게 [Region](범위) 항목을 [Highlights], [Lights], [Darks], [Shadows] 슬라이더로 보여줍니다. ❶ [Highlights]는 가장 밝은 영역, ❷ [Lights]는 이미지의 중간 톤 이상의 밝은 영역, ❸ [Darks]는 중간 톤 이하의 어두운 영역, ❹ [Shadows]는 이미지의 가장 어두운 부분을 의미합니다.

 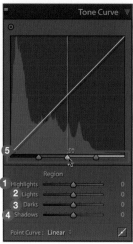

❺ 이 영역 범위는 X축에 있는 슬라이더로 조정할 수 있는데, 제일 왼쪽 삼각형부터 어두운 영역, 중간 영역, 밝은 영역순입니다. 각 삼각형을 드래그하면 이미지 톤의 범위를 사용자가 임의로 조정할 수 있습니다.

만약 [Highlights] 영역을 수정할 때 이미지에서 가장 밝은 영역으로 범위를 조정하고 싶다면 제일 오른쪽 삼각형을 오른쪽으로 드래그해 커브를 조정합니다.

S Curve, 전통적인 콘트라스트 조정 방식

Curve를 사용할 때 밝은 영역을 밝게, 어두운 영역을 어둡게 조정하면 커브의 모양은 S자 형태가 됩니다. 이미지의 밝은 영역을 더 밝게 만들고, 어두운 부분을 어둡게 만들면 우리의 눈은 그 차이가 크다고 느낄 것입니다. 이 차이를 콘트라스트(대비)라 부르며 포토샵 사용자들은 전통적으로 콘트라스트를 강하게 만드는 커브 형태를 S자 커브라고 불렀습니다.

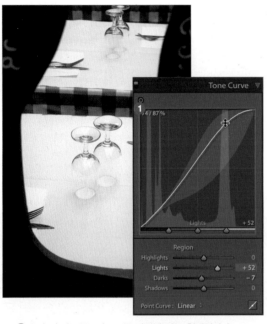

▲ ❶ S자 커브는 콘트라스트를 강하게 하는 형태입니다.

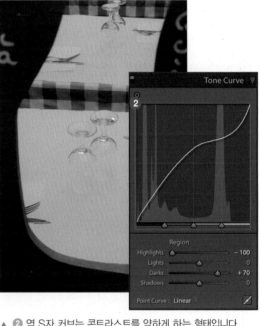

▲ ❷ 역 S자 커브는 콘트라스트를 약하게 하는 형태입니다.

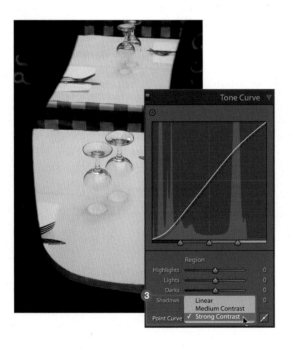

S자 커브를 워낙 많이 사용하니 [Tone Curve] 패널에서는 프리셋으로 제공합니다. ❸ [Point Curve]에서 [Linear](선형)를 [Medium Contrast](보통 대비)나 [Strong Contrast](강한 대비)로 바꾸면 커브의 형태가 S자로 꺾이는 것을 볼 수 있습니다. 이와 반대로 커브를 역 S자 형태로 꺾으면 밝은 부분은 어둡게 어두운 부분은 밝아 집니다. 역 S자 커브는 대비를 약하게 할 때 만드는 커브입니다.

[Basic] 패널에서는 아예 이런 기능을 [Contrast] 슬라이더로 제공하고 있습니다. 이 슬라이더를 움직여 쉽게 대비의 강약을 조정할 수 있으며, [Basic] 패널의 [Contrast]와 [Tone Curve]의 S자 커브를 겹쳐 사용하면 그 효과는 더 커집니다.

Curve 초기화

❶ 커브 곡선을 마우스 오른쪽 버튼으로 클릭하면 초기화를 위한 메뉴가 나타납니다. 상단의 네 가지는 부분적인 초기화이며 자주 사용하지 않습니다. ❷ 보통 [Reset All]을 선택해 커브 전체를 다시 초기화하는 방법을 자주 사용합니다.

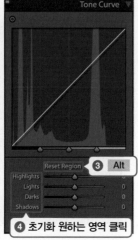

만약 하나의 영역만 초기화하고 싶다면 ❸ Alt 를 누른 상태에서 [Region]이 [Reset Region]으로 바뀔 때 ❹ 각 영역을 클릭하면 됩니다. 이때 [Reset Region]을 클릭하면 전체 영역이 초기화됩니다. [Reset All]과 동일한 기능으로 사용하기 편한 초기화 방식을 선택합니다.

Point Curve, 전통적인 포토샵 커브로 전환

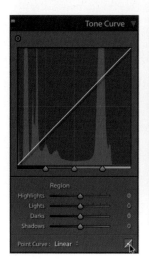
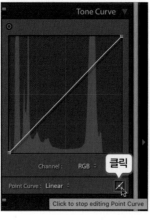

[Point Curve]는 포토샵에서 전통적으로 사용하던 커브와 동일한 형태입니다. 기본 [Tone Curve] 상태에서는 톤, 노출, 콘트라스트 등을 조절하지만, [Point Curve] 편집으로 전환하면 Red, Green, Blue의 색상 채널을 따로 조정할 수 있습니다.

[Tone Curve] 패널의 Click to edit Point Curve ✎를 클릭합니다. [Point Curve]로 전환하면 [Region] 항목이 사라지지만 그 기능은 더 강력합니다.

❶ [Point Curve]는 '점 커브'라는 의미 그대로 점을 추가하여 수정하는 방식입니다. 기본적으로 가장 밝은 영역과 가장 어두운 영역에 두 개의 점이 있고 그 중간에 사용자가 필요한 총 14개의 점을 추가해 수정할 수 있는 방식입니다. 사용 가능한 포인트 수는 총 16개입니다. ❷ [Channel] 목록에서 [Red], [Green], [Blue]의 채널을 선택할 수 있습니다. ❸ 점을 제거하고 싶다면 점을 마우스 오른쪽 버튼으로 클릭한 후 [Delete Control Point](선택된 점만 제거), [Flatten Curve](커브 초기화)를 선택합니다.

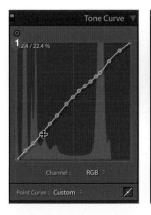 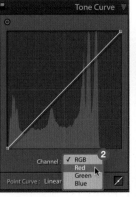 

[Channel]-[RGB]는 일반적인 톤, 노출, 대비 등 이미지 전체를 조절하는 역할을 합니다.

[Channel]에서 [Red], [Green], [Blue] 채널을 이용하면 색상 수정에 활용할 수 있습니다. [Red] 채널에서 점을 위로 올리면 [Red](빨간색)가 증가하고 아래로 내리면 [Cyan](청록색)이 증가합니다. [Green] 채널에서 점을 위로 올리면 [Green](녹색), 내리면 [Magenta](붉은색, 자홍색)가 증가합니다. [Blue] 채널에서 점을 위로 올리면 [Blue](파란색), 내리면 [Yellow](노란색)가 증가합니다. 각 채널을 이용해 다양하고 특색이 있는 색상 조정이 가능하며 그 가능성은 무궁무진합니다.

준비 파일 **기본편/CHAPTER02/10.dng**

 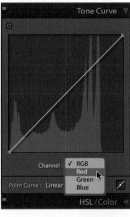

▲ [Channel] 목록에서 원하는 색상 영역을 선택해 따로 조정할 수 있습니다.

Red, Green, Blue 곡선의 움직임에 따른 색상 변화는 RGB와 CMY가 각각 대응합니다.

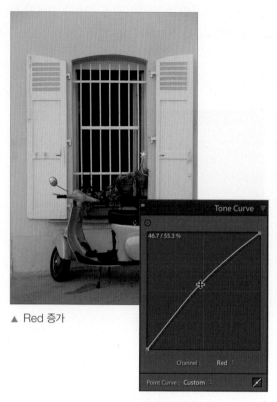

▲ Red 증가

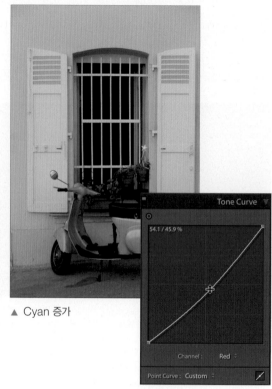

▲ Cyan 증가

▲ Green 증가

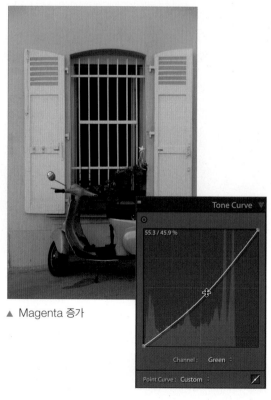

▲ Magenta 증가

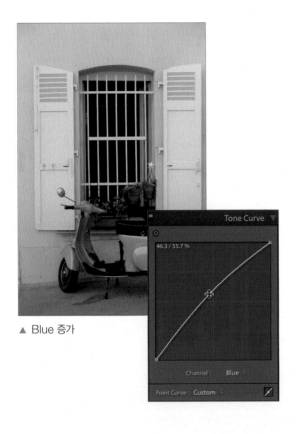

▲ Blue 증가

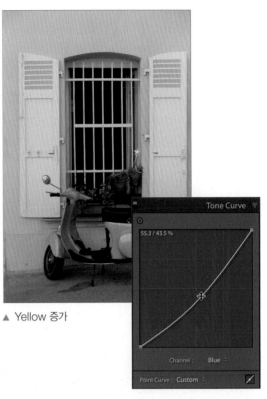

▲ Yellow 증가

라이트룸기초

라이트룸기본&핵심기능

라이트룸 모바일/CC

상황별 보정

사진 원하는대로하기

다양한 라이트룸 부가기능

RGB 보색 관계를 이용해 사진 분위기 바꾸기

채널을 이용한 색상 수정은 서로의 보색 관계를 알아야만 가능합니다. Red, Green, Blue는 각각 Cyan, Magenta, Yellow와 보색 관계이며 RGB-CMY로 외워두면 간편합니다. 예를 들어, 그늘에서 촬영해 푸른색이 많은 사진은 Blue 채널을 열어 커브를 아래로 내리면 Yellow가 많아지며 푸른색이 감소될 것입니다.

준비 파일 기본편/CHAPTER02/11.dng

01 준비 파일을 불러옵니다. ❶ [Tone Curve] 패널에서 Click to edit Point Curve ☑를 클릭한 후 ❷ 가운데 점을 위로 드래그해 밝기를 조절합니다.

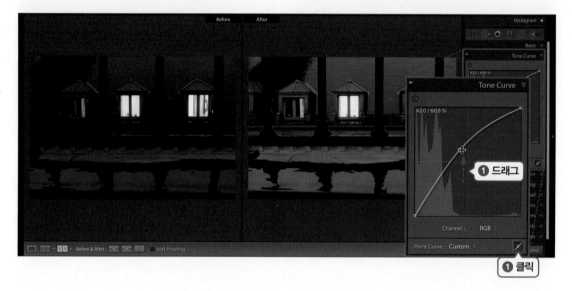

02 ❶ [Channel]을 [Blue]로 변경하고 ❷ 가운데 점을 아래로 드래그합니다. 비오는 날 저녁에 촬영해 차갑고 무거운 느낌을 RGB 채널에서 약간 밝게 한 후 Blue 채널에서 Yellow를 추가해 제거했습니다.

준비 파일 **기본편**/CHAPTER02/12.dng
핵심 기능 [Tone Curve] 패널, 채널

빈티지한 느낌의 컬러를 표현하기 위해 각 채널을 역 커브 형태로 만들어 색상을 만들었습니다. RGB 역 커브는 대비를 줄입니다. Red 역 커브는 하이라이트에 Cyan을, 쉐도우에 Red를 추가합니다. Green 역 커브는 하이라이트에 Magenta를, 쉐도우에 Green을 추가합니다. Blue 역 커브는 하이라이트에 Yellow를, 쉐도우에 Blue를 추가하는 것과 같습니다.

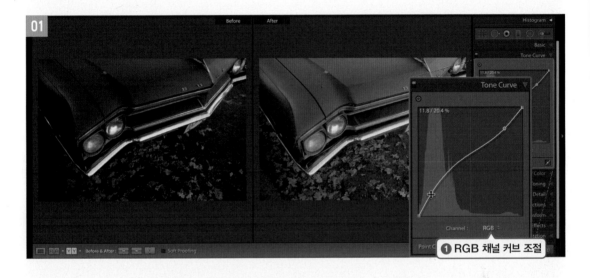

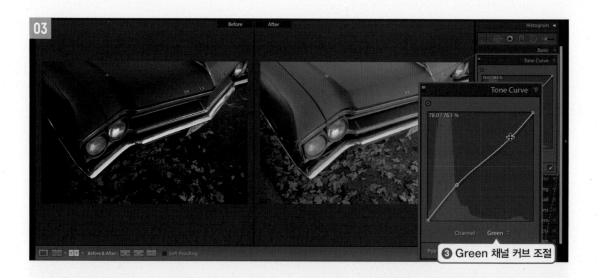

❸ Green 채널 커브 조절

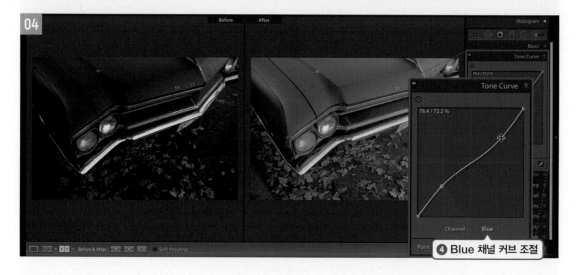

❹ Blue 채널 커브 조절

준비 파일 기본편/CHAPTER02/12.dng
준비 파일 [Point Curve] 저장

만약 자주 사용하는 커브 패턴이나 독특한 색상 효과가 있다면 [Point Curve]에서 [Save]를 선택하여 자신만의 커브를 저장하여 다른 사진에도 적용 가능합니다. 커브는 사용 방법에 따라 그 가능성이 무궁무진합니다. 자신만의 독특한 커브를 개발하여 사용해보도록 합니다.

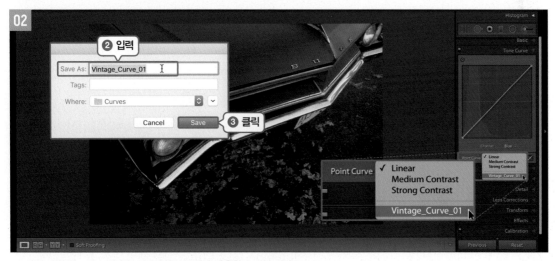

▲ 자주 사용하는 커브 패턴은 저장해두고 불러와 사용할 수 있습니다.

[HSL/Color] 패널, 색을 미세하게 조정한다

색을 더욱 감각적으로 보정하는 방법

표준표색계와 HSL의 의미

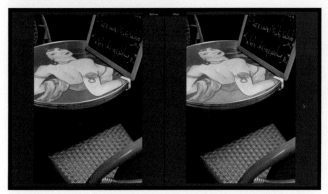

▲ 색은 보는 사람에 따라, 주변 환경과 빛의 영향을 받아 다르게 보입니다.

색을 측정하는 방법은 '물리적 측정 방법'과 '정신적 측정 방법'이 있습니다. 정신적 측정 방법은 사람의 감각에 의지하는 방법입니다. 사과가 빨갛다고 그것이 완전한 빨간색인지 약간 짙은 빨간색인지 정확히 구분할 방법이 없습니다. 보는 이에 따라 짙거나 옅게 보일 수 있는 것이 색이고 또 주변 환경과 빛의 영향을 받아 얼마든지 다르게 보일 수 있습니다.

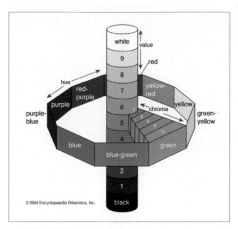

▲ 먼셀표색계는 Hue, Saturation, Luminance의 세 개 축으로 이루어져 있습니다.

화가이자 색채 연구자인 먼셀(Albert Munsell)은 색을 물리적으로 좀 더 정확하게 측정하고, 색을 부르는 의사소통 문제를 해결하기 위해 1905년에 먼셀표색계(Munsell color system)를 개발했습니다.

이 먼셀표색계를 토대로 국제조명위원회(CIE)는 CIE 표준측색 시스템(CIE standard colorimetric system)을 만들었고 현재 과학, 디자인, 색 처리 분야에 널리 사용됩니다.

표색계는 XYZ 세 개의 축으로 이루어져 있습니다. 그림에서 볼 수 있듯 Hue(색상)는 색을 구분하는 역할, Saturation(채도, Chroma)은 제일 바깥 쪽 테두리에 근접할수록 순수한 색을, Luminance(명도, Value)는 위로 갈수록 밝은 색 아래로 갈수록 어두운 색을 의미합니다.

전문적인 색 보정 기능을 담당하는 [HSL/Color] 패널

[Basic] 패널의 [Temp](색 온도)와 [Tint](색조)에서 각각 파란색과 노란색, 녹색과 마젠타(붉은색)를 조절할 수 있지만 미세한 색상 조절은 어렵습니다. [Tone Curve] 패널에 각 색상 채널을 조절하는 기능이 있지만 색에 관한 지식이 없는 사용자들에겐 어렵게 느껴질 것입니다. 하지만 라이트룸은 색과 톤의 조절에 관한 세부적이고 전문적인 [HSL/Color] 패널을 별도로 제공합니다. 가장 핵심이 되는 기능은 [HSL] 패널로, Hue는 색상, Saturation는 채도, Luminance는 명도를 의미합니다.

또 HSL 조정이 어려운 사용자를 위해 [Color] 패널을 별도로 제공합니다. [Color] 패널에서는 [Red], [Orange], [Yellow], [Green], [Aqua], [Blue], [Purple], [Magenta] 총 8개 색상의 HSL을 각각 조정할 수 있는 슬라이더가 있습니다. [HSL]과 [Color] 패널은 기본적으로 동일한 기능이기 때문에 편리한 방법으로 선택하면 됩니다.

▲ [Hue] 항목

▲ [Saturation] 항목

▲ [Luminance] 항목

▲ [HSL] 패널-[All] 항목

▲ [Color] 패널 상단 네 가지 색

▲ [Color] 패널 하단 네 가지 색

[HSL/Color] 패널의 기본적인 사용 방법

색 보정 기능이 막강하고 좋지만 슬라이더가 너무 많아 복잡하게 느껴질 수 있습니다. [HSL] 패널의 항목마다 8개의 슬라이더가 있으니 총 24개의 슬라이더가 있습니다. 하지만 대부분의 사진은 [Basic] 패널의 화이트 밸런스 조절로 색감을 보정하기 때문에 항상 [HSL] 패널을 사용하지는 않습니다.

그럼 왜 [HSL] 패널을 사용할까요? 바로 화이트 밸런스 조절만으로 해결되지 않는 사진도 있기 때문입니다. 그늘에서 촬영해 푸른색이 돌거나, 분명 녹색 숲을 촬영했지만 탁하게 나오는 경우가 있습니다. 이것은 절대 여러분의 실수가 아닙니다. 카메라 브랜드마다 다르게 나타나는 현상 때문일 수도 있고, 주변 빛의 반사로 영향을 받았을 수도 있습니다. 여러 복합적인 요인들이 사진의 색을 왜곡합니다.

간단 실습

Hue를 사용해 색상 조절하기

색의 밝기나 채도는 유지하고 색 자체를 조정할 때는 Hue를 조절하는 것이 좋습니다. Target Adjustments Tool을 클릭하고 사진에서 위아래로 드래그하는 것만으로 간단하게 설정할 수 있습니다. 어떤 색이 어떻게 틀어졌는지 몰라도 좋습니다. 앞서 배운 HSL의 의미를 이해하고, Target Adjustments Tool을 이용할 줄 안다면 충분합니다.

준비 파일 기본편/CHAPTER02/14.dng

01 ❶[HSL] 패널의 [Hue] 항목을 선택하고 ❶ Target Adjustments Tool을 클릭합니다.

02 ❶ 마우스 포인터가 ▓ 모양으로 변하면 사진에서 변경하길 원하는 색을 클릭한 후 위로 드래그합니다. 예제에서는 배경의 나뭇잎을 선택했습니다. 마우스 포인터를 위로 드래그하면 사진에서 녹색의 청량감이 살아나며 패널에서는 ❷ [Green]과 [Yellow] 계열이 증가하는 것을 확인할 수 있습니다.

03 ❶ 반대로 아래로 드래그하면 녹색이 노란색 계열로 변하며 좀 더 탁한 느낌이 듭니다. ❷ [Green]과 [Yellow] 계열이 감소하는 것을 확인할 수 있습니다.

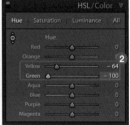

Saturation을 사용해 채도 조절하기

색의 밝기나 색상은 유지하고 채도만 조정하려면 [Saturation] 항목을 사용하는 것이 좋습니다.

준비 파일 기본편/CHAPTER02/15.dng

01 ❶ [HSL] 패널의 [Saturation] 항목을 선택하고 ❷ Target Adjustments Tool◎을 클릭합니다.

02 ❶ 마우스 포인터를 꽃잎 위에 올리고 위로 드래그하면 꽃잎의 채도가 진하게 바뀝니다. ❷ 위로 올릴수록 빨간색의 채도가 강조되며 [Red]와 [Orange] 항목이 증가하는 것을 확인할 수 있습니다.

03 ❶ 아래로 드래그할수록 ❷ [Red]와 [Orange] 항목이 감소하며 빨간색의 채도가 떨어집니다. 이때 아래로 완전히 내리면 채도가 거의 없는 회색이 될 수 있습니다.

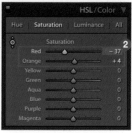

Luminance를 사용해 명도 조절하기

색상이나 채도는 유지한 상태에서 명도를 조절하려면 [Luminance] 항목에서 조절합니다.

준비 파일 기본편/CHAPTER02/16.dng

01 ❶ [HSL] 패널의 [Luminance] 항목을 선택하고 ❷ Target Adjustments Tool◎을 클릭합니다.

02 ❶ 사진의 가운데 파란색 부분을 클릭한 후 ❷ 아래로 드래그하면 명도가 내려가면서 파란색이 어둡게 나타납니다.

03 ❶ 위로 드래그하면 명도가 올라가며 ❷ 파란색이 밝게 나타납니다.

[HSL] 패널과 다른 [Color] 패널의 보정 방식

[Color] 패널에는 Target Adjustments Tool ⊙이 존재하지 않습니다. 따라서 [Color] 패널은 순전히 시각적인 정보에 의존해 색을 수정할 때 사용합니다. [Color] 패널에 있는 각 색 항목을 보면 알겠지만 각 색마다 [Hue], [Saturation], [Luminance] 슬라이더가 있습니다. [Color] 패널은 [HSL] 패널을 좀 더 단순화시켜 보여주는 것일 뿐, 기능은 완전히 동일하므로 가급적 [HSL] 패널을 사용하는 쪽을 추천합니다.

준비 파일 기본편/CHAPTER02/17.dng

흑백 사진의 무수한 톤 단계를 조절하는 [B&W] 패널

[Basic] 패널의 [Treatment]를 [Black&White] 항목으로 설정하면 사진이 흑백으로 바뀌고, [HSL/Color] 패널은 [B&W] 패널로 바뀝니다. 여기서 각 컬러에 대응하는 흑백 사진의 톤을 조절할 수 있습니다. 과거 필름을 사용하던 사진가들은 자신이 원하는 톤을 구현하기 위해 색 필터를 렌즈에 장착하거나 후반 작업에서 닷징(Dodging)과 버닝(Burning) 등으로 톤을 조절하기도 했습니다. [B&W] 패널의 각 슬라이더는 회색톤의 농도를 조절하는 역할이며 [HSL] 패널의 보정 방식과 흡사합니다.

준비 파일 기본편/CHAPTER02/18.dng

[B&W] 패널에선 [Red], [Orange], [Yellow], [Green], [Aqua], [Blue], [Purple], [Magenta] 총 8개의 슬라이더를 조작해 흑백 사진의 톤을 조절할 수 있습니다. 하지만 색과 대응되는 흑백의 톤을 정확히 알 수는 없습니다. 이때 Target Adjustments Tool 을 이용해 수정하면 매우 편리합니다. 화면에서 톤을 수정하려는 영역에서 위나 아래로 드래그하면 영역이 밝아지거나 어두워집니다. 다만 비슷한 컬러를 가진 영역이 동시에 변하므로 사진을 보면서 목적에 맞게 신중히 조절합니다.

▲ [HSL/Color] 패널이 [B&W] 패널로 바뀐 것을 확인할 수 있습니다.

흑백 사진에는 검은색과 흰색만 있는 것 같지만 실제로는 무수한 톤이 존재합니다. [Basic] 패널의 [Saturation]을 −100으로 설정해 간단히 흑백 사진을 제작할 수는 있지만 화면의 다양한 톤까지 조정하진 못합니다.

[HSL/Color] 패널, 신중하게 사용하기

자연색은 하나의 단일 색으로 이루어져 있지 않습니다. 앞선 실습에서도 보았듯 장미의 빨간색에는 Red는 물론 Orange, Yellow 계통도 포함되어 있습니다. 하늘의 파란색에도 Blue, Aqua가 같이 포함되어 있습니다. 사용자 스스로 시각적 정보에만 의지해 색을 판단하여 작업하기는 어렵지만 [HSL] 패널의 Target Adjustments Tool 을 이용하면 내가 원하는 컬러의 색상, 채도, 명도를 드래그만으로 쉽게 변환할 수 있습니다. 만약 보정을 초기화하고 싶다면 Alt 를 누르고 'Reset' 문구가 나타나면 클릭합니다.

준비 파일 기본편/CHAPTER02/19.dng

▲ 필요할 땐 언제나 Alt 를 누르면 Reset 문구가 나타납니다.

[HSL] 패널의 사용은 매우 단순하고 쉽지만 자칫 어색한 결과를 만들어낼 수 있습니다. 또 각 색상의 설정을 너무 과도하게 조정할 경우 톤에 경계가 생기거나 노이즈가 발생할 수도 있습니다.

▲ [HSL/Color]를 잘못 사용하면 이질적인 느낌이 강해져 오히려 역효과를 낼 수 있습니다.

시각적으로 컬러나 톤을 관찰하고 변환할 때 어떤 감정을 불러올지 생각해봐야 합니다. 무조건 색이나 톤을 변환하거나 밝게 하는 것이 아니라 사진의 주제, 사진이 말하고자 하는 바에 따라 적절히 사용합니다. 사진 속에서 틀어진 색, 주제에 부합하지 않는 색을 제거하는 일은 사진 속의 주제를 통찰하고 읽어내는 안목을 통해 나타납니다.

라이트룸 기초&색상 기능

라이트룸 기초&색상 기능

라이트룸 모바일/CC

사진 보정 프리셋

사진 인화&데이터 관리

리터칭&실전 이미지 관리

LESSON 05

[Split Toning] 패널, 보색으로 표현하는 색의 입체감

보색 대비를 통해 사진을 입체적 색상으로 표현하기

서로 다른 것은 차이와 대비를 인식하게 합니다. 흰 배경에 빨간색 색종이가 있다고 생각해보겠습니다. 빨간색 색종이 옆에 나란히 파란색 색종이를 놓으면 '보색 대비'가 일어납니다. 전혀 다른 색을 나란히 두는 것만으로 대비가 일어납니다. 이렇게 한 화면 속에 두 가지의 색 온도가 상반되게 섞일 수 있을까요? 완전한 흑백 사진이 아닌 미묘한 갈색 톤이 들어간 흑백(세피아) 사진은 어떻게 만들까요?

▲ 서로 다른 색 온도의 대상이 섞이는 것만으로 보색 대비가 일어납니다.

Split Toning은 하나의 사진에 두 가지 상반된 컬러를 혼합하는 효과입니다. Split는 '나누다', Toning은 '섞다'는 의미입니다. [Split Toning] 패널은 컬러 사진에서 색을 섞어 미묘하고 입체적인 컬러를 만들 때, 흑백 사진에서 세피아 톤이나 듀오 톤을 만들 때, 밝거나 어두운 톤에 발생한 특정 컬러를 제거할 때 사용합니다.

R, G, B 채널 조절해 Split Toning 구현하기

Split Toning은 특수한 효과가 아닙니다. [Tone Curve] 패널 곡선의 각 채널을 조정하는 것만으로도 그 효과를 충분히 경험할 수 있습니다. [Red] 채널의 곡선을 위로 올리면 Red가 증가하고, 아래로 내리면 Cyan이 증가합니다. 곡선을 S자로 꺾으면 사진의 밝은 영역에는 Red가 증가하고 어두운 영역에는 Cyan이 증가합니다. 즉 밝고 어두운 영역에 보색 관계의 색을 섞는 것입니다. 아래 예시 사진을 보면 이렇게 조정한 사진은 색의 대비가 생겨 독특한 컬러가 만들어집니다. 보는 이에 따라 약간의 입체감을 느낄 수도 있습니다.

준비 파일 **기본편**/CHAPTER02/20.dng

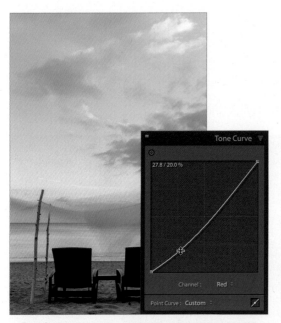 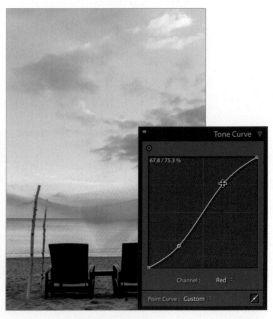

▲ [Red] 채널에서 곡선을 아래로 내린 경우와 S자로 만든 경우

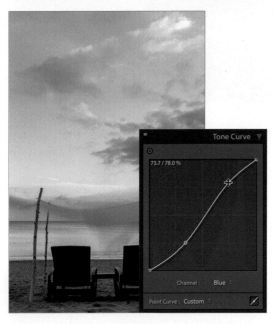

◀ [Blue] 채널에서 곡선을 S자로 만든 경우

가끔 현실의 카메라로 만들 수 없는 미묘한 색감을 본 적이 있다면 대부분 Split Toning의 원리로 만들어진 사진입니다. 각자의 노하우가 있고 대부분 방법을 공개하지 않아 신비롭게 느껴질 뿐입니다.

이렇게 RGB-CMY의 보색 관계를 이해하고 R, G, B 곡선을 정교하게 다룰 줄 알면 사실 Split Toning을 구현할 수 있습니다. 하지만 커브는 곡선 형태로 조정하다 보니 귀찮고, 정교함도 조금 떨어지기 때문에 단순한 효과를 구현할 때는 [Split Toning] 패널을 사용하는 것이 좋습니다.

[Split Toning] 패널로 미묘한 색을 표현하기

01 [Split Toning] 패널은 크게 두 개 영역으로 나뉘어 있습니다. ❶ 상단은 [Highlights] 영역, ❷ 하단은 [Shadows] 영역입니다. 그 아래에는 색을 구성하는 [Hue](색상), [Saturation](채도)으로 구분되어 있습니다. ❸ 먼저 [Hue] 슬라이더를 움직여 색을 선택합니다. ❹ [Saturation] 슬라이더를 움직여 채도를 조절해야 선택한 색이 적용됩니다. [Highlights]와 [Shadows]의 중간에는 ❺ [Balance] 슬라이더가 있습니다. 밝은 영역과 어두운 영역에 색을 추가할 때 어느 영역에 비중을 많이 줄 것인지 결정하는 역할을 합니다.

02 [Highlights]와 [Shadows]의 오른쪽에는 사각형의 팔레트 박스가 있는데 이 박스에서 임의의 색을 선택할 수도 있습니다. 스펙트럼에서 원하는 색을 선택할 수 있고 5개의 [Swatch Color](견본 색)을 상단에 설정할 수 있습니다. ❶ 자주 사용하는 색이 있다면 스펙트럼에서 색을 선택하고 ❷ 5개의 사각형 중 하나를 클릭합니다. ❸ 사각형 위에서 마우스 오른쪽 버튼을 클릭하고 ❹ [Set this Swatch to Current Color]를 선택해 추가하면 저장한 색을 다시 사용할 수 있습니다.

당연한 이야기지만 [Highlights]와 [Shadows]에 같은 색을 더하는 일은 의미가 없습니다. 기본적으로 [Basic] 패널에서 색 온도나 색조를 조정하는 것과 같은 작업입니다.

또 Split Toning 효과는 밝은 영역과 어두운 영역에 상반된 색을 섞을 때 더 효과가 좋습니다. 예를 들어 밝은 영역에는 따뜻한 색조를, 어두운 영역에는 차가운 색조를 더해 두 컬러가 하나의 사진 속에 혼합되면 색에 의한 입체감을 느낄 수 있습니다. 따뜻하면서 차가운 듯, 이런 의미를 잘 표현해주는 단어가 바로 '미묘함'이 아닐까 합니다. 하지만 이 역시 너무 과하게 사용한다면 어색하고 과도한 느낌을 주니 주의해 사용합니다.

▲ 어두운 영역과 밝은 영역에 동일한 색을 적용하면 색 온도를 조절한 것과 동일합니다.

세피아 톤 사진 만들기

Split Toning은 컬러 사진에서도 독특한 효과를 내지만 흑백 사진의 조색에도 훌륭한 효과를 냅니다. 흑백 사진에 갈색 계열의 붉은색을 입히는 것을 세피아 톤(Sepia Tone)이라 하고, 서로 다른 두 가지 색상이 혼합된 사진을 듀오 톤(Duo Tone)이라 합니다. 세피아 톤과 듀오 톤은 흑백 사진의 차가운 느낌을 상쇄시켜주어 흑백 인물 사진 등에 응용할 수 있습니다.

준비 파일 기본편/CHAPTER02/21.tif

01 세피아 톤을 만드는 방법은 간단합니다. ❶ 흑백으로 전환된 사진에 [Highlights]와 [Shadows] 항목에 붉은색 계열의 색을 적용하고 [Saturation]를 조정하면 됩니다. ❷ [balance]를 이용해 색의 균형을 조정합니다.

02 하나의 갈색 톤으로 만들려면 [Highlights]와 [Shadows] 항목의 [Hue]와 [Saturation] 값을 동일하게 하면 됩니다.

LESSON 06

[Detail] 패널, 사진의 선명도와 노이즈 조절하기

사진의 선명도와 노이즈를 조절하는 방법

[Detail] 패널에서는 사진의 선명도를 조절하고 노이즈를 제거할 수 있습니다. 전통적인 포토샵의 이미지 수정에서 샤프닝(Sharpening)과 노이즈 제거는 이미지 수정의 최종 단계에서 적용했습니다. 노출을 조정하거나 색을 조정하는 과정은 이미지 손상을 초래하기 때문에 드러나지 않았던 노이즈가 발생할 수 있기 때문입니다.

라이트룸에서도 노출, 톤, 콘트라스트 등을 조정하고 최종적으로 출력하기 전 이미지를 전체적으로 확인한 후 필요한 부분을 확대해 샤프닝과 노이즈를 조정하면 좋습니다. 샤프닝과 노이즈 제거는 출력 용지의 종류, 인쇄(또는 잉크젯 방법), 웹 이미지 화질에 따라 그 강약을 조절하며 사용합니다. 또 색 보정과 마찬가지로 너무 과한 샤프닝과 노이즈 제거는 이미지를 손상시키거나 오히려 어색한 느낌을 줄 수 있습니다.

준비 파일 기본편/CHAPTER02/22.dng

이미지의 선명도를 조절하는 Sharpening 기능

[Detail] 패널의 [Sharpening] 옵션 슬라이더에는 [Amount], [Radius], [Detail], [Masking] 네 개의 슬라이더가 있습니다. ❶ [Amount]는 샤프닝의 양을 설정하고, ❷ [Radius]는 샤프닝이 설정될 윤곽선의 크기, ❸ [Detail]은 이미지를 얼마나 선명하게 처리할지, ❹ [Masking]은 마스크를 설정하여 이미지에 부분적으로 샤프닝을 적용하는 옵션입니다.

각 슬라이더를 사용하기 전에 초점이 맞은 부분을 100% 확대해서 보는 것이 좋습니다. [Detail] 패널에서 미리 볼 수 있지만 크기가 작아 자세히 확인하기 힘듭니다. 샤프닝 옵션에서 제공하는 [Amount], [Radius], [Detail], [Masking]의 기본값은 40, 1, 25, 0으로 기본을 잘 지켜 촬영한 이미지라면 이 값으로도 충분합니다.

▲ 선명도 조절을 하기 전에 이미지를 크게 확대해 보는 것이 좋습니다.

01 **Amount** | [Amount] 슬라이더의 오른쪽은 붉은색을 띠고 있는데 강하게 적용할수록 이미지가 급격하게 손상됨을 의미합니다. 사용은 40~100 사이의 값을 추천하며 화면을 확대하고 샤프닝 양을 확인하며 적용합니다.

02 **Radius** ㅣ 수치가 낮을수록 작은 디테일에 샤프닝이 적용되고, 수치가 높을수록 좀 더 굵은 디테일에 적용됩니다. 만약 머리카락 같이 얇은 디테일에 샤프닝 효과를 적용하고 싶다면 낮춰서 적용합니다. 값은 0.5~1.5 사이가 좋으며 이미지를 확인하면서 수치를 조정합니다.

03 **Detail** | 좀 더 세부적인 디테일에 샤프닝 효과를 추가합니다. 기본 제공되는 값인 25를 사용해도 무방하나 좀 더 디테일을 살리고 싶다면 이미지를 확인하며 50 이하로 설정하는 것이 좋습니다. 너무 많은 수치를 적용할 경우 노이즈도 증가하고 이미지가 지저분하게 느껴질 것입니다.

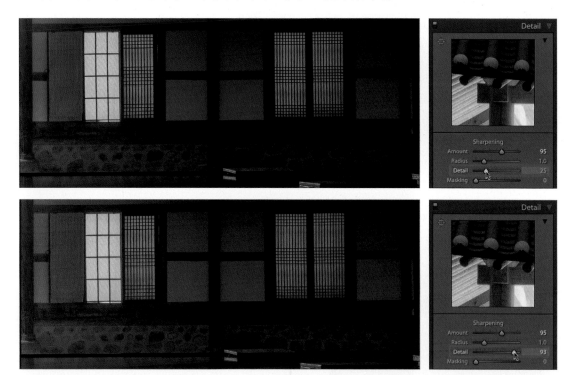

[Detail]의 양에 따라 화면에 적용되는 정도를 미리 보고 싶다면 Alt 를 누른 상태에서 [Detail] 슬라이더를 조정하면 됩니다.

04 **Masking** | 슬라이더를 오른쪽으로 드래그할수록 이미지의 어두운 부분에 샤프닝을 적용합니다. 인물 사진에서 샤프닝 효과를 강하게 주면 피부가 거칠어지는 현상이 발생하는데 [Masking] 슬라이더를 오른쪽으로 이동하면 피부에는 샤프닝을 하지 않고 머리카락, 눈썹, 입술 등에만 샤프닝 효과를 적용합니다. [Masking] 슬라이더는 [Amount], [Radius], [Detail] 세 슬라이더를 적용한 후 가장 마지막에 사용하면 좋습니다.

만약 샤프닝 설정을 초기화 하고 싶다면 Alt 를 누르고 [Reset Sharpening]을 클릭합니다.

🔍 기능 꼼꼼 익히기 ▸ 용도에 맞는 Sharpening 설정하기

자주 사용하는 샤프닝 양을 대략적으로 기억해두고 사용하면 좋습니다. 필자는 다음과 같은 수치로 샤프닝을 적용합니다. 실제 이 책에 인쇄된 사진들은 라이트룸에서 보정 후 출판사로 넘겨진 원고로 아래의 옵션 중 인쇄 원고에 해당하는 설정을 적용했습니다.

준비 파일 기본편/CHAPTER02/23.tif

01 인쇄 원고 | Amount 80, Radius 1.5, Detail 25, Masking 0

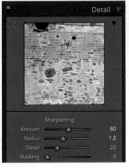

02 잉크젯 프린트 광택 용지 | Amount 60, Radius 1.2, Detail 25, Masking 0

03 잉크젯 프린트 매트 용지 | Amount 90, Radius 1.5, Detail 25, Masking 0

 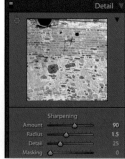

04 웹 이미지용 | Amount 50, Radius 1.0, Detail 25, Masking 0

 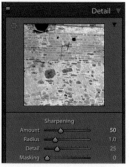

이미지의 노이즈를 제거하는 Noise Reduction 기능

노이즈는 이미지 품질을 떨어뜨리는 요인입니다. 캐논, 니콘, 소니 등 각 제조사별로 사진의 노이즈 제거 패턴도 다르고, ISO별 노이즈 발생 정도도 다릅니다. 따라서 실제 아웃풋으로 활용 가능할 정도의 노이즈 양은 어느 정도인지 카메라로 직접 테스트하는 것이 좋습니다. 현재 필자가 사용하고 있는 카메라는 약 ISO 6400을 아웃풋으로 활용하기 위한 감도로 제한해 작업합니다. 공연 촬영 등 특별한 용도가 아니면 대부분 ISO 6400을 넘겨 촬영하지 않습니다.

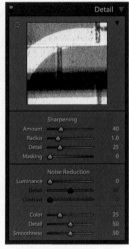

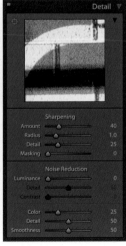

▲ ISO 12800의 이미지를 100% 확대한 사진입니다. 자신이 사용하는 카메라의 노이즈 패턴이나 상용 감도를 파악하는 것이 중요합니다.

노이즈는 빛으로 인해 나타나는 광도(Luminance) 노이즈와 색상의 불균형으로 나타나는 컬러(Color) 노이즈로 나뉩니다. 일반적으로 카메라의 상용 감도 안에서는 광도 노이즈가 나타나고, 상용 감도를 넘어가거나 노출이 부족한 이미지를 억지로 밝게 조절하면 컬러 노이즈가 발생합니다.

[Detail] 패널의 [Noise Reduction] 항목에서는 광도 노이즈를 제거하는 [Luminance]와, 컬러 노이즈를 제거하는 [Color] 슬라이더를 제공합니다. 노이즈가 나타나지 않은 이미지라면 굳이 Noise Reduction 기능을 적용하지 않아도 됩니다.

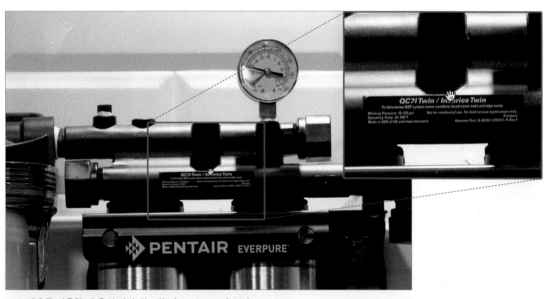

▲ 고ISO를 사용할 때 흔히 나타나는 광도(Luminance) 노이즈

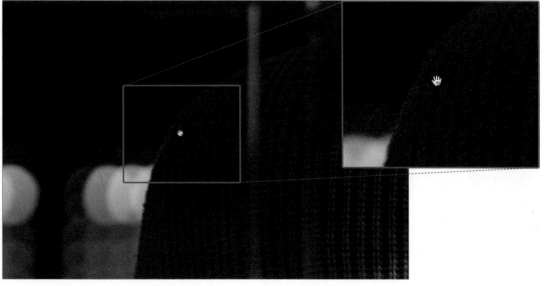

▲ 고ISO와 노출 불균형으로 인한 컬러(Color) 노이즈

[Luminance] 슬라이더와 옵션

[Luminance]는 [Luminance], [Detail], [Contrast]를 조정할 수 있는 옵션으로 나뉩니다.

준비 파일 기본편/CHAPTER02/24.dng

01 **Luminance** | 빛에 의해 나타난 노이즈 패턴을 제거합니다. 슬라이더를 오른쪽으로 드래그할수록 이미지는 매끈하게 보이나 너무 과도할 경우 디테일이 사라집니다. [Sharpening] 옵션과 마찬가지로 화면을 100%로 확대해 확인하면서 옵션을 적용하는 것이 좋습니다.

 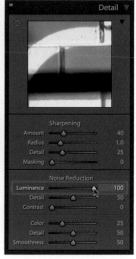

02 Detail | [Luminance] 슬라이더의 사용으로 인해 나타나는 디테일 저하를 복원하는 옵션입니다.

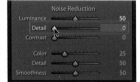

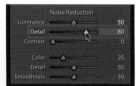

03 Contrast | [Luminance] 슬라이더를 사용함에 따라 떨어지는 콘트라스트를 보존하는 역할을 합니다.

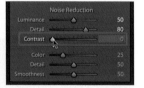

[Detail]과 [Contrast] 슬라이더는 효과가 잘 나타나지 않을 때가 있는데 꼭 화면을 100%로 확대해 확인하는 습관을 가져야 합니다.
[Luminance], [Detail], [Contrast] 슬라이더의 순서로 사용하면 좋습니다.

[Color] 슬라이더와 옵션

[Color] 슬라이더는 기본값이 25로 적용되어 있습니다. 만약 고감도에서 촬영한 컬러 노이즈 패턴이 어떤 모습인지 확인하고 싶다면 0으로 설정해봅니다.

화면을 보면서 슬라이더를 오른쪽으로 드래그하면 복잡한 패턴의 컬러 노이즈가 사라지는 것을 볼 수 있습니다. 이미 컬러 노이즈가 사라진 뒤에는 슬라이더를 오른쪽으로 더 움직여도 화면에서 큰 변화는 없습니다.

준비 파일 기본편/CHAPTER02/25.dng

[Color] 슬라이더 아래에는 [Detail]과 [Smoothness] 슬라이더가 있는데 [Detail]은 컬러 노이즈를 제거하면서 세부 디테일을 살리는 옵션, [Smoothness]는 컬러 노이즈를 제거하면서 거칠어지는 패턴을 부드럽게 만드는 옵션입니다.

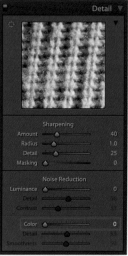

▲ [Color] 슬라이더를 0으로 설정하면 복잡한 노이즈 패턴을 확인할 수 있습니다.

▲ [Color] 슬라이더를 오른쪽으로 드래그해 노이즈가 사라진 이후에는 큰 변화가 없습니다.

[Color] 슬라이더만으로도 훌륭한 컬러 노이즈 제거 효과가 있습니다. [Detail]과 [Smoothness] 슬라이더는 그 효과가 미미한 편입니다. 따라서 슬라이더를 조작해도 별다른 변화가 없는 경우도 많습니다. 이 두 슬라이더는 사진에 나타난 노이즈 패턴에 따라 적절히 사용합니다.

만약 노이즈 제거 설정을 초기화하고 싶다면 Alt 를 누른 상태에서 [Reset Noise Reduction]을 클릭합니다.

[Lens Corrections] 패널,
렌즈의 작은 결점도 놓치지 않는다

렌즈의 광학적 오류를 자동으로 잡아주는 기능

Lens Corrections 기능은 카메라와 렌즈의 프로파일을 자동으로 읽어 광학적인 왜곡, 색수차, 비네팅 등을 정교하게 보정합니다. 라이트룸에서 지원하는 카메라 기종은 카메라와 렌즈 프로파일을 자동으로 읽어 교정하고, 만약 지원하지 않을 경우 수동으로 보정할 수 있습니다.

[Lens Corrections] 패널은 [Profile], [Manual] 항목으로 이루어져 있습니다. [Profile]은 자동으로 렌즈 프로파일을 읽고 렌즈 자체의 왜곡이나 비네팅을 간단하게 수정할 수 있습니다. [Manual]은 광학적 왜곡 교정, 색수차 수정, 비네팅 수정 등을 할 수 있는 항목입니다.

항상 Lens Corrections 기능을 사용해야 하는 것은 아닙니다. 렌즈의 문제를 해결하는 패널이므로 사진을 눈으로 확인하고 특별한 문제가 없다면 사용하지 않아도 좋습니다. 이어서 설명하는 모든 효과는 Alt 를 누르고 항목을 클릭하면 리셋이 가능하므로 쉽게 효과를 적용하고 취소할 수 있습니다.

렌즈 프로파일을 읽어 자동으로 보정하는 Profile 기능

[Profile]은 여러 렌즈 제조사의 프로파일을 읽어 가장 기본적인 부분을 보정해줍니다. 카메라의 설정을 특별히 조정하지 않았다면 촬영한 RAW나 JPG 사진 파일의 메타데이터에는 카메라와 렌즈에 대한 정보가 기록되어 있습니다.

준비 파일 기본편/CHAPTER02/26.dng

[Profile]의 [Enable Profile Corrections]는 메타데이터의 프로파일을 읽어 자동으로 보정하겠다는 의미입니다. 촬영한 사진에 특별한 문제가 있지 않으면 [Enable Profile Corrections]에 체크 표시해주는 것만으로도 렌즈의 광학적인 왜곡, 비네팅 등을 자동으로 보정합니다.

▲ 자동으로 보정하려면 [Enable Profile Corrections]에 체크 표시합니다.

대부분 큰 문제는 없지만 가끔 구형 렌즈를 사용할 때 이 프로파일을 잘못 읽는 경우가 있습니다. 이때는 자신이 사용한 렌즈와 카메라인지 반드시 체크합니다. [Lens Profile] 항목의 [Make](제조사), [Model](렌즈이름)을 확인합니다.

[Remove Chromatic Aberration]은 빛의 파장에 따라 굴절률 차이로 생기는 렌즈의 색수차를 보정하는 항목입니다. 색수차는 사진을 작게 볼 때는 잘 보이지 않기 때문에 화면을 최대한 크게 확대한 후 금속이나 반사 재질의 밝은 부분을 확인합니다. 보라색이나 녹색 계열의 색수차를 확인했다면 이 항목에 체크 표시하고 색수차가 없다면 하지 않아도 좋습니다.

[Distortion]과 [Vignetting] 슬라이더는 렌즈 프로파일을 이용해 왜곡과 비네팅에 약간의 수정을 가할 수 있는 기능입니다. 제대로 된 프로파일을 선택했는데 렌즈에 따른 왜곡과 비네팅이 생겼다면 [Distortion](왜곡), [Vignetting](비네팅) 슬라이더로 세밀하게 수정합니다.

준비 파일 기본편/CHAPTER02/27.dng

01 **Distortion** | 슬라이더를 왼쪽으로 이동할수록 볼록 렌즈 형태로, 오른쪽으로 이동할수록 오목 렌즈 형태로 보정됩니다

▲ 왼쪽으로 드래그하면 볼록 렌즈 형태로 보정됩니다.

▲ 오른쪽으로 드래그하면 오목 렌즈 형태로 보정됩니다.

02 Vignetting | 슬라이더를 왼쪽으로 이동할수록 사진의 주변부가 어둡게, 오른쪽으로 이동할수록 사진의 주변부가 밝아집니다.

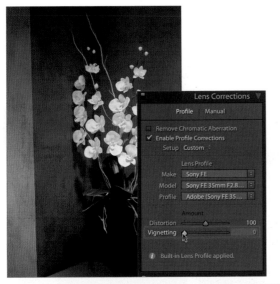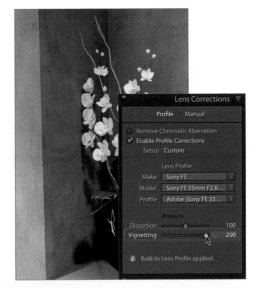

▲ 슬라이더 위치에 따라 (왼쪽)사진의 주변부가 어두워지거나, (오른쪽)밝아집니다.

만약 렌즈 프로파일을 수정한 후 설정한 값을 저장하고자 한다면 [Setup]-[Save New Lens Profile Defaults]를 선택합니다. 다음에 같은 렌즈로 촬영한 사진을 선택하고 [Setup]에서 [Default]를 선택하면 앞서 저장된 프로파일을 선택할 수 있습니다.

만약 수정한 프로파일을 원래 설정값으로 되돌리고자 한다면 [Setup]에서 [Reset Lens Profile Defaults]를 선택합니다. 대부분 제조사에서 제공한 프로파일에 따라 자동으로 적용되므로 특별한 경우가 아니라면 슬라이더를 조정하거나 새로운 프로파일을 만들 필요는 없습니다.

◀ 수정한 프로파일을 [Save New Lens Profile Defaults]로 저장하면 다음에 이 렌즈로 촬영한 사진에 수정된 프로파일이 적용됩니다.

수동으로 렌즈의 문제점을 수정하는 Manual 기능

[Profile]이 렌즈의 프로파일을 자동으로 읽어 보정하는 방법이라면 [Manual]은 수동으로 왜곡, 색수차, 비네팅 등을 수정하는 항목입니다.

준비 파일 기본편/CHAPTER02/28.dng

01 Distortion | [Amount]를 왼쪽으로 드래그하면 볼록한 왜곡을, 오른쪽으로 드래그하면 오목한 왜곡을 교정합니다. 앞 [Profile] 항목에서 봤던 [Distortion] 슬라이더 보다 훨씬 과도한 왜곡 효과를 줄 수 있습니다.

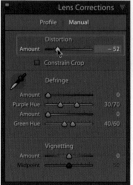

▲ [Amount]를 왼쪽으로 드래그하면 볼록한 왜곡이 생깁니다.

▲ [Amount]를 오른쪽으로 드래그하면 오목한 왜곡이 생깁니다.

02 **Constain Crop** | 광학적 왜곡 보정 기능을 사용할 때 이미지를 자동으로 자르는 기능입니다. [Constain Crop]에 미리 체크 표시하는 것보다 수평, 수직 등의 왜곡을 보정하고 원하는 부분을 수동으로 크롭하는 편이 좋습니다.

밝은 부분에 나타난 색수차를 보정하는 Defringe 기능

색수차는 색의 파장에 따른 렌즈의 굴절로 인해 주로 나타납니다. 대부분 보라색을 띠지만 가끔 녹색이나 푸른색 계열의 색수차가 나타날 수 있습니다. [Defringe]는 이런 색수차를 수동으로 정교하게 보정하는 기능입니다. 색수차는 건축 사진에서 인테리어용으로 많이 사용하는 LED 조명이나 빛이 들어오는 역광의 창가에서 쉽게 나타납니다.

준비 파일 기본편/CHAPTER02/29.dng

01 색수차 보정 전에 우선 사진을 크게 확대해 확인합니다. 밝은 빛이 비치는 경계 부분을 확대해보면 보라색 계열의 색수차를 확인할 수 있습니다.

 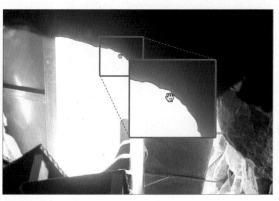 

▲ 색수차 제거를 위해서 이미지를 확대해 보는 것이 좋습니다.

02 [Defringe] 항목에서 스포이드 모양의 Fringe Color Selector를 클릭합니다.

03 화면을 확대해 색수차가 발생한 지점에 마우스 포인터를 가져가면 색이 변하는 지점이 있습니다. 그 부분을 클릭하면 자동으로 색수차가 발생된 색상 영역을 잡아줍니다. 화면을 보면서 [Amount] 슬라이더를 오른쪽으로 드래그하면 이미지의 색수차가 사라지는 것을 볼 수 있습니다.

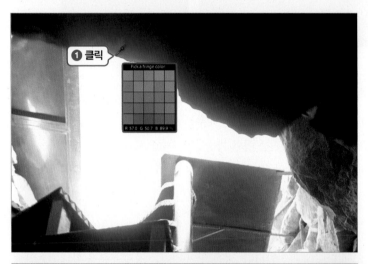

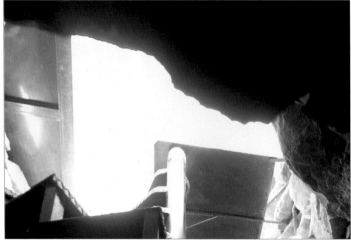

비네팅 현상을 교정하는 Vignetting 기능

준비 파일 기본편/CHAPTER02/30.dng

01 **Amount** | 광량이 부족할 때 생기는 비네팅을 제거합니다. 왼쪽으로 슬라이더를 옮길수록 비네팅이 더 진해지고, 오른쪽으로 갈수록 연해집니다.

02 [Midpoint]는 왼쪽으로 갈수록 사진의 중심에 비네팅이 영향을 미치고, 오른쪽으로 갈수록 사진의 바깥에 영향을 미칩니다.

LESSON 08

[Transform] 패널, 광학적 물리적 왜곡 보정

사진의 왜곡 교정 및 물리적인 위치를 조정하는 기능

[Transform] 패널은 원래 [Lens Corrections] 패널에 있던 기능이었으나, 라이트룸 6.6 버전에서 별도의 패널로 분리되었습니다. 물리적 왜곡 보정에 관한 대부분의 기능을 포함하고 있으며, 좀 더 정교해지고 기능이 강화되었습니다.

광학적 왜곡은 광각 렌즈를 사용할 때 빈번하게 나타납니다. 저렴한 렌즈일수록 이런 광학 왜곡이 심하며, 경우에 따라 수평선이 휘어 보이거나 건물을 촬영하면 중앙 부분이 볼록하게 보이기도 합니다. 또 인물 사진을 찍을 때 광각 렌즈를 들이대면 실제 보다 얼굴이 훨씬 크게 보이거나 수직의 건축물이 위로 갈수록 좁게 보이는 현상 등이 나타납니다. 렌즈 때문에 발생한 왜곡의 한 종류입니다.

사진의 왜곡을 수동으로 보정하는 Upright 기능

[Transform] 패널에서는 자동 왜곡 보정 기능과 수동 왜곡 보정 기능을 지원합니다.

01 **Upright** | 자동 보정 기능으로 기본값은 [Off]로 설정되어 있습니다. [Auto]를 클릭하면 라이트룸이 알아서 수직과 수평 왜곡을 보정합니다.

준비 파일 기본편/CHAPTER02/31.jpg

02 **Guided Upright Tool** `Shift + T` | [Guided]를 클릭하고 사진에 수직이나 수평선이 되는 부분을 드래 그하면 이미지에 맞게 수평, 수직을 맞춰주는 기능입니다. [Guided Upright Tool]은 총 네 개의 수평, 수 직선을 그릴 수 있습니다. [Auto] 기능만으로 제대로 수평, 수직을 맞출 수 없을 때 사용합니다.

준비 파일 기본편/CHAPTER02/32.dng

🔍 **기능 꼼꼼 익히기**   **[Guided Upright Tool]을 사용한 후 화면이 꽉 찬다면**

[Guided Upright Tool]을 사용한 후 사진이 자동으로 크롭되어 화면이 꽉 찰 때가 있습니다. 이때는 [Transform] 항목의 [Scale] 슬라이더를 왼쪽으로 드래그하면 잘려진 부분이 나타납니다.

03 **Level** | 이미지의 수평을 맞추는 기능입니다. 클릭하면 수평을 자동으로 분석해 맞춰줍니다.

04 **Vertical** | 수직 왜곡을 교정해줍니다. 역시 클릭만 하면 자동으로 맞춰줍니다.

준비 파일 **기본편**/CHAPTER02/33.dng

05 Full | 수평, 수직을 알아서 조정하는 기능으로 [Level]과 [Vertical]의 기능을 합친 효과입니다. 수직, 수평을 맞추는 작업은 라이트룸이 사진을 분석해서 자동으로 맞춰주나 모든 사진의 수직, 수평을 맞춰야 하는 것은 아닙니다. 건축 사진처럼 건축물의 모습을 렌즈의 왜곡 없이 정확히 보여줘야 할 때 사용하는 것이 좋습니다.

준비 파일 기본편/CHAPTER02/34.dng

사진의 왜곡을 수동으로 보정하는 Transform 기능

[Transform] 항목에서는 Vertical(수직 왜곡), Horizontal(수평 왜곡), Rotate(회전), Aspect(종횡비), Scale(크기), X Offset(수평 위치), Y Offset(수직 위치) 등을 수동으로 변경할 수 있습니다.

준비 파일 기본편/CHAPTER02/35.tif

01 **Vertical** | 수직 방향의 왜곡을 교정합니다. 음수가 되면 윗변이 넓어지고 아랫변이 좁아집니다. 양수가 되면 윗변이 좁아지고 아랫변이 넓어집니다.

02 **Horizontal** | 수평 왜곡을 교정합니다. 음수가 되면 왼쪽변의 높이가 늘어나고 오른쪽변의 높이가 줄어듭니다. 양수가 되면 왼쪽변의 높이가 줄어들고, 오른쪽변의 높이가 늘어납니다.

03 **Rotate** | 사진의 기울기를 교정합니다. 음수가 되면 반시계 방향으로 회전하고, 양수가 되면 시계 방향으로 회전합니다.

04 **Aspect** | 사진의 종횡비를 바꿀 수 있습니다. 음수가 되면 상하 비율이 줄어 옆으로 길어지고, 양수가 되면 좌우 비율이 줄어 위아래로 길어집니다. 원본 사진의 비율은 고정되지 않습니다.

05 **Scale** | 사진의 크기를 수정합니다. 음수가 되면 원래 비율보다 작아지고, 양수가 되면 원래 비율보다 커집니다. 원본 사진의 비율은 고정됩니다.

06 **X Offset** | 사진의 수평(X축) 위치를 변경합니다. 음수가 되면 왼쪽으로 이동하고, 양수가 되면 오른쪽으로 이동합니다.

07 **Y Offset** ㅣ 사진의 수직(Y축) 위치를 변경합니다. 음수가 되면 아래로 내려가고, 양수가 되면 위로 올라갑니다.

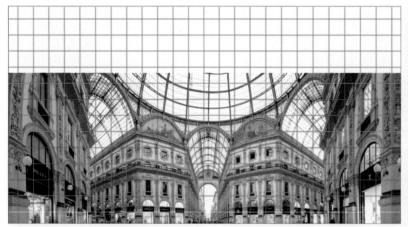

[Constrain Crop]은 자동으로 사진을 자르는 기능입니다. 이 기능을 사용하는 것보다는 [Crop Overlay] 기능을 사용해 자르면 더욱 정교한 프레임 정리가 가능합니다.

[Effects] 패널의 Vignetting, Grain 효과

사진의 빈티지 감성을 살려주는 방법

[Effects] 패널은 말 그대로 사진에 '효과'를 줄 수 있는 패널입니다. [Effects] 패널엔 [Post-Crop Vignetting](포스트 크롭 비네팅), [Grain](그레인) 두 가지 효과가 있습니다.

[Lens Corrections] 패널의 비네팅 제거 옵션이 저가의 렌즈나 저조도의 상황에서 나타나는 비네팅 현상을 제거할 때 사용한다면, [Effects] 패널의 [Post-Crop Vignetting] 기능은 사진을 크롭할 때 비네팅 영역이 잘리는 현상을 방지하기 위해 사용합니다. 또 임의로 비네팅 효과를 줘서 주제를 부각할 때 효과적으로 사용할 수 있습니다.

[Grain]은 입자 같은 노이즈를 임의로 줄 수 있는 항목입니다. 부드러운 또는 거친 입자 효과를 적용해 독특한 표현이 가능하며 흑백 사진의 입자감을 표현할 때 유용합니다.

각 효과의 정해진 수치나 방법은 없습니다. 사진을 보며 직접 슬라이더를 조작해보면 효과를 바로 확인할 수 있도록 편하게 만들어졌습니다. 때론 문제점을 보정하기도 하지만 이 효과를 잘 이용하면 사진에 창의적이고 독특한 느낌을 줄 수 있습니다.

Post-Crop Vignetting, 비네팅을 조절한다

사진의 모서리에 검게 나타나는 비네팅 현상이 꼭 나쁜 것만은 아닙니다. 사진의 사각 모서리는 뾰족한 형태로 중심부보다 밝은 대상이 주변부에 위치하면 시선을 화면에 가두는 데 방해되지만, 반대로 주변이 중심부보다 어둡다면 시선을 가두는 데 효과적이기도 합니다. 또 로모(Lomo) 카메라는 플라스틱 렌즈를 사용해 의도적으로 비네팅을 발생시키기도 합니다. 이런 효과를 이용해 독특하고 창의적인 사진을 담는 이들에게 인기를 끌기도 했습니다.

[Post-Crop Vignetting]은 원래 사진을 크롭할 때 사라진 비네팅을 복원하기 위해 만들어진 옵션입니다. 검은색 또는 흰색의 비네팅 효과를 추가할 수 있습니다.

준비 파일 기본편/CHAPTER02/36.dng

① **Amount** ｜ 비네팅의 양을 결정합니다.

② **Midpoint** ｜ 비네팅의 중심점을 조절합니다.

③ **Roundness** ｜ 비네팅의 둥근 정도를 조절합니다.

④ **Feather** ｜ 비네팅의 부드러운 정도를 조절합니다.

⑤ **Highlights** ｜ 밝은 영역의 비네팅 효과를 조절합니다.

01 **Amount** ｜ 슬라이더를 왼쪽으로 옮기면 검은색 비네팅, 오른쪽으로 옮기면 흰색 비네팅이 나타납니다. 인물 스튜디오 촬영에서는 렌즈 앞에 비네팅이 나타나는 특수한 장치를 사용하기도 합니다. 어두운 배경에서는 주로 검은색 비네팅을, 밝은 배경에는 흰색 비네팅을 사용합니다.

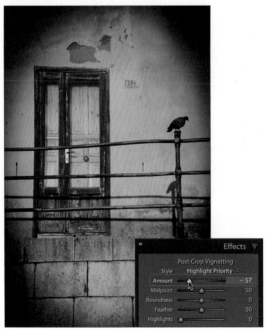

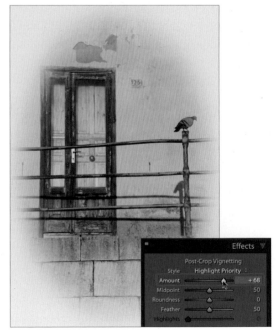

02 Midpoint | 비네팅의 중심점이 어디까지 영향을 미칠지 설정하는 슬라이더입니다. 왼쪽으로 갈수록 사진의 중심까지 비네팅이 발생하며 오른쪽으로 옮길수록 화면 가장자리에만 효과가 나타납니다.

03 Roundness | 비네팅의 둥근 정도를 설정할 수 있는 슬라이더입니다. 슬라이더를 왼쪽으로 옮길수록 사각형 모양이 되고, 오른쪽으로 갈수록 둥근 원에 가까워집니다.

04 Feather | 비네팅 안쪽 영역의 부드러움 정도를 설정하는 슬라이더입니다. 슬라이더를 왼쪽으로 옮기면 비네팅의 부드러운 효과가 사라지고, 오른쪽으로 옮기면 부드럽게 설정됩니다.

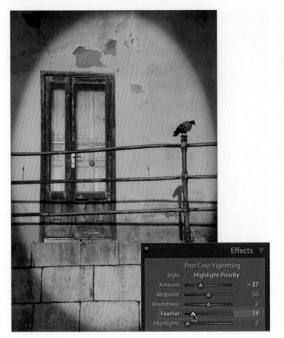 

이런 비네팅 효과를 적용할 때 자칫 어색한 느낌을 줄 수 있는데 [Style]의 세 가지 옵션으로 조절이 가능합니다.

01 Highlight Priority | 주변부의 하이라이트 디테일을 최대한 보존하면서 비네팅 효과를 줄 수 있습니다.

02 **Color Priority** ㅣ 사진의 색상을 살리면서 비네팅 효과를 줍니다.

03 **Paint Overlay** ㅣ 사진의 테두리에 회색으로 입힌 듯한 느낌의 비네팅을 주는 옵션입니다.

가장 많이 사용하고 기본 선택되어 있는 [Style]은 [Highlight Priority]로 비네팅 효과를 가장 자연스럽게 적용할 수 있는 옵션입니다. 만약 좀 더 다른 효과를 원한다면 눈으로 직접 확인하며 다른 옵션을 선택하도록 합니다.

Grain, 화면의 입자를 조절한다

디지털 사진은 너무 현실적이고 선명해서 따뜻한 느낌이 덜하다고 말하는 사람도 있습니다. 반면 필름은 거칠고 투박하지만 그 작은 입자에는 묘한 매력이 있습니다. 디지털 사진의 차가움을 상쇄할 수 있는 [Grain] 효과로 사진에 감성을 불어넣는 것도 가능합니다.

[Grain] 항목에는 ❶ [Amount](입자의 양), ❷ [Size](입자의 크기), ❸ [Roughness](입자의 거칠기)를 설정할 수 있는 세 개의 슬라이더가 있습니다.

준비 파일 기본편/CHAPTER02/37.tif

01 **Amount** | 오른쪽으로 갈수록 Grain의 양이 많아집니다.

02 **Size** | 오른쪽으로 갈수록 더 입자가 큰 Grain이 발생하며 사진의 선명도는 떨어집니다.

03 **Roughness** | 오른쪽으로 옮길 수록 입자의 거친 정도가 증가합니다.

[Post-Crop Vignetting]과 [Grain]을 사용할 때 정해진 공식은 없습니다. 흑백 사진에서 독특한 질감을 만들 수도 있고, 컬러 사진에서 회화적인 효과를 줄 수도 있으니 잘 응용해 사용하면 사진의 느낌을 살리는 데 좋습니다.

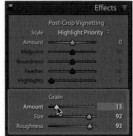

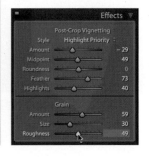

▲ 흑백 효과와 Grain을 조절해 독특한 효과를 만들 수 있습니다.

LESSON 10

[Calibration] 패널, 카메라의 색상 교정

카메라 색 보정에 사용하는 패널과 도구

[Calibration] 패널로 색상 교정하기

아마 사용 빈도가 가장 적은 패널 중 하나가 [Calibration] 패널일 것입니다. 라이트룸은 사진 파일의 메타데이터를 자동으로 읽어 가장 적절한 카메라의 프로파일을 선택해주기 때문입니다. 또 요즘 카메라에는 센서와 이미지 프로세싱 기능의 발전으로 어두운 부분에 특정한 색이 치우치거나, 왜곡이 생긴다든가 하는 문제는 별로 발생하지 않습니다.

어떤 특정한 상황(노출이 맞지 않는 이미지, 화이트 밸런스가 주변 빛에 의해 틀어진 경우)이 아니라면 굳이 수정하려고 애쓸 필요가 없다는 말입니다. 또 [Calibration]은 카메라의 원색 자체를 바꿔주는 역할도 합니다. 이런 기능 역시 [HSL/Color] 패널에서 대부분 조정이 가능합니다. 여기에서는 [Calibration] 패널의 기능만 간단히 알아보겠습니다.

준비 파일 기본편/CHAPTER02/38.dng

▲ 사진 자체의 색 교정을 목적으로 사용하려면 [HSL/Color] 패널을 사용하는 것이 좋습니다.

01 [Calibration] 패널에서 가장 먼저 [Process]를 확인합니다. 기본은 [Version 5]가 선택된 것을 볼 수 있습니다. 라이트룸은 포토샵의 Camera RAW 플러그인과 함께 발전해왔고 최신 버전의 프로세스를 쓰는 것이 이미지 품질을 보존하는 데 좋습니다. 과거 버전의 라이트룸 보정 기능을 경험하고 싶다면 낮은 버전으로 선택해도 무방합니다.

구 버전을 선택하면 Basic 패널의 몇 가지 기능이 달라집니다. ▶

02 **Shadows** | 어두운 부분에서 나타나는 색상의 치우침 현상을 보정하는 기능입니다. Green과 Magenta를 설정하는 [Tint] 슬라이더를 이용해 조정할 수 있습니다. 이런 색상 치우침은 강한 빛보다 저조도의 빛에서 가끔씩 나타납니다. 이미지를 확인하며 슬라이더를 조절합니다.

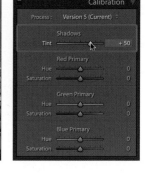

▲ 저조도에서 나타나는 색상 치우침을 보정할 수 있습니다.

03 **Red Primary, Green Primary, Blue Primary** | 각각 [Hue]와 [Saturation] 슬라이더로 구성되어 있습니다. 카메라에서 나타나는 Red, Green, Blue 고유의 색상과 채도를 조정할 수 있습니다. 하지만 이미 이런 기능은 [HSL/Color] 패널에서 훨씬 전문적이고 세밀한 조정을 할 수 있습니다.

▲ 슬라이더를 움직여 색상과 채도를 바꿀 수 있습니다.

LESSON 11

[Crop Overlay]와 [Spot Removal] 기능

사진을 자르고, 이물질을 제거할 때 가장 많이 사용하는 기능

이미지를 크롭하는 Crop Overlay▦ R, 사진 속에 나타난 먼지 같은 이물질을 지우는 Spot Removal◯ Q 기능은 라이트룸 사진 작업에서 가장 많이 사용되는 도구입니다. 사용 빈도가 높은 만큼 단축키를 외워서 사용하면 편리합니다.

구도를 수정하는 Crop Overlay 도구

Crop Overlay▦ R는 사진 작업에서 테두리의 불필요한 요소를 제거하거나 구도를 수정할 때 사용하는 도구입니다. 구도를 수정하는 작업은 사진 이미지가 가진 픽셀을 잘라내는 것입니다. 너무 많이 구도를 수정하면 그만큼 해상도에서 손해를 볼 수 있다는 점을 염두에 둡니다.

준비 파일 기본편/CHAPTER02/39.dng

클릭

[Crop Overlay]에선 [Aspect](비율)를 설정할 수 있습니다. 보통 DSLR이나 미러리스 카메라는 3:2 비율을 사용합니다. 이미지를 크롭할 때 비율이 틀어지지 않게 [Original] 오른쪽의 자물쇠🔒를 클릭해 잠궈 주고 사진 테두리를 드래그해 원하는 구도로 수정하면 됩니다. 모서리 부분을 드래그할 때 가로나 세로로 정해진 비율의 구도가 임의로 지정됩니다. 세로 사진을 가로로, 가로 사진을 세로로 크롭할 때 편리한 방법입니다.

▲ [Aspect]의 [Original]을 클릭하면 다양한 화면 비율 설정을 선택할 수 있습니다.

만약 인스타그램에서 사용하는 1:1 구도를 사용하고 싶을 때 [1X1]을 선택하면 자동으로 Crop Overlay의 모양이 바뀝니다. 자물쇠 표시를 해제🔓하면 일정한 비율이 아닌 사용자가 임의로 사각형을 조정할 수 있습니다.

가이드 라인 사용하기

기본 크롭 가이드 라인은 가로, 세로 삼분할 구도인 [Thirds]가 선택되어 있지만 [Tools]-[Crop Guide Overlay] 메뉴에서 [Grid], [Thirds], [Diagonal], [Triangle], [Golden Ratio], [Golden Spiral] 등의 방식 중 보기 편한 형태를 선택해주면 됩니다. 각각 격자, 3분할선, 대각선, 삼각형, 황금분할선, 황금나선입니다.

때때로 크롭 가이드 라인을 선택하는 것이 아니라 간단히 전환하고 싶다면 O (Cycle Grid Overlay)를 누릅니다. 크롭 가이드 라인 변환은 사진에 특별한 영향을 끼치지 않습니다. 단지 사진의 비율을 좀 더 미학적으로 판단하기 위해 만들어진 것으로 자신이 보기 편한 방식을 선택하면 됩니다.

▲ 메뉴를 선택하는 대신 ○ 를 눌러 전환할 수도 있습니다.

수평수직 교정 기능 사용하기

[Transform] 패널의 수평수직 교정이 사진 자체에 발생한 왜곡을 교정하기 위해 사용한다면, [Crop Overlay]는 수평수직에 맞게 사진을 '자르는' 역할을 합니다. [Crop Overlay] 패널에서는 수평을 교정하는 [Straighten] 도구를 사용하며 사진의 수평을 교정하는 방식은 세 가지가 있습니다.

01 **Auto** | 자동으로 사진의 수평선을 찾아 수정하는 방식입니다. [Auto]를 클릭하면 됩니다.

준비 파일 **기본편/CHAPTER02/40.dng**

02 **Straighten Tool**  | 화면의 수평, 수직이 되어야 하는 부분에 드래그하여 선을 그어주면 자동으로 기울기가 보정됩니다.

03 **Angle 슬라이더** | 슬라이더를 조절해 화면을 보면서 각도를 수동으로 조절합니다.

크롭 가이드 라인이 이미지 밖을 나가지 않도록 제한을 주는 [Constrain to Image] 항목이 있지만, 보통 자동으로 제한해주므로 옵션을 체크 표시하지 않아도 무방합니다.

크롭과 수평을 맞추는 작업이 끝나면 이미지를 더블클릭하거나 Enter 를 눌러 작업을 적용하고 [Crop Overlay] 도구의 [Close]를 클릭하면 됩니다. 다시 수정하고 싶다면 [Reset]을 클릭합니다. 크롭 가이드 라인을 화면에서 살짝 숨기고 싶다면 H 를 누릅니다. 사진 주변의 크롭 라인만 보이게 됩니다.

화면에 나타난 먼지를 지우는 Spot Removal 기능

디지털카메라에는 간단한 먼지를 물리적으로 제거하는 기능이 있습니다. 그러나 렌즈를 갈아 끼울 때, 또는 일상 생활에서 유입되는 먼지를 전부 막을 길은 없습니다. 특히 맑은 날 조리개를 조이고 파란 하늘 같은 단색 배경을 촬영하면 먼지가 더욱 잘 나타납니다.

화면이나 센서에 유입된 먼지는 보통 사진 속에 검은색 반점 형태로 나타나는데, 이 먼지를 쉽게 제거할 수 있는 도구가 Spot Removal  Q 입니다. 사용은 매우 간단합니다. 도구를 선택하고 사진 속 먼지를 클릭하면 주변부의 이미지를 자동으로 분석하여 먼지를 제거합니다. 만약 만족스럽지 못하다면 주변의 점을 다른 곳으로 드래그하면 됩니다.

준비 파일 기본편/CHAPTER02/41.dng

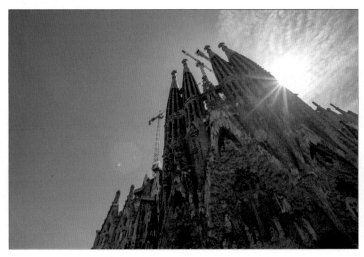

먼지를 제거할 때 Brush는 세 가지 옵션을 제공합니다. ❶ Size(크기), ❷ Feather(주변부의 흐림 정도), ❸ Opacity(투명도)입니다. [Feather]는 0, [Opacity]는 100으로 그냥 사용해도 무방하나 좀 더 자연스러운 효과를 내고 싶다면 이 두 슬라이더를 적절히 조정해 사용합니다.

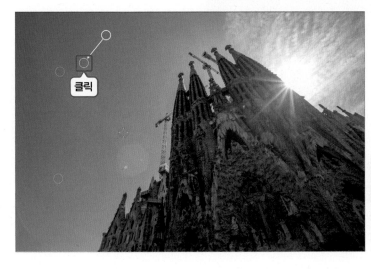

먼지는 점 형태로만 나타나지 않고 미세한 털이나 머리카락 등이 센서에 들어가면 긴 선이나, 불규칙한 형태로 나타납니다. 복잡한 형태의 먼지는 그 부분만큼 드래그합니다.

세로나 직선으로 길게 나타난 먼지는 바깥 끝을 한 번 클릭하고 다음 끝을 Shift 를 누른 채 클릭하면 쉽게 제거할 수 있습니다.

🔍 **기능 꼼꼼 익히기** ｜ **[Visualize Spots] 옵션**

사진 아래에 있는 도구바에는 [Visualize Spots] 옵션이 있습니다. 체크 표시하면 단색 배경에서 먼지를 좀 더 자세히 관찰할 수 있습니다. [Visualize Spots] 오른쪽의 슬라이더를 왼쪽으로 이동하면 검은색과 흰색의 대비를 좀 더 자세히 보여주므로 사진 속 먼지를 파악하기 쉽습니다.

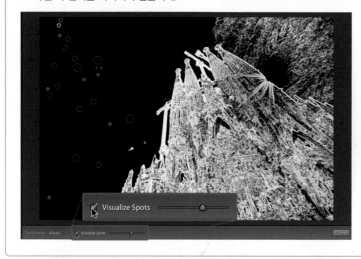

이미지에 먼지가 많을 경우 [Spot Removal]을 여러 번 사용하게 됩니다. 이미 적용한 스팟 주변에 마우스 포인터를 가져가면 크기 조절 화살표가 나타나 다시 조정할 수 있습니다. 스팟을 지우려면 스팟에서 마우스 오른쪽 버튼을 클릭한 후 [Delete]를 선택합니다.

간편하게 스팟을 지우려면 Alt 를 누른 상태에서 마우스 포인터가 가위 모양으로 변할 때 지우려는 스팟을 클릭하면 됩니다.

점이 많을 때는 사진 속에 스팟이 너무 많아 이미지를 확인하기 어려울 수도 있습니다. 그러면 H 를 눌러 스팟을 잠시 숨기고 결과를 쉽게 볼 수 있습니다.

복제 역할을 하는 [Clone] 브러시

[Spot Removal]은 먼지를 지우는 역할이지만 복제 역할을 수행할 수도 있습니다. [Spot Edit]나 [Brush]에서 [Clone]을 선택하면 복제 브러시로 바뀝니다. 슬라이더의 옵션은 [Heal] 브러시와 동일하나 복제할 대상이 들어갈 영역을 먼저 클릭하고, 그 옆에 복제하려는 대상을 클릭합니다.

준비 파일 기본편/CHAPTER02/42.tif

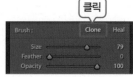

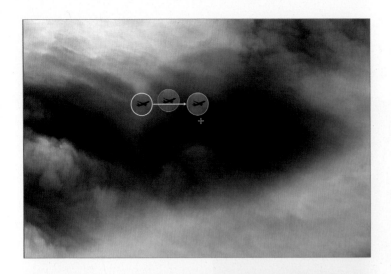

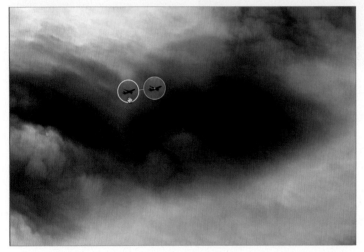

[Clone]은 포토샵의 [Clone Stamp Tool](복제 스탬프) 기능과 비슷한 역할을 하고, [Heal]은 포토샵의 [Spot Healing Brush Tool](스팟 힐링 브러시)과 사용법이 비슷합니다.

[Clone]은 컴퓨터 작업에서 복사, 붙여넣기와 흡사하고 [Heal]은 주변부를 자동으로 인식하고 계산하여 자동으로 붙여 넣는 작업이라 생각하면 편합니다. 일반적으로 [Heal] 브러시가 매우 편리하고 사용 빈도가 높지만 가끔 [Clone] 브러시로 인물 사진 수정 작업 등에 유용하게 사용할 수 있습니다. 두 기능을 번갈아가며 사용하려면 Shift + T 를 누릅니다.

부분 보정에 관한 강력한 세 가지 도구

Graduated Filter, Radial Filter, Adjustment Brush

[Basic], [Tone Curve], [HSL/Color], [Split Tonig], [Detail], [Lens Corrections], [Effects], [Calibration] 등 8개의 패널을 익히면 사진을 수정하는 Develop 모듈의 모든 기능을 익힌 것이나 다름없습니다. 이 패널들의 사용 방법을 익혀야만 [Graduated Filter], [Radial Filter], [Adjustment Brush] 기능을 사용할 수 있습니다. 이 도구에는 8개의 패널 기능이 복합적으로 섞여 있습니다.

▲ 각각 [Graduated Filter], [Radial Filter], [Adjustment Brush] 도구의 패널 화면입니다.

[Graduated Filter] 기능은 선형의 점진적인 그러데이션 형태로 수정하는 도구, [Radial Filter]는 원형의 그러데이션 형태로 수정하는 도구, [Adjustment Brush]은 브러시 형태로 자유롭게 수정하는 도구입니다.

각 필터의 사용법은 거의 동일하고 실제로는 [Adjustment Brush]를 [Graduated Filter], [Radial Filter]에 결합한 형태입니다. 더 간단하게 말해 사진의 일부에만 수정 사항을 반영할 때 사용하는 도구입니다.

▲ Graduated Filter를 이용해 석양 부분에만 선형 보정

▲ Radial Filter를 이용한 원형 보정

▲ Adjustment Brush를 이용한 불규칙한 형태의 보정

사실상 이 세 가지 도구의 사용 방법은 같지만 앞에서 공부했던 Develop 패널의 [Basic], [Detail], [Effects] 패널의 사용 방법이나 효과를 모른다면 복잡하게 느껴질 것입니다. 이 세 가지 도구는 모두 부분 보정에 관한 도구로 사용자가 이미지 전체가 아닌 특정 영역에 효과를 줄 때 사용합니다.

점진적인 수정 도구, Graduated Filter

Graduated Filter  M 를 클릭하면 나타나는 너무 많은 슬라이더에 주눅들 필요는 없습니다. 슬라이더는 모두 [Basic] 패널에서 봤던 슬라이더와 거의 동일합니다. 다른 점은 아래와 같습니다.

준비 파일 기본편/CHAPTER02/43.dng

① **Clarity/Dehaze/Saturation** ㅣ [Basic] 패널의 [Presence] 항목과 동일하며, 색의 선명도를 결정하는 [Clarity], 연무 현상을 없애는 [Dehaze] 슬라이더는 기능 구현이 동일합니다. [Vibrance] 슬라이더가 없는 대신 [Saturation] 슬라이더가 그 역할을 대신합니다.

② **Moire** ㅣ 섬유 등을 촬영할 때 나타나는 불규칙한 컬러 노이즈인 모아레(Moire) 현상을 제거합니다.

③ **Color** ㅣ 를 클릭하면 나타나는 색 선택 패널에서 원하는 색을 선택하여 설정된 영역에 색을 입힐 수 있습니다.

[Graduated Filter] 기능은 'Graduated'란 단어처럼 그러데이션 효과를 내는 것입니다. 그러데이션은 점진적인 효과를 주기 때문에 마우스로 처음 클릭하는 부분이 가장 강하게 효과가 나타나고, 멀어질수록 효과가 약해집니다. [Mask]-[New]가 선택된 상태에서 사진에 원하는 범위를 드래그하면 필터가 삽입됩니다.

사진을 보면서 효과가 마음에 들지 않으면 영역을 조정하거나 슬라이더를 다시 조정합니다. 사진 속에 여러 번 필터 효과를 줘서 더 진하게 처리하거나 수정하는 것도 가능합니다. 새 효과를 삽입할 때는 마찬가지로 [Mask]-[New]가 선택된 상태에서 진행합니다.

❷ 드래그해 범위 조정

❸ 가운데 선을 드래그해 각도 조정

❶ 클릭 후 드래그해 영역 지정

☐ Show Selected Mask Overlay

효과가 적용된 영역을 보고 싶다면 도구 바의 [Show Selected Mask Overlay]에 체크 표시하거나 ⊙ 를 누릅니다. 사진에 적용된 영역을 붉은색의 마스크로 보여주므로 내가 작업한 영역에 적용되는 범위를 볼 수 있습니다.

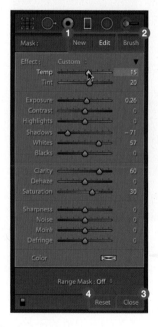

① 새로운 필터를 삽입하거나, 삽입된 필터 범위를 선택하면 [Mask]의 [New]가 [Edit]으로 바뀝니다. 새로 지정한 범위나 작업한 곳을 수정할 수 있다는 의미입니다.

② [Brush]는 [Edit] 상태에서만 작동합니다. [Brush]는 작업한 영역에 일부를 추가하거나 지울 때 사용하는 옵션입니다. 자세한 내용은 뒤의 [A, B, Erase] 브러시에서 알아보도록 합니다.

③ 수정이 끝나면 [Close]를 클릭해 사진에 효과를 적용하거나 ④ [Reset]을 클릭해 초기화할 수 있습니다.

Graduated Filter를 삭제하려면 필터가 선택된 상태에서 Delete 를 누릅니다.

◀ 필터를 선택하면 [Mask]가 [Edit]로 바뀝니다. 슬라이더들을 이동해 다시 수정할 수 있습니다.

원형의 수정 도구, Radial Filter

Radial Filter 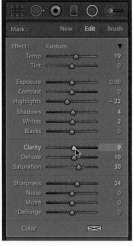 Shift + M 는 [Graduated Filter]와 사용 방법이 거의 동일합니다. 다른 점은 [Graduated Filter]는 선형 수정 방식이고, [Radial Filter]는 원형 방식이란 것입니다. Radial Filter는 원의 바깥 쪽에 효과를 주거나 원의 안쪽에 효과를 줄 수 있습니다. 나머지 기능은 동일합니다.

준비 파일 기본편/CHAPTER02/44.dng

① 드래그해 범위를 조정

② 클릭 후 드래그해 영역 지정

③ 모서리 근처에서 드래그해 각도 조정

01 Radial Filter 를 클릭하고 사진에 ① 효과를 주기 원하는 영역을 드래그합니다. ② 원의 모양은 원 주변의 사각형 틀로 크기를 조정하고 ③ 모서리 근처에서 마우스 포인터가 회전 포인터가 될 때 드래그해 회전이 가능합니다.

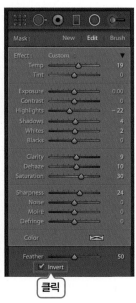

클릭

02 [Invert]에 체크 표시하면 원 안쪽에 효과를 적용할 수 있습니다.

03 아래 사진처럼 주변부를 어둡게 하고 타르트(피사체)를 강조하기 위해 [Radial Filter]를 한 번 더 적용한 후 [Invert]에 체크 표시를 해제하고 효과를 적용하는 방식으로 응용이 가능합니다.

Radial Filter를 삭제하려면 필터가 선택된 상태에서 Delete 를 누릅니다.

불규칙적인 영역을 수정하는 도구, Adjustment Brush

Adjustment Brush  K 는 브러시를 사용하여 불규칙한 형태를 보정할 때 사용합니다. 다른 필터처럼 부분적인 수정에 사용하지만 선택 영역을 붓으로 칠하듯 효과를 반영하는 것이 다른 점입니다. [Adjustment Brush] 슬라이더의 사용 방법 역시 두 필터와 동일합니다.

준비 파일 기본편/CHAPTER02/45.dng

Adjustment Brush는 좀 더 정교한 수정 작업을 진행할 때 알맞습니다. 아래의 Before/After 이미지를 보면 어떤 부분에 수정을 가했는지 확인할 수 있습니다.

▲ 엔진 부분의 명암 대비를 살리고 주변을 어둡게 보정했습니다.

부분 보정을 좀 더 정교하게 수정하는 A, B, Erase 브러시

각 필터는 모두 A, B, Erase 브러시를 제공합니다. A 브러시와 B 브러시는 각각 다른 효과를 할당하여 효과를 더할 때 사용할 수 있습니다. 두 브러시는 / 를 눌러 전환할 수 있습니다. Erase 브러시는 효과가 적용된 영역을 제거할 때 사용합니다.

준비 파일 기본편/CHAPTER02/46.dng

01 ❶ 브러시의 [Size](크기)는 [,] 로 조정할 수 있고 ❷ 브러시의 부드러운 정도인 [Feather]는 Shift + [,] 를 눌러 조절할 수 있습니다. [Feather]를 크게 설정하면 테두리가 좀 더 부드럽게 설정됩니다.

❸ [Flow]는 브러시의 강도, ❹ [Density]는 브러시의 농도를 설정합니다. 둘 다 슬라이더를 오른쪽으로 이동함에 따라 효과가 더 강해집니다. 두 슬라이더의 효과가 비슷하고 동시에 적용해 사용하려면 어렵습니다. [Density]를 100으로 설정하고 [Flow]를 조정해서 강도를 조절하는 것이 편합니다.

[Graduated Filter]의 효과를 자연스럽게 적용하기 위해 사진을 확대해 A, B, Erase 브러시를 적절히 사용하면 좋습니다. O 를 눌러 [Show Selected Mask Overlay]를 활성화하고 작업하면 좀 더 섬세하게 브러시 작업을 할 수 있습니다.

02 [Auto Mask]에 체크 표시하고 브러시를 사용하면 이미지의 외곽을 자동으로 분석해 피사체만 선택합니다. 적용 속도는 조금 느리지만 이미지의 외곽 영역을 정교하게 수정하기 좋습니다. 자동으로 마스크 기능을 사용하는 만큼 많은 영역을 한 번에 선택할수록 느려진다는 점을 기억합니다.

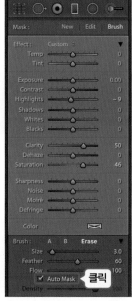

03 아래 사진은 Graduated Filter 효과를 강하게 적용한 사진인데도 어색하지 않습니다. 점프하는 소년에 적용된 Graduated Filter의 효과를 Erase 브러시로 자연스럽게 수정한 결과입니다.

Color&Luminance Range Mask로 내가 원하는 부분만 쉽고 빠르게 수정하기

브러시는 정교한 작업에 반드시 필요하지만 수정할 사진의 양이 많다면 작업 속도나 효율이 떨어지는 단점이 있습니다. 이때 좀 더 빠른 수정 작업을 위해 [Range Mask] 기능을 사용하면 좋습니다. [Range Mask]는 [Color]와 [Luminance] 선택 방법이 있으며 [Color]는 색상을 자동으로 구별해 보정하고, [Luminance]는 밝기를 자동으로 구별해 보정하는 방식입니다. 이름만 들어서는 어려울 것 같지만, 방법은 아주 쉽습니다.

간단 실습
[Color Range Mask]를 사용해 CPL 필터 효과를 구현하기

CPL 필터를 사용해 촬영한 것처럼 하늘 부분의 색을 더 짙게 만들어보려고 합니다. [Graduated Filter]로 간단하게 적용할 수 있을 것 같지만, 사진 아래의 건물에도 같은 효과가 적용되어 어색하게 보입니다. 이때 [Color Range Mask] 기능을 사용해 문제를 해결해보겠습니다.

준비 파일 기본편/CHAPTER02/47.dng

01 ❶ Graduated Filter █를 클릭하고 ❷ 사진의 약간 오른쪽의 하늘에서 땅 방향으로 드래그해 영역을 선택합니다. ❸ [Temp]는 -42, [Exposure]는 -1.06으로 조정합니다. 사진에서 볼 수 있듯 사진 아래의 집 부분에도 [Graduated Filter] 효과가 적용되어 어색하게 보입니다.

02 하단의 건물에 드리운 푸른색 효과를 제거해보겠습니다. 하늘의 파란색 영역만 효과를 적용하기 위해 ❶ [Range Mask]를 [Color]로 선택하고 스포이드 모양의 ❷ Color Range Selector✏를 클릭합니다.

03 ❶ [Color Range Selector]를 이용해 하늘 부분을 클릭하면 파란색 영역이 자동으로 선택됩니다. ❷ ❸ ❹ [Color Range Selector]는 Shift 를 누른 상태에서 총 네 개까지 추가로 선택할 수 있습니다. 다양한 톤의 하늘 색을 클릭하면 좀 더 자연스러운 효과를 얻을 수 있습니다.

04 ❶ ▢를 눌러 [Show Selected Mask Overlay]를 활성화하면 선택된 하늘 영역을 붉은색으로 표시해 줍니다. ❷ [Range Mask]의 [Amount]를 **60**으로 조정해 Color Range Mask의 영역을 조정합니다.

🔍 **기능 꼼꼼 익히기** | **마스크 형태 미리 보기**

[Amount] 슬라이더는 왼쪽으로 갈수록 마스크의 영역이 커지고 오른쪽으로 움직일수록 마스크의 영역이 줄어듭니다. Alt 를 누른 상태에서 [Amount] 슬라이더를 움직이면 흑백 형태로 마스크 미리 보기를 할 수 있습니다.

05 [Color Range Mask]를 사용했다고 해서 완벽히 마스킹이 되는 것은 아닙니다. 내가 수정하고 싶은 영역을 조금 빠르게 선택해 줄 뿐이므로 ❶ [Erase]를 선택하고 ❷ 사진을 확대하여 다듬어주면 훨씬 정교한 마스킹 작업이 됩니다.

06 ❶ 왼쪽은 [Graduated Filter]로만 수정한 사진이고 ❷ 오른쪽은 [Color Range Mask]를 이용하여 하늘 부분에만 효과를 적용한 사진입니다. 오른쪽 사진이 훨씬 자연스럽습니다.

Luminance Range Mask를 이용해 콘트라스트 극복하기

앞에서 [Graduated Filter]의 [Color Range Mask]를 이용한 작업해 봤다면 이번에는 [Adjustment Brush]의 [Luminance Range Mask]를 이용해 복잡한 패턴의 이미지를 보정해보겠습니다. 색을 기준으로 마스크 영역을 선택하는 대신 밝기를 기준으로 선택한다는 점만 제외하면 거의 동일합니다.

준비 파일 기본편/CHAPTER02/48.dng

01 ❶ Adjustment Brush 를 클릭하고 [A] 브러시가 선택된 상태에서 하늘을 파랗게 만들기 위해 ❷ [Temp]는 **-43**, [Exposure]는 **-0.68**로 설정합니다. ❸ 보정할 하늘 부분을 브러시로 선택합니다. 나중에 간단히 수정할 수 있으므로 하늘 부분을 선택하기 위해 너무 정교하게 작업할 필요는 없습니다.

[Auto Mask]에 체크 표시해 활성화하면 브러시로 선택하기 더욱 편리합니다.

02 하늘 배경을 브러시로 전부 선택한 후 보정 상태를 확인합니다.

03 [Range Mask]를 [Luminance]로 선택합니다.

04 ❶ Luminance Range Selector 🖊를 클릭하고 ❷ 하늘의 파란 부분을 클릭합니다.

[Luminance Range Selector] 기능을 사용할 때 [Range]와 [Smoothness]를 조절하면 좀 더 자연스럽게 하늘 부분을 마스킹할 수 있습니다. [Range]는 밝기 차이의 영역을 지정하고, [Smoothness]는 마스킹 영역의 부드러운 정도를 지정할 수 있습니다. 필요하다면 사진을 확대해 브러시 선택 영역도 조절합니다.

05 하늘 부분의 보정 작업이 끝나면 [Basic] 패널에서 사진의 각종 설정을 수정해 좀 더 자연스럽게 보정합니다. 실내의 어두운 부분이 잘 보이게 외관을 조절합니다.

06 보정 전후 사진을 살펴보면 외부와 안쪽의 빛 차이 때문에 생기는 강한 대비를 [Luminance Range Mask] 이용해 자연스럽게 수정한 것이 잘 드러납니다.

작업의 효율을 높여주는 기능들

라이트룸을 조금 더 편리하게 사용하는 기능 모음

패널 속에 숨겨진 편리한 기능

라이트룸 Develop 모듈에 있는 8개의 패널은 세로 스크롤 방식으로 보기 때문에 작은 화면을 사용하는 노트북 사용자들에겐 불편하게 느껴질 수도 있습니다. 이때 다양한 방법으로 패널 보기를 설정하면 더욱 편리하게 사용할 수 있습니다.

01 패널 커스터마이즈 ㅣ ❶ 패널에 마우스 오른쪽 버튼을 클릭하고 ❷ [Customize Develop Panel]을 선택합니다. [Customize Develop Panel] 대화상자가 나타나면 각 패널을 선택해 숨기거나, 위치를 바꿀 수 있습니다. ❸ [Save]를 클릭하면 설정이 저장됩니다.

[Solo Mode]를 선택하면 각 패널이 하나씩만 켜지게 할 수 있고 [Expand All]을 클릭하면 전체 펼침 모드, [Collapse All]을 클릭하면 모든 패널이 닫힘 모드가 됩니다.

02 **Solo Mode** | [Solo Mode]는 한 번에 패널 하나만 보여주는 방식입니다. 가장 추천하는 방법으로 이미지 수정 작업에 좀 더 집중할 수 있게 도와줍니다.

[Solo Mode]가 적용된 패널 ▶

03 **패널 너비 조절** | 패널의 폭이 너무 작아 슬라이더를 이동하는 것이 힘들다면 패널의 너비를 조절합니다. 패널 모서리에 마우스 포인터를 가져가면⟷ 모양의 화살표가 나타납니다. 이때 왼쪽으로 드래그해 패널을 더 크게 확대할 수 있습니다.

[Navigator]가 위치한 왼쪽 패널의 왼쪽 끝에 삼각형을 클릭하면 작업 영역을 더 확대해 사용할 수 있습니다.

04 **패널 Turn On/off** | 패널 왼쪽 위에는 ▌ 모양의 버튼이 있습니다. 패널 효과를 껐다 켤 수 있는 [Turn On/Off] 기능입니다. [Basic] 패널에서 색을 수정하고 [Detail] 패널에서 선명도와 노이즈 제거 작업을 했을 때, [Detail] 패널의 효과만 잠시 제외하여 보고 싶다면 [Detail] 패널 왼쪽의 Turn On/Off▌ 기능을 사용합니다.

화면을 다양하게 확대해 보는 [Navigator] 패널

Develop 모듈에서 이미지를 확대하거나 축소하려면 Z 를 누르거나 사진을 클릭합니다. 하지만 이 기능은 사진 전체를 꽉 채워 보여주는 [FIT]과 100% 확대해 보여주는 방식밖에 사용할 수 없습니다. 왼쪽 패널 영역의 [Navigator] 패널은 이미지를 좀 더 다양한 비율로 확대해 보여줍니다.

[Navigator] 패널 오른쪽에는 비율이 있습니다. ❶ [FIT]은 전체 화면 맞춤, ❷ [FILL]은 화면에 채워 보여주고, ❸ [1:1]은 100% 확대합니다. ❹ Change Zoom Level ◆을 클릭하면 [1:16]부터 [11:1]까지 이미지를 다양한 비율로 볼 수 있습니다. 이미지가 확대된 상태에서 구석구석을 살펴보려면 [Navigator] 패널에 나타난 작은 사각형을 움직여 원하는 부분을 선택하거나 사진을 드래그하면 됩니다.

▲ 왼쪽 패널 영역의 [Navigator] 패널에서 다양한 비율로 확대, 축소가 가능합니다.

나만의 효과를 저장하는 [Presets] 패널

프리셋은 클릭 한 번으로 편리하게 수정하는 기능입니다. 하지만 이 기능에 익숙해지면 사용자의 창조적인 효과를 만들어내기 어렵습니다. 라이트룸을 공부하는 초기에는 각 패널의 효과를 다양하게 경험하고 나만의 색감을 찾아가는 노력이 필요합니다.

사용법은 너무 간단합니다. 원하는 프리셋의 효과를 미리 보고 싶다면 마우스 포인터를 프리셋 이름 위에 놓습니다. 그러면 [Navigator] 패널의 미리 보기에서 효과를 먼저 보여줍니다. 적용하려면 클릭만 하면 됩니다.

만약 여러 패널에서 사용한 효과를 프리셋으로 저장하고 싶다면 [Presets] 패널 오른쪽의 Add New Presets ➕을 클릭합니다.

[New Develop Preset] 대화상자가 나타나면 ❶ [Preset Name] 입력란에 이름을 입력하고 ❷ [Setting]에서 프리셋으로 저장하길 원하는 효과에 체크 표시한 후 ❸ [Create]를 클릭합니다. 자주 사용하는 색감이나 수정 방법을 이렇게 프리셋으로 만들어 두면 편리합니다.

[Check All]을 클릭하면 모든 [Settings] 항목이 선택되고 [Check None]을 클릭하면 모든 [Settings] 항목이 해제됩니다.

작업 내역을 기록하는 [Snapshots] 패널

[Snapshots] 패널은 스냅샷을 찍듯 가볍게 작업 내역을 기록하는 패널입니다. 이미지 수정을 진행하다 가장 멋진 색감이 나왔다면 [Snapshots] 패널 오른쪽의 ❶ Create Snapshot➕을 클릭합니다. [New Snapshot] 대화상자가 나타나면 알아보기 좋게 ❷ [Snapshot Name] 입력란에 인생 스냅샷, BEST 01 같이 마음에 드는 이름을 입력한 후 ❸ [Create]를 클릭합니다. [User Presets]과 다르게 [Snapshot]은 작업 중간 내용을 기록하는 것이지 최종 결과를 저장하는 것은 아닙니다.

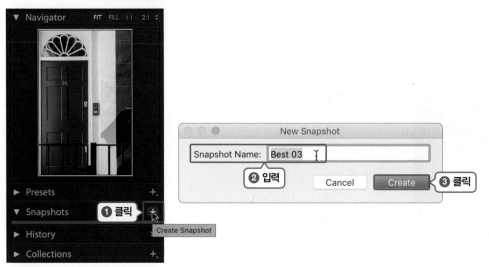

스냅샷으로 저장한 내역은 언제든지 클릭 한 번으로 불러올 수 있습니다. 작업을 진행하며 #Best 01, #Best 02과 같은 스냅샷을 저장했는데 시간이 지나 생각해보니 #Best 01의 색감이 더 좋았다면 선택하여 다시 그 상태로 돌아갈 수 있습니다.

수정의 모든 역사를 기록하는 [History] 패널

[History] 패널이 [Snapshots] 패널과 다른 점은 작업 내역 하나씩을 다 기억한다는 점입니다. [History] 패널은 내가 무엇을 했는지, 슬라이더를 얼마나 움직였는지 등 사소한 것까지 하나하나 기록합니다.

[History] 패널의 이전 작업으로 돌아가는 명령은 Ctrl + Z 를, 다음 단계의 작업 취소를 되돌리려면 Ctrl + Shift + Z 를 누르면 편리합니다.

작업하다 보면 [History] 패널에 많은 내역이 기록되는데 오른쪽에 Clear All ⊗ 을 클릭해 전체 내역을 삭제할 수 있습니다. 이 기능은 내역만 지우고 수정한 작업에는 영향을 미치지 않습니다. [History] 패널이 지저분해 보인다면 클릭합니다.

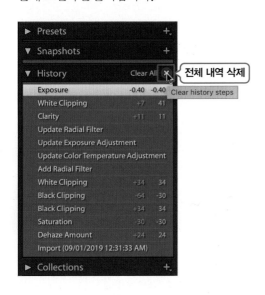

빠른 수정 내역과 복사 기능 Copy&Paste 기능

한 장소에서 비슷한 노출로 촬영한 사진이 여러 장 있을 때 한 장의 사진을 수정하고 그 수정 내역을 다른 사진에 적용하고자 합니다. 일반적으로는 [User Presets]으로 저장하면 편리하겠지만, 간단한 수정까지 모두 프리셋으로 저장하려면 조금 애매합니다.

이때 작업의 [Copy](복사), [Paste](붙여넣기) 기능을 이용하면 빠르게 수정 내역을 복사하고 붙여 넣을 수 있습니다. 한 장의 사진을 수정하고 마음에 드는 결과가 나왔다면 왼쪽 패널 아래의 [Copy]를 클릭합니다. [Copy Settings] 대화상자에서 복사하길 원하는 항목에 체크 표시하고 [Copy]를 클릭해 수정 내역을 메모리에 복사합니다.

▲ ❶ [Copy]를 클릭하면 수정 내역을 복사합니다. 방금 복사한 수정 내역을 다른 사진에 적용하고 싶다면 ❷ [Paste]를 클릭합니다.

[Copy], [Paste]는 Develop 모듈에서만 보이므로 만약 Library 모듈에서 복사하고 싶다면 ❶ 수정된 사진에서 마우스 오른쪽 버튼을 클릭하고 ❷ [Develop Settings]−[Copy Settings]을 선택합니다. 다른 사진에 수정 내역을 반영하고 싶다면 ❸ 다른 사진을 선택하고 마우스 오른쪽 버튼을 클릭한 후 ❹ [Develop Settings]−[Paste Settings]을 선택합니다. 여러 사진을 한 번에 선택하고 [Paste Settings]를 선택해 한 번에 적용할 수 있으므로 수정 시간을 절약할 수 있습니다.

이전 수정 내역을 복사해 붙여주는 Previous

비슷한 사진을 10장 정도 촬영하고 한 장, 한 장 똑같은 수정 내역을 반영하기 번거롭다면 바로 전 사진의 수정 내역을 반영해주는 [Previous] 기능을 사용합니다. 한 장의 사진을 수정하고 다음 사진으로 이동합니다. 오른쪽 패널 아래의 [Previous]를 클릭하면 바로 이전 사진의 수정 내역을 바로 복사해서 붙여 넣어줍니다. [Copy], [Paste]가 두 단계를 거친 작업이라면 [Previous]는 한 번에 적용되니 편리합니다. 그러나 이 기능은 바로 이전 단계의 수정 내역만 반영되는 점을 기억합니다.

▲ [Previous] 기능은 이전 단계의 수정 내역을 그대로 복사해 적용합니다. 이전에 [Previous]를 클릭하고 다른 작업 없이 그 다음 사진에서 [Previous]를 다시 클릭하면 동일하게 적용됩니다.

보정 전후 사진 쉽게 확인하는 Before&After 기능

보정 전후를 확인하고 싶다면 ❶ Y를 누릅니다. [Before&After : Left&Right] 보기가 활성화되고 사진을 비교해줄 것입니다. ❷ Alt +Y는 [Before&After : Top&Bottom] 보기로 위아래로 보정 전후 사진을 비교해 줍니다. ❸ Shift +Y는 [Before&After : Split Screen] 보기로 화면을 분할해 보여줍니다. D를 누르면 Develop 모듈로 돌아옵니다. 이 보기 모드는 [View]-[Before]-[After] 메뉴에서도 선택할 수 있습니다.

▲ [Before&After : Left&Right] 보기

▲ [Before&After : Top&Bottom] 보기

▲ [Before&After : Split Screen]

사진을 복제해 수정하는 Virtual Copy 기능

한 장의 사진에 다양한 수정 방법을 사용한 후 비교해보고 싶다면 [Virtual Copy]를 사용합니다. Virtual Copy는 말 그대로 '가상의 복사본'을 만드는 방법입니다. 이 기능은 원본 파일과 연결해주는 섬네일만 복제하기 때문에 실제 파일이 추가되는 것은 아닙니다. 가상의 복제본을 사용하니 여러 장을 복제하거나 마음껏 수정해도 좋고, 마음에 들지 않으면 지워버려도 무방합니다.

사진에서 ❶ 마우스 오른쪽 버튼을 클릭하고 ❷ [Create Virtual Copy]를 선택해도 되고 Ctrl + ' 를 눌러
도 됩니다. 복제된 사진은 Library 모듈의 [Grid] 뷰로 비교해 볼 수 있습니다. 원본 사진의 섬네일 왼쪽 상
단에 몇 장이 복제되었는지 숫자로 표시해줍니다.

[Virtual Copy]로 생성된 사진은 사진 왼쪽 아래에 사진이 접힌 듯한 표시가 생깁니다. 복제된 사진은 지워
도 괜찮지만 원본 사진을 지우면 복제본까지 전부 삭제되니 조심합니다.

여러 장을 복제해 복잡해 보인다면 사진을 잠시 모아두는(그룹화) 기능인 [Stacking]을 사용하면 편리합니다. 여러 사진을 선택하고
Ctrl + G 를 누릅니다. 해제하려면 Stacking된 사진 그룹을 선택한 후 Shift + Ctrl + G 를 누릅니다.

스마트폰에 기본으로 장착된 카메라의 성능이 발전하며 실생활에서는

디지털카메라보다 스마트폰을 더 자주 사용합니다.

하지만 스마트폰 카메라의 기본 촬영 기능으로 성능을 100% 활용하기는 힘듭니다.

또 스마트폰의 다양한 사진 보정 앱은 화려한 효과 때문에

자신의 의도를 담기 힘들고 원본을 유지하고 관리하는 어려움이 있습니다.

이때 모바일 라이트룸을 활용해 촬영하고 보정하면

발전한 스마트폰 카메라의 성능을 마음껏 누리는 것은 물론

원본을 유지한 상태에서 효율적으로 사진을 관리할 수도 있습니다.

또한 어도비 포토그래피 플랜 사용자라면

스마트폰에서 촬영한 사진을 크리에이티브 클라우드를 통해

PC로 바로 공유하여 편집할 수 있습니다.

CHAPTER 03

모바일 라이트룸
활용하기

모바일 사진 편집을 위한
모바일 라이트룸

모바일 카메라의 진화와 사진 플랫폼의 변화

최근 각 제조사의 DSLR 판매가 저조한 이유는 기기의 성능이 한계에 도달했다거나 사람들이 더 이상 사진을 즐기지 않아서가 아닙니다. 사진 촬영을 즐기는 인구는 급속도로 늘었지만 점점 더 편리하고 빠른 기기를 선호하게 되었습니다. 이런 현상의 이면에는 스마트폰 카메라의 진화와 사진을 감상하는 플랫폼의 변화가 있습니다.

디지털카메라 이전에는 사진을 현상하지 않으면 실제 모습을 볼 수 없었습니다. 그리고 누군가에게 사진을 보여주려면 앨범을 만들거나 갤러리에 전시해야만 제대로 감상할 수 있었습니다. 하지만 디지털카메라는 촬영 후 바로 결과물을 공유할 수 있습니다. 또한 인스타그램, 페이스북, 블로그 등 인터넷 SNS 플랫폼에 자신의 사진을 전시하고 사람들과 소통할 수 있습니다. 앨범이나 액자를 만드는 비용 부담도, 사진관에 가서 현상하는 시간적 부담도 없습니다. 그리고 스마트폰 카메라의 발전으로 이런 현상은 더욱 가속화되었습니다.

시대와 플랫폼의 변화가 사진을 전문적으로 촬영하는 사람에겐 반갑지 않은 일일지도 모르지만, 모바일 기기가 발전할수록 이런 현상은 가속화될 것입니다.

▲ 2014년 캐나다 옐로나이프에서 LG G Pro2를 이용해 모바일 기기 최초로 오로라를 담는 프로젝트에 참여했습니다.

모바일 기기를 만드는 회사도 이런 현상을 잘 인지하고 있어서 스마트폰 카메라의 성능을 극대화하려고 합니다. 필자 역시 국내외 모바일 기기 회사들과 카메라 성능 테스트 및 샘플 이미지 작업에 참여했습니다. 최근 몇몇 기기를 테스트하면서 놀란 것은 스마트폰 카메라는 이제 인공지능 기술을 도입하여 사진 촬영 때 사용자의 느낌이나 감성을 읽어 내려고 한다는 것입니다.

예를 들어, 역광에서 인물을 촬영할 때 얼굴이 좀 밝게 나왔으면 좋겠다는 사용자의 의도를 읽고, HDR, 노출 제어를 자동으로 처리하여 역광에서 인물의 얼굴이 어둡게 표현되지 않도록 촬영하는 것입니다. 물론 카메라에 접목된 인공지능 기술은 아직 시작 단계라 그 결과물이 완벽하다고 할 수는 없지만 점점 진보할 것입니다.

▲ 2018년 LG G6+로 직접 취재하고 촬영해 지면에 인쇄하는 프로젝트에 참여했습니다.

하지만 스마트폰의 카메라 기술이 아무리 발전하고 인공지능이 사진을 대신 촬영해주는 시대가 와도 인간이 해야만 하는 작업은 사진 보정이라고 생각합니다. 물론 프리셋으로 사진을 한 번에 보정할 수 있지만 나의 느낌, 감정, 색감 등 내 감성을 사진 속에 담는 일은 본인 스스로 해야 합니다.

앱스토어나 플레이스토어의 전 세계 인기 다운로드 목록에는 항상 사진 편집 앱 상위권에 있습니다. 사실 이런저런 앱을 받아 사용해봤겠지만, 대부분 컬러나 톤을 인위적으로 만들고 뒤틀어서 독특한 느낌을 내는 것이 대부분입니다. 우리는 이미지를 너무 과하게 수정하면 이미지에 손상을 가하고 그것이 상업적으로 사용 가능한 결과물이 될 수 없다는 것을 잘 알고 있습니다. 모바일 기기로 웹이나 SNS에서 언뜻 보면 좋지만 인화나 보관용으로 사용하기에는 무리가 있습니다.

너무 쉽고 빠른 수단만 추구하다 보면 잃는 것이 있습니다. 바로 결과물의 신뢰성을 보장할 수 없다는 점입니다. 사진은 촬영도, 보여주는 것도 중요하지만 원본을 한 컷의 필름처럼 소중히 다루고 쓸만한 결과를 도출하는 것도 중요합니다. 그것이 스마트폰 카메라로 촬영한 사진일지라도 사진 한 장, 한 장을 소중히 여긴다면 말입니다.

여러 모비일용 이미지 편집 앱을 사용해봤지만 쓸만한 결과를 도출하려면 모바일 라이트룸이 제격입니다. 이미 라이트룸의 인터페이스나 조작에 익숙해졌거나 무료로 사용할 수 있다는 점도 있겠지만, 이미지의 해상도를 유지하면서 제대로 된 결과로 저장할 수 있기 때문입니다.

결정적으로 가장 큰 장점은 촬영한 사진을 JPG가 아닌 DNG(RAW 파일 형식) 파일 형식으로 저장하고 보정한다는 점입니다. 당연한 이야기지만 모바일 라이트룸에서 촬영한 사진은 모바일 라이트룸에서 편집해야 더 좋은 결과를 만들 수 있습니다.

스마트폰 카메라의 성능 테스트에서 촬영한 사진을 인쇄하는 작업 역시 모바일 라이트룸으로 촬영하고 결과물을 전달했습니다. DSLR이나 미러리스 카메라 이상의 결과물을 만들 수 있어 모두 만족했던 프로젝트였습니다. 최근 스마트폰 카메라가 1,200~2,000만 화소인 것을 감안하면 지면 한 면에 크게 인쇄해도 충분한 품질을 보장합니다.

누구나 무료로 사용하는 모바일 라이트룸 설치하기

모바일 라이트룸 버전은 애플의 앱스토어, 안드로이드는 구글플레이에서 무료로 다운로드할 수 있습니다. 최초로 사용할 때는 로그인해야 합니다. 포토그래피 플랜 사용자라면 로그인 후 모바일 라이트룸의 모든 기능을 이용할 수 있습니다. 만약 무료로 사용하기 위해 아이디만 만들었다면 일부 기능을 사용하지 못합니다. 로그인에 성공하면 다음과 같은 화면을 볼 수 있습니다.

▲ 앱스토어의 모바일 라이트룸   ▲ 로그인 화면

모바일 라이트룸 카메라를 이용하여 촬영하기

모바일 라이트룸에서는 스마트폰의 카메라를 이용해 직접 사진을 촬영할 수 있습니다. 스마트폰의 기본 카메라 기능에 충실하면서 다양한 촬영 모드도 지원합니다. 파일 형식은 RAW 파일의 일종인 DNG가 기본으로 지정되어 있으며 노출을 간단히 조정할 수 있는 것이 장점입니다.

01 화면 오른쪽 아래의 촬영 🔘 을 터치하면 모바일 라이트룸의 카메라 모드로 들어갑니다.

02 촬영 모드에서는 자동, 전문가, HDR 모드를 지원합니다. 촬영 버튼 왼쪽에서 선택할 수 있습니다. 자동 모드는 일반 스마트폰의 카메라 촬영과 비슷하게 셔터만 터치해 촬영할 수 있습니다. 노출은 자동으로 보정됩니다. 전문가 모드는 ❶ 노출, ❷ 셔터 속도, ❸ 감도, ❹ 화이트 밸런스, ❺ 초점을 수동으로 조정할 수 있습니다. ❻ 플래시 촬영 여부는 왼쪽 상단의 플래시를 터치해 선택합니다.

가운데 위에는 [DNG]라고 표시되어 있으며, 사진을 저장할 파일 형식(포맷)을 의미합니다. 터치하여 [JPG]로 바꿀 수 있습니다. 하지만 사진의 원본 데이터를 저장하는 측면에서는 [DNG] 파일 형식 저장을 추천합니다.

03 HDR 모드는 역광 촬영에 사용하면 좋습니다. 한 장면을 여러 노출로 촬영한 후 자동으로 합쳐 디테일을 확보합니다. 사진 촬영 모드를 종료하면 좌측 상단의 나가기를 터치합니다.

필자가 가장 즐겨 사용하는 모드는 HDR과 자동 모드입니다. 전문가 모드의 여러 옵션이 있지만 화면을 터치해 노출만 조정하면 촬영하기 편하기 때문입니다. 스마트폰 촬영은 광학 줌도 불가능하고, 특별히 수동으로 조작하여 촬영할 필요도 없습니다. 초점과 노출만 확인한 후 간단하게 촬영하는 것이 오히려 더 좋은 결과를 만듭니다.

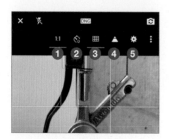

04 화면 오른쪽 상단의 █를 터치하면 촬영할 때 사용할 수 있는 여러 옵션을 설정할 수 있습니다. 왼쪽부터 ① 사진 비율, ② 셀프 타이머, ③ 격자 및 레벨, ④ 하이라이트 경고 표시, ⑤ 기타 설정입니다. 설정은 꼭 필요하지 않다면 특별하게 조정할 필요는 없습니다.

▲ 타이머

▲ 격자 및 레벨(그리드)

▲ 그리드 적용된 화면

▲ 기타 설정

하이라이트 경고를 활성화하면 제브라 패턴(Zebra Patterning)이 표시됩니다. 화면에서 거의 하얀색으로 나타나는 밝은 부분에 얼룩말 무늬가 나타납니다.

모바일 라이트룸을 이용하여 수정하기

라이트룸에서 촬영한 사진은 라이트룸 라이브러리에서 확인할 수 있습니다. DNG 파일로 촬영했기 때문에 스마트폰 기본 라이브러리나 사진 앱에서는 보이지 않을 수도 있습니다. 따라서 라이트룸에서 편집한 후 내보내기 기능을 이용합니다.

> DNG 파일은 스마트폰의 JPG 파일보다 파일 용량이 큰 편이고, 편집한 사진을 내보내는 시간은 제법 걸립니다. 간단한 스냅 사진이라면 스마트폰의 촬영 기능을 이용해 촬영한 후 필요한 사진만 모바일 라이트룸으로 수정하는 것도 방법입니다.

라이브러리에서 사진을 선택하면 바로 편집 모드로 들어갑니다. 화면 아래의 도구바에는 편집 관련 도구가 있습니다. 각 설정과 사용법은 컴퓨터용 라이트룸과 동일하게 구현되니 어려울 것은 없습니다. 여기서는 촬영한 사진을 가지고 간단하게 영역을 선택해 보정하고, 크롭과 디테일을 변경하는 방법에 대해 알아보겠습니다.

간단 실습 📷 영역 선택하고 선택한 부분만 보정하기

01 사진 편집 모드에서 ❶ [영역 선택]을 터치합니다. ❷ [+]를 터치한 후 보정 브러시(Adjustments Brush) 기능을 선택합니다. 모바일 라이트룸의 영역 선택도 Graduated Filter, Radial Filter, Adjustments Brush가 '선택 편집'으로 동일하게 제공됩니다. ❸ 왼쪽에 나타난 브러시 옵션에서 ⬤을 선택합니다.

[Adjustments Brush]를 선택하면 왼쪽에는 브러시의 여러 옵션이 나타납니다. ◐, ◑, ⬤은 각각 약한 마스킹, 보통 마스킹, 강한 마스킹입니다. 🗑는 현재 마스킹 영역을 삭제합니다. 화면에서 마스킹 영역을 선택하면 마스킹 브러시🖌와 마스킹 지우개✎가 활성화됩니다. 브러시 선택 상태에서 화면을 위아래로 밀어 플로우와 페더를 조절할 수 있습니다.

02 ❶ 화면을 두 손가락으로 벌리고 좁혀 줌인, 줌아웃하면서 브러시로 강아지를 정교하게 칠해보겠습니다. 화면에 붉은 색으로 나타난 곳이 마스킹된 영역입니다. ❷ 마스킹 영역을 설정한 후 밝기, 색상, 효과, 세부 정보 등의 기능을 사용해 원하는 방식으로 사진을 수정하면 됩니다.

모바일 라이트룸도 라이트룸 클래식 CC의 보정과 동일하지만, 인터페이스도 다르고 각 효과가 한글로 번역되어 있어 조금 익숙하지 않을 수 있습니다. 하지만 시험 삼아 여러 사진을 수정해본다면 모바일 라이트룸도 어렵지 않게 적응할 수 있습니다.

03 ❶ 부분 수정이 끝나면 오른쪽 아래의 ☑을 터치해 효과를 적용합니다. 모바일 라이트룸도 마찬가지로 부분 수정이 끝난 후 ❷ 크롭(도형) 및 ❸ 선명도(세부 정보)를 조절합니다.

04 화면 상단의 ❶ ⬆를 터치하면 사진을 저장할 수 있는 옵션이 나타납니다. 수정된 파일은 컴퓨터에서 편집한 것과 동일한 품질의 이미지로 저장할 수 있습니다. ❷ [카메라 롤에 저장]을 터치하면 [이미지 크기] 가 나타납니다. ❸ [최대 사용 가능]을 터치하면 원본 품질의 해상도를 유지하면서 스마트폰의 카메라 롤에 편집된 사진 파일을 저장합니다.

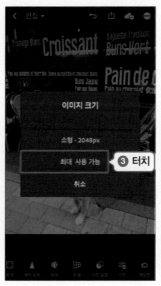

05 보정 전, 후 결과입니다. 라이트룸 모바일에서 직접 사진을 촬영하고 보정한 것만으로도 사진의 대략적인 느낌을 자신의 의도에 맞게 수정할 수 있습니다.

▲ @정자동, 성남시 | 아이폰 8 | 조리개 1.8 | 셔터 1/120초 | ISO 40 | 모바일 라이트룸 촬영 후 편집

라이트룸 CC로 모바일 라이트룸과 연결하기

라이트룸 CC와 라이트룸 클래식 CC의 다른 점 및 클라우드 스토리지 동기화

어도비 포토그래피 플랜을 구독한 후 라이트룸을 설치하면 두 개의 라이트룸이 설치됩니다. 하나는 라이트룸 CC, 다른 하나는 라이트룸 클래식 CC입니다. 라이트룸 CC는 클라우드 기반이고, 라이트룸 클래식 CC는 이 책의 전반에서 다루고 있는 전통적인 형태의 라이트룸입니다.

라이트룸 CC는 앞선 LESSON에서 다룬 모바일 라이트룸의 컴퓨터용 버전이라 생각하면 됩니다. 두 프로그램은 거의 같은 기능을 가지고 있으나 PC 버전의 라이트룸 CC는 아무래도 큰 화면을 사용하니 보기에 좋고 편집하기도 수월합니다.

▲ 라이트룸은 라이트룸 CC와 라이트룸 클래식 CC의 두 가지 버전으로 제공됩니다.

라이트룸이 두 가지 버전인 이유는 사진을 다양한 플랫폼에서 다루기 때문입니다. 예를 들어, 아이폰에서 촬영한 사진을 컴퓨터에서 편집하려면 기기를 컴퓨터에 연결하고 복사해서 옮기는 번거로운 과정을 거쳐야 합니다. 대량의 사진을 촬영한 후 OK 컷을 골라 편집하는 디지털카메라 작업과는 양상이 다릅니다.

하지만 모바일 라이트룸과 라이트룸 CC를 동시에 사용하면 클라우드 스토리지를 이용해 모바일 기기와 컴퓨디에서 사진과 수정 내역을 서로 공유합니다. 따라서 모바일 라이트룸에서 촬영하고 보정한 사진을 컴퓨터의 라이트룸 CC에서 열어 보면 똑같이 보이는 것입니다. 어도비는 포토그래피 플랜을 사용하는 사용자에겐 약 20GB의 저장 공간이 제공됩니다.

라이트룸 CC를 활용하여 스마트폰 사진을 컴퓨터에서 편집하기

01 모바일 라이트룸에서 촬영한 사진은 클라우드로 동기화해야 컴퓨터에서도 동일하게 사진과 작업 내역을 확인할 수 있습니다. ❶ 모바일 라이트룸 상단의 ☁을 터치하면 동기화 과정을 볼 수 있습니다. 만약 클라우드 기반으로 사용하지 않고 동기화를 하지 않으려면 ❷ [동기화 일시 정지]를 터치해 동기화를 중지합니다. ❸ ⚙을 클릭하면 클라우드 스토리지 및 동기화에 대한 설정을 선택할 수 있습니다.

설정에서 [셀룰러 데이터 사용]이 파란색으로 활성화되면 셀룰러 데이터(모바일 데이터)를 사용해 사진을 동기화합니다. 사진은 용량도 꽤 크고, 작업 내역이 실시간으로 반영되어 동기화되니 가급적 와이파이가 연결된 환경이나, 연결되었을 때만 동기화하는 것이 좋습니다. 보통은 비활성화합니다.

02 모바일 라이트룸에서 동기화된 사진은 라이트룸 CC에서 동일하게 보입니다. 한 장의 사진을 더블클릭해 선택합니다.

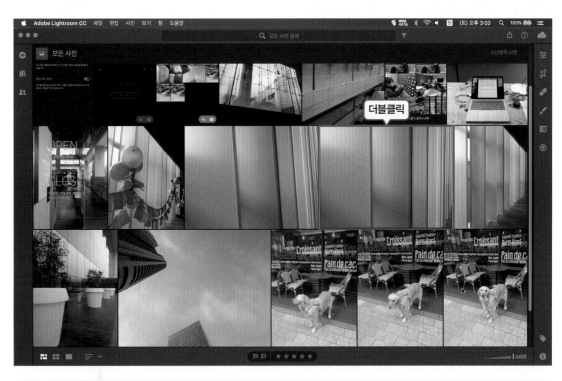

어도비 포토그래피 플랜을 사용하는 계정에서 모바일 라이트룸으로 촬영한 후 클라우드 스토리지에 저장한 사진이 없다면 라이트룸 CC에서도 나타나지 않습니다. 모바일 라이트룸에서 사진을 촬영하거나 옮겨온 후 작업을 진행합니다.

03 편집███ E 을 클릭합니다. 여기서 사진의 전체적인 보정 작업을 진행합니다. 기본적인 보정 기능이 구현되는 것과 슬라이더를 이용한다는 점까지 라이트룸 CC, 모바일 라이트룸, 라이트룸 클래식 CC 세 가지 모두 동일합니다.

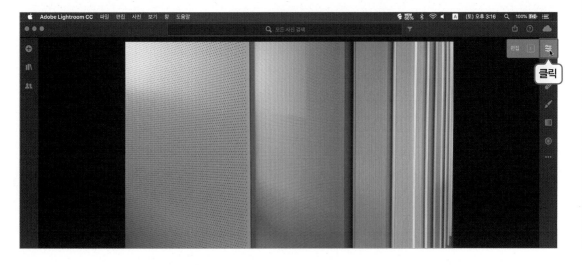

04 [빛] 항목에서는 노출, 대비, 밝은 영역과 어두운 영역, 흰색 계열, 검정 계열 등을 조절할 수 있습니다.

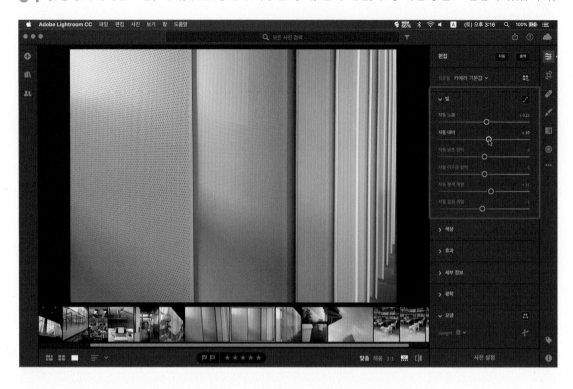

05 [색상] 항목에서는 색온도, 색조, 생동감, 채도 등을 조절할 수 있습니다.

06 [효과] 항목에서는 부분 대비, 디헤이즈, 비네팅, 그레인 등을 조절할 수 있습니다.

07 [세부 정보] 항목에서는 선명도, 노이즈, 색상 노이즈를 조절할 수 있습니다.

08 [광학] 항목에서는 색수차 제거, 렌즈 교정 등을 사용할 수 있습니다.

09 [모양] 항목은 라이트룸 클래식 CC의 [Transform] 패널과 비슷한 역할을 합니다. 이 사진은 [Upright]를 [수직]으로 설정하여 수직 왜곡을 교정했습니다.

10 ➊ 자르기 및 회전 ⬚ C 기능을 클릭하고 ➋ [종횡비]를 [1:1] 비율로 크롭했습니다. 수정이 끝난 사진은 ➌ 우측 상단의 ⬆를 클릭해 컴퓨터에 사진을 저장할 수 있습니다.

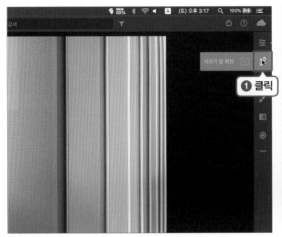 

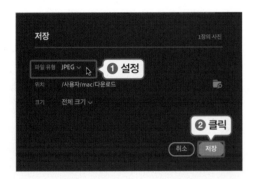

11 ➊ [저장]에서 파일 유형은 [JPEG]와 [원본+설정] 중에서 선택할 수 있습니다. [원본+설정]을 선택하면 DNG 파일과 JPG 파일을 동시에 저장합니다. ➋ [저장]을 클릭하면 사진이 저장됩니다.

🔍 **기능 꼼꼼 익히기** ▎ **라이트룸 CC의 클라우드 동기화 확인하기**

컴퓨터에 사진을 저장하지 않더라도 작업 내역은 클라우드 스토리지에 자동으로 동기화되며 라이트룸에도 그대로 반영됩니다. 우측 상단의 클라우드 아이콘이 ☁ 모양이면 현재 동기화가 진행 중이라는 의미입니다. 아이콘을 클릭하면 현재 동기화 상태와 클라우드 스토리지 사용량을 확인할 수 있습니다.

앞서 라이트룸의 핵심인 Library와 Develop 모듈에 대해 자세히 알아봤습니다.

이 책의 많은 부분을 두 모듈의 설명에 할애한 것은 라이트룸의 기본을

튼튼히 익히기 위해서입니다.

이미지 수정은 단순히 몇 가지 슬라이더의 조작으로

끝나지 않는 경우가 많습니다.

노출을 밝게 조정한 후 노이즈를 없앨 때가 있고,

선명도나 콘트라스트를 같이 조절하고 왜곡을 올바로 잡아야 할 때가 있습니다.

촬영한 사진을 관찰하고 Develop의 많은 기능을

유기적으로 연결하여 작업했을 때 한 장의 사진이 만들어집니다.

라이트룸에서는 각 요소의 관계를 잘 파악하고

필요한 사항을 그때그때 적절히 사용할 수 있어야 합니다.

이번 PART에서는 앞에서 배운 각 사진의 수정 방법을 이용해

각 요소들의 관계를 알아보며 수정 작업을 진행해보겠습니다.

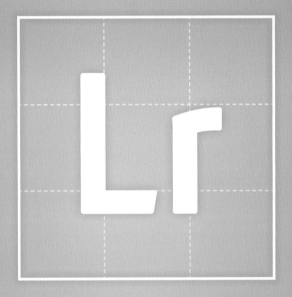

PART 02

더 좋은 사진을 만드는
라이트룸 CC 활용편

이번 CHAPTER에서는 인물, 여행, 풍경, 음식 사진 등
일상에서 만날 수 있는 다양한 상황의 예제 사진을 수정하고
매력적인 이미지로 만드는 방법에 대해 알아보겠습니다.
모든 예제 실습은 따라 하기 방식으로 진행되며
자세한 기능 설명 대신 왜 그것을 써야 하는지에 대해 설명합니다.
이 CHAPTER를 공부하기 전에 Library, Develop 모듈의 사용법을
제대로 익히지 않았다면 어렵게 느껴질 것입니다.
만약 막히는 부분이 있다면 기본편에서
다시 원리를 파악하고 따라 해보는 것을 추천합니다.
무엇보다 각 기능은 꼭 반복해서 숙달하는 것이 중요합니다.
많이 연습하고 따라 하다 보면
어느새 자신만의 수정 방식을 개발하게 될 것입니다.

CHAPTER 01

사진 장르별로 알아보는
라이트룸 레시피

풍경 사진 1 : 쨍하고 아름다운 풍경 사진 만들기

태양의 디테일을 살리고 각 부분 강조하기

완성 파일 활용편/CHAPTER01/01_결과.jpg

이 예제를 따라 하면

좋은 빛의 조건이 갖춰진 파란 하늘 아래에서 아무리 좋은 장비로 촬영해도 원본 RAW 파일을 불러오면 실제보다 뿌옇고 탁한 느낌이 듭니다. 그 이유는 RAW 파일의 속성이 전혀 수정되지 않은 날것의 이미지이기 때문입니다. 사진 수정은 촬영자가 보고 느꼈던 풍경 속의 감정을 대입하는 과정입니다. 촬영 당시의 쨍한 느낌과 원경의 디테일을 잘 살린 아름다운 풍경 사진으로 수정해보겠습니다.

준비 파일 활용편/CHAPTER01/01.dng

ⓘ @성산일출봉, 제주도 | 18mm | 조리개 9 | 셔터 1/320초 | ISO 100

01 예제 파일을 불러온 후 Develop 모듈에서 작업합니다. 라이트룸으로 사진을 불러오면 기본적으로 [Basic] 패널의 [Profile]이 [Adobe Color]로 선택되어 있습니다. [Profile]을 변환하는 것만으로도 원본의 채도와 콘트라스트가 살아납니다.

02 [Profile]에서 [Adobe Landscape](풍경)를 선택합니다. 물론 이 설정이 마음에 들지 않는다면 [Browse]를 선택해 다른 프로파일을 적용해도 좋습니다.

03 예제 사진은 소니의 a7R III 미러리스 카메라로 촬영했습니다. 해당 기종의 RAW 파일은 관용도(노출 허용 범위)가 좋은 편이어서 태양의 디테일도 조금은 살릴 수 있습니다. ❶ Radial Filter◯를 클릭한 후 ❷ [Highlights]는 -100로 설정합니다. ❸ [Invert]에 체크 표시한 후 ❹ 태양과 빛이 비치는 주변에 크게 원을 그려 원 안의 밝은 노출을 줄입니다.

04 사진을 감상할 때는 어두운 곳보다 밝은 곳을 먼저 보게 되어 있습니다. 아무래도 왼쪽의 노출이 지나치게 밝으면 시선을 왼쪽에만 뺏기기 때문에 노출을 오른쪽 풍경과 비슷하게 맞춘 것입니다.

Radial Filter와 Graduated Filter는 클릭한 곳이 중심이 되고 드래그하는 범위에 따라 영역이 설정됩니다.

05 하늘의 파란색을 더 진하게 만들어보겠습니다. ❶ Graduated Filter▨를 클릭합니다. ❷ [Temp]는 -28, ❸ [Exposure]는 -0.66으로 설정합니다. ❹ 사진의 위에서 아래로 드래그해 Graduated Filter를 적용합니다.

Shift 를 누른 상태에서 드래그하면 수평을 정확히 맞출 수 있습니다.

06 구름에도 파란색이 강조됩니다. ❶ [Range Mask]를 [Color]로 변경한 후 ❷ ▨를 클릭합니다. ❸ 하늘의 파란색 부분에 각기 다른 네 개의 포인트를 클릭합니다. [Amount] 슬라이더를 조정하면 구름 부분의 파란색을 제거할 수 있습니다. ❹ 예제에서는 [Amount]를 62로 설정했습니다.

07 ❶ [Mask]-[New]를 클릭해 새로운 [Graduated Filter]를 생성합니다. ❷ [Shadows]는 **35**, ❸ [Clarity]는 **20**, [Sharpness]는 **20**으로 설정한 후 ❹ 사진의 가운데 부분에서 위로 드래그해줍니다. 사진 하단의 콘트라스트 및 선명도를 살리는 작업입니다. 원경의 디테일이 살아납니다.

풍경 사진 2 : 강렬한 인상을 주는 흑백 풍경 사진 만들기

흑백 사진의 그러데이션과 톤을 조절하고 인화된 사진 느낌 추가하기

완성 파일 활용편/CHAPTER01/02_결과.jpg

이 예제를 따라 하면

단순한 흑백 사진도 그 속에는 무수한 톤이 있습니다. 또 어떤 풍경은 흑백으로 표현했을 때 그 아름다움과 존재감이 살아나기도 합니다. 뉴질랜드 코에코헤 해변의 모에라키 바위를 봤을 때 그런 느낌이 들었습니다. 약 6,500만 년 전, 자연적으로 형성된 방해석의 결정체인 모에라키 바위에서 느껴지는 시간의 아우라가 주는 강렬한 인상을 흑백 풍경 사진으로 만들어보겠습니다.

준비 파일 활용편/CHAPTER01/02.dng

ⓘ @코에코헤 해변, 뉴질랜드 | 22mm | 조리개 16 | 셔터 30초 | ISO 100 | ND 400 필터

라이트룸의 프로파일 프리셋 패널은 사진 수정에 대한 영감을 불러 일으키기도 합니다. 브라우저에서 보이는 섬네일을 하나하나 클릭하면 호감이 가는 컬러나 톤에 대해 새롭게 깨닫기도 합니다. 예제 사진은 [B&W 10](흑백10) 프로파일을 적용해서 흑백 사진을 제작해보겠습니다.

01 ❶ [Basic] 패널에서 [Profile]을 클릭하고 [Browse]를 선택합니다. [Profile Browser] 패널이 나타나면 ❷ [B&W]-[B&W 10]을 선택합니다. 사진의 전체적인 색감이 흑백으로 바뀝니다. ❸ [Close]를 클릭합니다.

사진 수정의 시작은 사진에 있는 문제를 발견하고 해결하는 것입니다. 보통 사진 속의 먼지, 틀어진 수평, 하이라이트 클리핑 현상을 수정하면 전체적인 이미지를 보정하는 것이 수월해집니다.

02 화면 오른쪽 상단에 나타난 하이라이트 클리핑 현상을 바로잡겠습니다. ❶ Radial Filter◯를 클릭하고 ❷ [Invert]에 체크 표시합니다. ❸ [highlights]는 **-100**으로 ❹ [Whites]는 **-39**로 설정합니다. ❺ 사진에서 클리핑 현상이 나타나는 오른쪽 상단 하늘 부분에 드래그해 영역을 지정합니다.

하이라이트, 쉐도우 클리핑 현상은 Develop 모듈에서 Ｊ를 눌러 동시에 확인할 수 있습니다.

03 ❶ [Range Mask]를 [Luminance]로 선택합니다. ❷ Luminance Range Mask⚡가 나타나면 클릭합니다. ❸ 하늘의 클리핑이 나타난 부분을 선택해 전체적인 톤을 주변과 비슷하게 맞춰줍니다.

04 ❶ Graduated Filter▣를 클릭합니다. ❷ [Clarity]와 [Sharpness] 항목을 각각 **100**으로 설정해 선명도를 증가시키겠습니다. ❸ 수변 지역에 사선으로 필터가 적용되도록 드래그합니다. ❹ 필요에 따라 [Contrast], [Shadows], [Blacks] 등 톤을 조절할 수 있는 부분도 입맛에 맞게 조절합니다. 예제에서는 각각 **30, 43, 15**로 설정했습니다.

05 ❶ 중간의 바위는 짙은 톤이므로 주변의 바다를 밝은 톤으로 만들면 바위가 더 돋보이게 됩니다. ❷ Radial Filter◯를 클릭한 후 [Highlights], [Whites]를 각각 **100**으로 설정합니다. ❸ 바다 부분의 톤을 밝게 만들도록 영역을 드래그해 지정합니다. 밝은 영역의 노출을 더 밝게 만들었습니다.

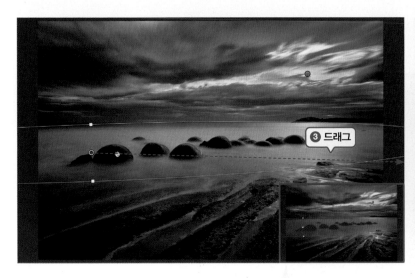

Radial Filter◯를 회전하려면 먼저 삽입한 후 상하좌우의 핸들 가까이에서 회전 마우스 포인터로 변할 때 드래그합니다.

06 바다와 대비를 살려 바위가 가진 존재감을 더 돋보이게 만들겠습니다. ❶ Adjustments Brush 를 클릭하고 ❷ 바위 부분을 브러시로 지정합니다. ❸ [Shadows]는 27, ❹ [Clarity] 25, ❺ [Sharpness]는 53으로 각각 설정합니다. 바위 부분의 선명도와 노출이 증가합니다.

📷 **Grain을 추가해 흑백 은염 사진의 느낌으로 수정하기**

07 [Effects] 패널에서 [Grain] 효과를 추가하여 흑백 은염 사진 느낌으로 수정해보겠습니다. 예제에서는 [Amount]는 30, [Size]는 10, [Roughness]는 70으로 각각 설정했습니다. Grain 효과는 사진을 100% 확대해 노이즈 질감을 파악하며 슬라이더를 조정하면 좋습니다.

은염 사진은 사진의 감광 재료로 은을 사용하는 사진입니다. 고전적인 인화 방법으로 인쇄가 아닌 인화한 사진이라고 생각하면 편합니다.

08 최종적은 톤은 [Tone Curve] 패널에서 정리합니다. 전체 사진의 중간 톤을 좀 더 살리기 위해 [RGB] 채널의 톤 커브의 중간이 위로 더 올라간 그래프로 설정했습니다.

풍경 사진 3 : 고화질의 파노라마 풍경 사진 만들기

디테일이 살아 있는 고해상도의 파노라마 풍경 사진 만들기

완성 파일 활용편/CHAPTER01/03_결과.jpg

이 예제를 따라 하면

광활한 풍경을 한눈에 담는 파노라마 사진을 제작하기 위해 보통 여러 장을 촬영합니다. 이때 여러 장의 사진도 한순간에 촬영한 것처럼 노출, 초점, 컬러 등이 일치해야 합니다. 파노라마 촬영은 삼각대에 카메라를 고정해 수평을 맞춘 상태에서 진행합니다. 노출을 측정해 조리개를 설정한 뒤 선명하게 표현하고자 하는 지점에 초점을 한 번 맞추고 MF(수동 초점) 상태로 카메라를 돌려가며 여러 장 촬영합니다. 이렇게 촬영한 파노라마 사진을 라이트룸에서 하나의 사진으로 합성한 후 보정하는 방법에 대해 알아보겠습니다.

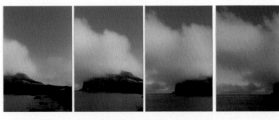

준비 파일 활용편/CHAPTER01/03_01~03_04.dng

ℹ️ @제주도 | 35mm | 조리개 13 | 셔터 1/100초 | ISO 100 | 세로 파노라마 촬영

파노라마 사진은 RAW 파일로 촬영해야 화질을 극대화하고 미세한 노출 보정과 하이라이트 복구에 유리합니다. 또한 각 화면의 폭을 약 20~30% 정도 겹쳐서 촬영해야 라이트룸이 제대로 인식할 수 있습니다. 예제 사진은 화각 35mm의 렌즈를 이용해 세로 구도로 촬영했습니다. 각각의 사진을 세로로 촬영한 이유는 사진의 가로 해상도가 훨씬 더 커서 고화질의 사진을 얻을 수 있기 때문입니다.

01 파노라마 사진을 만들기 위해 촬영한 사진을 라이트룸의 Library 모듈로 모두 불러옵니다. 파노라마로 만들 사진을 모두 선택합니다.

02 [Photo]−[Photo Merge]−[Panorama] 메뉴를 선택합니다.

03 이렇게 만들어진 파노라마는 프리뷰를 통해 옵션을 설정할 수 있습니다. 라이트룸의 파노라마 제작 옵션은 [Spherical](구형), [Cylindrical](원통형), [Perspective](원근) 중 하나를 선택할 수 있습니다. 각 버튼을 클릭해 미리 볼 수 있지만 대부분 [Spherical]로 선택하는 것이 좋은 결과를 만들어줍니다. 만약 제 작한 파노라마 사진이 이상하게 보인다면 이 세 가지 옵션 중 가장 적합한 방식을 선택합니다. 예제 사진은 [Spherical]로 선택했습니다.

▲ [Cylindrical]로 선택한 경우

▲ [Perspective]로 선택한 경우

04 ❶ [Auto Crop]에 체크 표시하면 자동으로 불필요한 테두리를 크롭합니다. ❷ [Boundary Warp](경계 변형) 슬라이더를 조정하면 광각 렌즈의 왜곡으로 발생한 사진의 휘어짐을 보정해줍니다. [Auto Crop]과 [Boundary Warp]는 이미지를 확인하면서 적용합니다. 이 사진은 오히려 [Auto Crop] 체크 표시를 끄고 [Boundary Warp]을 100으로 설정하니 결과가 더 좋습니다. ❸ [Merge]를 클릭합니다.

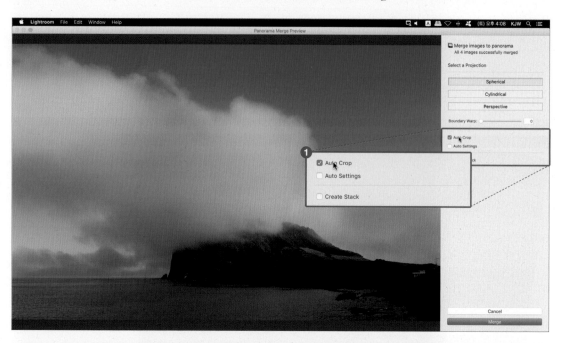

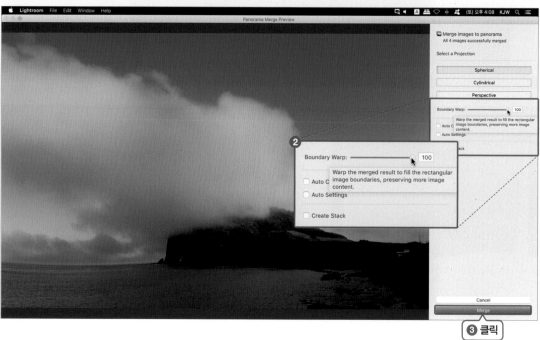

05 이렇게 제작한 파노라마 사진은 라이트룸에 새로운 DNG 파일로 삽입됩니다. 합성된 파노라마 사진을 더블클릭해 Develop 모듈에서 수정해보겠습니다.

Develop 모듈에서 전체 수정으로 다듬기

이렇게 작업한 파노라마 사진은 디지털카메라의 RAW 파일과 마찬가지로 전혀 수정되지 않아 밋밋합니다. 한 장의 RAW 파일을 수정하듯 다듬으면 마침내 한 장의 파노라마 사진이 완성됩니다.

01 먼저 ❶ Crop Overlay▦를 클릭하고 ❷ [Aspect]를 [Custom]으로 설정한 후 ❸ 사진을 크롭합니다.

07 [Basic] 패널에서 각종 세팅을 수정하여 고화질의 이미지를 만듭니다. 이 사진은 ❶ [Adobe Landscape] 프로파일을 적용한 후 ❷ 콘트라스트와 색감을 좀 더 강하게 하는 방향으로 수정했습니다.

풍경 사진 4 : 다양한 계조를 담은 HDR 사진 합성하기

눈으로 보는 것 이상의 경험을 선사하는 HDR 사진 합성하기

완성 파일 활용편/CHAPTER01/04_결과.jpg

이 예제를 따라 하면

HDR(High Dynamic Range) 사진은 카메라를 고정하고 브라켓팅(노출이 다른 사진을 여러 장 찍는 기능)으로 촬영한 사진의 노출을 합치는 기법입니다. HDR 이미지는 32bit 모드의 넓은 계조(그러데이션) 폭으로 인간이 볼 수 있는 빛과 계조 대부분을 디지털 이미지에서 구현할 수 있습니다. HDR 이미지는 주로 노출 차가 큰 환경에서 효과가 뛰어납니다. 역광의 풍경은 물론 창 내부와 외부의 전경을 동시에 촬영하는 인테리어 사진이 가장 대표적입니다. 이번에는 세 장의 브라켓팅 사진을 이용해 선명한 HDR 사진으로 합성하는 방법에 대해 알아보겠습니다.

준비 파일 활용편/CHAPTER01/04_01.dng, 04_02.dng, 04_05.dng

ⓘ @라구사, 이탈리아 | 24mm | 조리개 11 | 셔터 1/400초 | ISO 400 | 노출 브라케팅 촬영(-2, 0, +2)

예제 사진은 -2, 0, +2의 노출 브라케팅으로 촬영해 어두운 톤부터 밝은 톤까지 모두 담겨 있어 HDR 사진으로 합성하기 좋습니다. HDR 사진은 촬영은 물론 이미지 수정 테크닉도 중요합니다. HDR로 만든 이미지는 계조 폭이 너무 넓어 합성한 직후에는 명암이 주는 입체감이 사라져 자칫 밋밋한 느낌을 줄 수 있기 때문입니다.

01 라이트룸은 기본적으로 HDR 사진 제작(병합) 기능을 가지고 있습니다. HDR로 촬영한 사진을 라이트룸으로 불러온 후 사진을 모두 선택합니다.

02 [Photo]-[Photo Merge]-[HDR] 메뉴를 선택합니다.

03 [HDR Merge Preview] 대화상자가 나타납니다. 이 대화상자에서 HDR 사진과 관련된 몇 가지 옵션을 선택할 수 있습니다. ❶ [Auto Align]은 자동 정렬 기능입니다. 보통 체크 표시해도 문제없습니다. ❷ [Auto Settings]은 자동 톤 보정입니다. 사진은 직접 수정할 것이기 때문에 [Auto Settings]는 체크 표시를 해제하고 수동으로 보정합니다. ❸ [Deghost Amount]는 여러 노출로 촬영할 때 움직임이 있는 피사체를 보정하는 옵션입니다. 보통은 사진 속에 움직이는 대상이 있을 때 사용합니다. 예제에서는 [None]을 선택합니다. ❹ 설정이 끝나면 [Merge]를 클릭합니다.

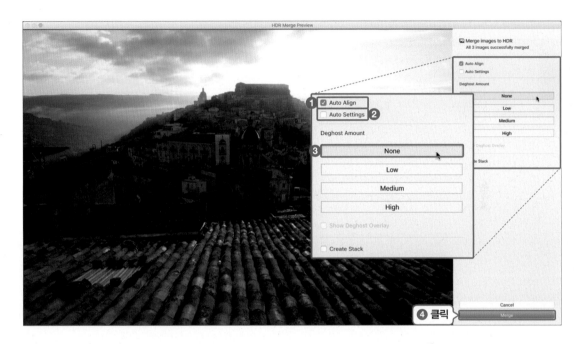

04 세 장의 사진을 병합한 사진이 생성됩니다. 섬네일만 보면 평범한 사진처럼 보이지만, 사진을 수정해 보면 드러나는 계조에서 엄청난 가능성을 발견할 수 있을 것입니다. 생성된 사진을 더블클릭합니다.

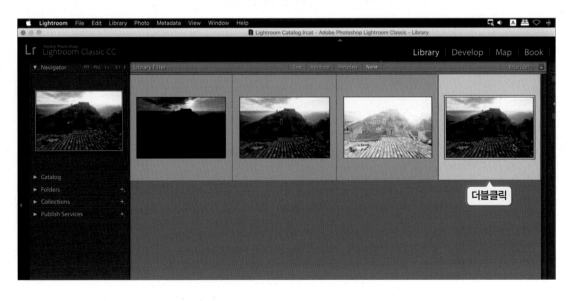

05 모든 사진이 그렇지만 HDR 이미지 역시 수정하기 전 어떤 방향으로 수정할 것인지 검토하는 과정이 무척 중요합니다. HDR 이미지는 일반적인 카메라의 RAW 파일에 비해 계조 폭이 훨씬 넓고 다양한 수정 방법을 적용할 수 있습니다. 먼저 이 사진의 주제가 되는 대상은 대부분 중앙에 위치합니다. Radial Filter◯를 이용해 하늘의 노출을 어둡게 해보겠습니다.

06 ❶Radial Filter◯를 클릭한 후 ❷화면 중심을 기준으로 드래그합니다. ❸[Highlights]는 -64로 설정했습니다. 외곽의 하이라이트를 줄여 시각적으로 중심에 시선이 집중되도록 수정하겠습니다.

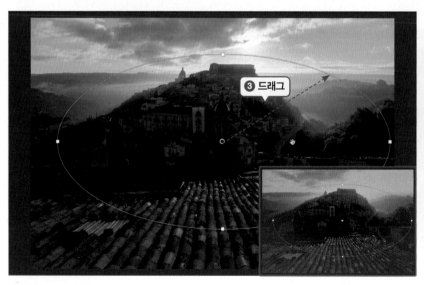

07 ❶ Graduated Filter▣를 클릭합니다. ❷ 하늘이 좀 더 파랗게 보이도록 수정하겠습니다. 하늘 부분에 영역이 지정되도록 아래로 드래그합니다. ❸ 채도를 약간 올립니다. [Saturation]을 **15**로 설정합니다.

Shift를 누른 상태에서 드래그하면 수평을 유지한 상태에서 영역을 설정할 수 있습니다.

08 ❶ Radial Filter◯를 클릭합니다. ❷ 화면 중심을 기준으로 거대한 원이 되도록 영역을 지정하고 ❸ [Invert]에 체크 표시해 원 중심 부분의 노출을 살려줍니다. 역광 상태에서 하늘과 지상의 노출 밸런스를 살립니다.

09 고풍스럽고 오래된 느낌의 색감을 표현해보려고 합니다. [Profile Browser] 패널에서 [Vintage]-[Vintage 04] 프로파일을 선택합니다.

[Profile Browser] 패널은 [Basic] 패널의 [Profile]을 클릭한 후 [Browse]를 선택하면 나타납니다.

10 [Tone Curve] 패널에서 Red, Green, Blue 각 채널을 하이라이트와 쉐도우 색상이 분리되고 콘트라스트가 강하게 표현되는 형태로 보정합니다. 커브의 형태는 아래 이미지를 참조합니다.

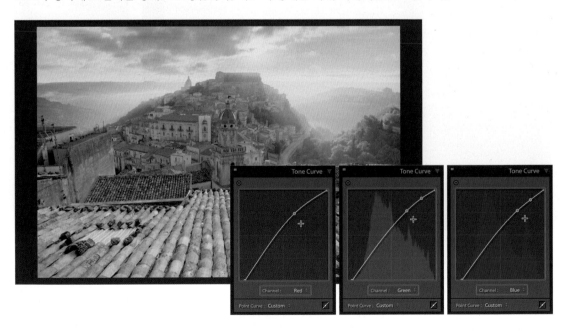

11 전체적인 수정이 끝난 이미지에서 자신만의 감성을 살려봅니다. [Detail] 패널에서 [Sharpening], [Noise Reduction] 항목을 조정하여 선명도를 올려주고, [Basic] 패널에서 [Tone] 항목을 조정해 색과 콘트라스트 등을 좀 더 다듬어줍니다.

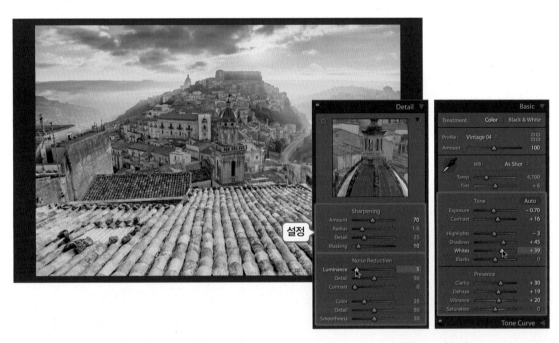

12 최종적으로 사진의 중심에 더욱 집중할 수 있도록 주변부를 크롭해 주제를 좀 더 부각시켜도 좋습니다.

여행 사진 1 : 인물과 풍경을 조화시킨 사진 보정하기

촬영 때 느꼈던 나만의 느낌과 감정을 되살리는 여행 사진 보정하기

완성 파일 활용편/CHAPTER01/05_결과.jpg

이 예제를 따라 하면

카메라에서 촬영한 이미지는 내가 봤던 순간을 기록하는 역할을 합니다. 라이트룸에서 수정은 촬영 당시의 빛, 공기, 색, 풍경의 느낌과 감정을 표현하는 역할을 합니다. 촬영이 이성적인 영역을 담당한다면 라이트룸에서 보정하는 과정은 감성적인 영역을 담당합니다. 촬영 당시의 결정적 순간을 라이트룸에서 구현하기 위해 필자의 당시 기억과 감정을 되살려 사진 보정에 적용해보겠습니다.

준비 파일 활용편/CHAPTER01/05.dng

ⓘ @핀란드 | 30mm | 조리개 8 | 셔터 1/2000초 | ISO 800

실시간으로 사물을 보고 판단하는 우리 눈과 달리 카메라는 생각보다 정확하지 못합니다. 사진을 담는 사람들이 착각하는 것이 바로 우리 눈과 카메라의 차이입니다. 내가 본 것을 카메라가 그대로 표현해줄 것이라 믿기에 촬영한 사진을 모니터로 봤을 때 실망하거나 자신의 실력에 좌절하게 됩니다. 역광에서도 우리는 밝은 곳부터 어두운 곳까지의 디테일을 볼 수 있지만, 카메라는 우리가 봤던 장면을 제대로 표현하지 못합니다. 특히 역광은 노출 설정을 실수하지 않도록 조정해야 그나마 볼만한 결과를 만듭니다.

인간의 기억은 유한해 촬영 때의 기억도 시간이 지나면 잘 생각나지 않습니다. 여행 사진을 촬영한 당시에 백업하고 바로 수정하면 좋겠지만, 대부분 여정을 마치고 시간이 꽤 흐른 후 사진을 마주합니다. 그렇다면 사진을 통해 촬영 당시의 기억을 소환한다는 것은 어떤 일일까요? 첫 시작은 사진을 바라보는 것부터 시작합니다. 셔터를 누르기 전 주변의 풍경과 빛, 공기, 즐거웠던 느낌과 하늘, 바다, 나무의 색과 같은 기억을 떠올려봅니다. 이 과정이 바로 사진을 바라보며 자신의 느낌을 살리는 것입니다. 같은 상황에서 같은 카메라로 촬영하면 누구나 비슷하게 나오겠지만, 보정은 촬영자의 주관적인 느낌이 가미될 것입니다.

예제 사진은 핀란드 여름 여행 중 펜린키에서 촬영한 사진입니다. 사진 속 아이들의 가족에게 초대받아 야외에서 저녁 식사를 기다리고 있던 중이었습니다. 처음에 낯선 사람을 경계하던 아이들도 시간이 지나 친해지자 마치 가족처럼 대해줬습니다. 아이들과 뛰어다니며 사진을 담고 한참을 놀았는데 백야라 태양이 지지 않고 지평선을 따라 아름다운 역광을 만들어주었습니다. 밤도 낮도 아닌 그 시간, 맑고 깨끗한 풍경, 뛰어 노는 아이들의 동심은 동화 속 그림처럼 행복한 순간이었습니다. 이 사진에 그때 마주했던 감정과 느낌을 반영해보겠습니다.

01 처음에는 인물 사진에 적당한 [Adobe Portrait] 프로파일을 적용해 컬러와 톤을 보정해보겠습니다. [Profile]에서 [Adobe Portrait]를 선택합니다.

02 ❶Radial Filter◉를 클릭합니다. ❷[Invert]에 체크 표시하고 ❸ 두 아이와 중간 풍경 부분에 영역을 지정합니다. ❹[Shadows]는 71로, ❺[Noise]는 45로 설정했습니다. 이 사진의 핵심은 백야를 배경으로 뛰어 노는 두 아이들이기 때문에 어두운 부분의 디테일을 살려주었습니다.

03 ❶Adjustments Brush▬▬를 클릭하고 ❷ 오른쪽 아래의 사진을 참조해 아이들만 마스킹합니다. ❸[Whites]는 30, ❹[Clarity]는 10, ❺[Sharpness]는 10을 적용해 밝기 및 선명도를 향상합니다.

Adjustments Brush로 마스킹 작업할 때 화면을 100%로 확대해 크게 봅니다. 필요에 따라 [Auto Mask] 기능을 활성화해 선택하면 좀 더 정교하게 마스킹을 할 수 있습니다.

04 부분 수정이 끝나면 [Basic] 패널에서 ❶ [Shadows]는 **70**, ❷ [Clarity]는 **10**, ❸ [Vibrance]는 **40**을 각각 적용해 어두운 부분의 디테일을 살리고 색감을 향상시킵니다. 이렇게 부분을 수정한 후 전체를 수정하면 수정한 부분이 원래 사진이었던 것처럼 훨씬 자연스럽게 수정이 가능합니다. 부분 수정은 수채화를 그릴 때 밑그림을 그리는 것이고 전체 수정은 덧칠하는 것과 비슷한 느낌으로 진행합니다.

05 [Split Toning] 패널에서 태양 빛이 들어간 부분을 강조하기 위해 ❶ [Highlights]에 노란색 계열을 ❷ [Shadows]에 나무나 배경의 녹색 계열을 추가하여 색상을 조절합니다.

[Split Toning] 패널은 우선 [Hue]에서 색을 선택한 후 [Saturation]에서 강도를 조절합니다.

06 하늘 부분은 아직 좀 밝은 느낌이 납니다. ❶ Graduated Filter▧를 클릭하고 ❷ 하늘 부분에 영역이 설정되도록 드래그합니다. ❸ [Highlights]를 -39로 설정해 밝은 부분을 줄여줍니다.

07 최종적으로 [Tone Curve] 패널에서 약한 S자 콘트라스트를 설정해 전체적인 콘트라스트 향상 작업으로 마무리합니다.

여행 사진 2 : 나만의 느낌을 적용한 빈티지 사진 만들기

인스타그램 감성이 살아있는 독특한 느낌의 빈티지 사진 편집하기

완성 파일 활용편/CHAPTER01/06_01~06_06.jpg

이 예제를 따라 하면

사진에 나만의 시각, 나만의 감각을 담는 일은 참 어렵습니다. 내 앞에 존재하는 대상을 사진에 담는 단순한 기록을 떠나 나의 감성과 느낌으로 표현하고 싶어하는 것이 당연합니다. 하지만 사진은 시각 매체의 특성상 보는 사람을 시각적으로 설득하고 느낄 수 있게 해주어야 합니다. 예를 들어 '나의 빈티지한 이탈리아 여행'이라는 주제로 촬영했다면 낡고 오래된 대상을 촬영해야 설득할 수 있을 것입니다. 또 오래된 느낌을 주기 위해서 색, 콘트라스트, 질감 같은 시각적 요소가 적절히 녹아 있어야 주제와 맞는 사진 작업이 됩니다. 라이트룸으로 나의 느낌과 주제를 사진 속에 어떻게 표현하는지 알아보겠습니다.

준비 파일 활용편/CHAPTER01/06_01~06_06.dng

ⓘ @시실리, 이탈리아

여러 장 촬영한 여행 사진을 수정할 때 어느 정도의 목표가 있다면 일관성(테마) 있는 수정이 가능합니다. '빈티지하지만 차갑지 않고, 지중해의 햇살이 담긴 인스타그램 여행 사진'처럼 대략적인 계획을 세워보는 것입니다. 제일 좋은 방법은 좋은 사진을 많이 보고 비슷한 느낌이 되도록 따라 해보는 것으로, 내 사진에 비슷한 느낌을 가미했을 때 내가 원하는 감성이 살아 숨쉬는지 확인해보면 좋습니다.

01 준비 파일을 모두 라이트룸에 불러오고 한 장의 사진을 선택합니다. 이 사진들은 인스타그램에 업로드할 것입니다. 인스타그램은 기본적으로 정사각형 형태의 사진 레이아웃을 사용합니다. 따라서 우선 사진의 전체적인 레이아웃을 먼저 잡겠습니다. ❶ Crop Overlay 를 클릭하고 ❷ [Aspect]를 [1x1]로 선택합니다.

02 [Profile Browser] 패널의 [Vintage] 항목에서 각 프로파일을 적용해보고 어떤 프로파일이 원하는 사진 분위기에 맞는지 확인해봅니다.

▲ [Vintage 02] 프로파일 적용

▲ [Vintage 04] 프로파일 적용

▲ [Vintage 06] 프로파일 적용

📷 빈티지한 느낌을 떠올리며 수정하기

빈티지한 느낌은 대체적으로 원색의 컬러나 콘트라스트가 좋지 않고 빛이 바랜 느낌이 납니다. 또 촬영자의 사진 실력이 좋지 않다면 대체적으로 과도한 플래시나 빗나간 초점, 선명도가 떨어지는 사진이 많습니다. 그런 낡은 느낌을 생각해보며 수정해보겠습니다.

03 예제에서는 [Vintage 10] 프로파일로 선택하겠습니다. ❶ [Vintage 10]을 선택하고 ❷ [Amount]를 40으로 적용합니다.

04 [Tone Curve] 패널에서 [Red], [Green], [Blue] 각 채널의 커브를 완만한 역 S자 형태로 설정합니다. 역 S자 커브는 콘트라스트를 약화시키는 커브의 형태인데 각 채널을 역 S자 형태로 만들면 콘트라스트가 약해지며 낡은 느낌의 컬러를 만들기 좋습니다.

05 사진의 선명도를 약화시키기 위해 선명도를 조금 낮추겠습니다. [Basic] 패널의 [Dehaze]는 **-5**, 세부적인 디테일은 그대로 살리기 위해 [Clarity]는 **20**을 적용합니다.

06 [Effects] 패널에서 [Grain] 효과를 적당히 가미하여 빈티지한 질감을 표현합니다. 예제에서는 [Amount]는 **10**, [Size]는 **20**, [Roughness]는 **70**을 설정했습니다.

07 지금까지 만든 색감을 다른 사진에도 적용하기 위해 프리셋으로 저장하겠습니다. 작업 영역 왼쪽에 있는 ❶ [Presets] 패널의 🔲를 클릭하고 ❷ [Create Preset]를 선택합니다. [New Develop Preset] 대화 상자가 나타납니다. ❸ [Preset Name]에 원하는 이름을 입력하고 ❹ [Create]를 클릭합니다. 예제에서는 프리셋 이름을 **My Vintage Travel #01**로 설정했습니다.

08 ❶ [Library] 모듈을 선택합니다. ❷ 불러온 다른 예제 사진을 모두 선택하고 오른쪽의 [Quick Develop] 패널에서 ❸ [Saved Preset]–[User Presets]–[My Vintage Travel #01]을 선택합니다. ❹ [Crop Ratio]는 [1x1]로 설정합니다. 선택한 사진이 앞선 사진과 동일한 인스타그램의 정사각형 모양이 됩니다.

09 하지만 이렇게 설정한 사진은 자동으로 사진의 중앙을 기준으로 크롭됩니다. 각 사진의 크롭 위치를 확인하며 크롭을 조정합니다.

각 사진 크롭 위치 조정

10 이렇게 여러 장의 사진을 동일하거나 비슷한 분위기로 맞추는 것을 광고나 디자인에서는 톤과 매너
(Tone&Manner)를 맞춘다고 합니다. 사진 작품에서 자신이 말하고자 하는 것을 시각적으로 표현하는 작업
을 라이트룸의 수정 기능을 통해 마음껏 표현할 수 있습니다.

여행 사진 3 : 여행에서 만난 환상적인 야경 사진 보정하기

밤하늘의 별과 은하수가 더욱 잘 드러나게 보정하기

완성 파일 활용편/CHAPTER01/07_결과.jpg

이 예제를 따라 하면

여행지의 야경도 좋지만 별까지 선명하다면 그 감동은 배가 됩니다. 별 사진은 기본적으로 장노출로 촬영합니다. 흔들림을 줄이려면 튼튼한 삼각대를 사용하고 하늘을 넓게 담을 수 있는 광각렌즈도 필요합니다. 촬영할 때는 카메라의 셔터를 직접 누르지 말고, 셀프 타이머나 원격 릴리즈를 사용해야 선명한 별을 담을 수 있습니다. 라이트룸에서 후보정을 염두에 둔다면 약간 노출을 밝게 촬영한 뒤 수정해 노이즈 없는 깨끗한 사진을 만들 수 있습니다. 별을 촬영하기는 어렵지만 라이트룸에서 수정하는 작업은 정말 간단합니다. 별과 은하수를 돋보이게 수정하는 방법을 알아보겠습니다.

준비 파일 활용편/CHAPTER01/07.dng

ℹ @시실리, 이탈리아 | 16mm | 조리개 4 | 셔터 30초 | ISO 2500

01 별을 촬영한 사진은 미리 하늘 부분을 좀 더 밝게 조정한 후 전체를 보정하는 것이 좋습니다. 먼저 하늘 부분을 보정하겠습니다. ❶ Graduated Filter■를 클릭하고 ❷ 하늘에서 아래 방향으로 드래그해 하늘 부분을 선택합니다. ❸ [Highlights]는 100, ❹ [Whites]는 100으로 설정하면 흰색의 밝은 별이 좀 더 선명해지는 것을 확인할 수 있습니다. ❺ [Saturation]은 50으로 설정하여 파란색 계열을 좀 더 진하게 만듭니다.

02 ❶ Radial Filter◯를 클릭합니다. ❷ 사진에서 은하수가 나타난 부분을 드래그하여 영역을 선택한 후 ❸ [Invert]에 체크 표시합니다. ❹ [Highlights]는 100, ❺ [Whites]는 100으로 설정하여 은하수 부분을 더 강조합니다.

03 [Detail] 패널−[Noise Reduction] 항목의 [Luminance]를 35로 적용하여 노이즈를 줄입니다. 이때 사진을 100% 확대한 상태에서 별의 디테일을 확인하며 작업하는 것이 좋습니다. 지나치게 노이즈를 제거할 경우 별의 디테일까지 사라질 수 있습니다.

04 [Sharpening] 항목의 [Amount]는 78, [Radius] 1.2로 설정하여 별의 선명도를 증가시킵니다.

05 부분 수정이 끝나면 사진의 전체적인 색감과 채도 수정을 [Basic] 패널에서 진행합니다. 예제에서는 [Temp]는 **2,777**, [Highlights]는 **-24**, [Shadows]는 **25**, [Dehaze]는 **22**, [Vibrance]는 **21**을 적용했습니다. 밤 하늘의 별과 은하수가 더 강조된 사진 보정이 완료되었습니다.

여행 사진 4 : 여행 사진으로 멋진 슬라이드 쇼 만들기

여러 장의 사진을 한 번에 보여주는 멋진 슬라이드 쇼 만들기

완성 파일 활용편/CHAPTER01/08_완성.pdf

▲ 슬라이드 쇼로 만들 사진

이 예제를 따라 하면

사진을 이용해 슬라이드 쇼를 만드는 여러 프로그램이 있지만 저마다 사용법이 다르고 편집, 저장하는 방식이 까다로운 경우가 대부분입니다. 또 사진 슬라이드 쇼에 최적화되지 않아 디자인이 어색하고 사용 방법이 복잡한 경우가 많습니다. 라이트룸의 Slideshow 모듈은 하나의 슬라이드 쇼 제작 프로그램처럼 작동하며 사용 방법도 간단합니다. 슬라이드 쇼는 영상이나 PDF 파일로 출력해 사진을 공유하기도 편리합니다.

준비 파일 활용편/CHAPTER01/08_01~08_48.jpg

ⓘ @시실리, 이탈리아

01 슬라이드 쇼를 만들기 위해서는 일단 사진 선택과 수정 작업이 끝나야 합니다. Library나 Slideshow 모듈에서는 순서를 변경하기 어렵기 때문에 미리 파일 이름을 바꿔 순서를 정하고 사진을 라이트룸으로 가져옵니다. 이번에는 준비 파일 사진을 모두 불러옵니다. 슬라이드 쇼로 만들 사진이 선택된 상태에서 Slideshow 모듈을 선택합니다.

02 오른쪽 작업 영역의 [Options] 패널에서 사진의 테두리나 그림자 효과를 적용할 수 있습니다. ❶ [Stroke Border]에 체크 표시하고 ❷ 테두리는 흰색으로 선택합니다. ❸ [Width]는 테두리의 굵기입니다. 예제에서는 1로 적용했습니다. [Cast Shadow]는 사진에 음영 효과를 주는 항목입니다. ❹ [Opacity]를 60%로 설정합니다.

03 [Layout] 패널에서 사진의 위치나 여백을 설정할 수 있습니다. ❶ [Show Guides]에 체크 표시하면 결과물에는 영향을 미치지 않는 가상의 가이드 라인이 나타납니다. ❷ [Aspect Preview]는 [Screen]으로 설정합니다.

[Link All] 옵션을 비활성화하고 작업하면 가로 세로 위아래의 여백을 따로, 설정할 수 있습니다. [Aspect Preview]는 [Screen], [16:9], [4:3]으로 설정할 수 있습니다. TV 슬라이드 쇼가 목적이라면 [16:9], 컴퓨터 모니터라면 [Screen]이 적당합니다.

04 [Overlays] 패널의 ❶ [Identity Plate]에 체크 표시합니다. ❷ 슬라이드 쇼 작업 영역에 나타난 저작권 표시를 드래그해 위치를 조정합니다. ❸ 글자를 클릭하고 ❹ [Edit]를 선택해 원하는 문구를 입력할 수도 있습니다. ❺ [Identity Plate Editor] 대화상자가 나타나면 원하는 내용을 입력한 후 ❻ [OK]를 클릭합니다.

[Overlays] 패널에서 글자의 투명도는 [Opacity], 크기는 [Scale]로 변경합니다. 글자의 폰트나 크기, 스타일은 [Identity Plate Editor] 대화상자에서 설정합니다. 글자를 수정할 때는 슬라이드 쇼 작업 영역에서 더블클릭해도 됩니다.

05 [Backdrop] 패널에서 배경색을 설정할 수 있습니다. ❶ [Background Color]에서 배경색을 설정합니다. ❷ [Color Wash]에 체크 표시하면 그러데이션이 들어간 색상으로 표현할 수 있습니다. 색상을 오른쪽의 팔레트에서 선택하면 됩니다. [Opacity], [Angle]로 투명도와 그러데이션 각도를 조정할 수 있습니다. 예제에서는 ❸ [Opacity]는 **100%**, [Angle]은 **102°**로 설정합니다.

❷ 설정

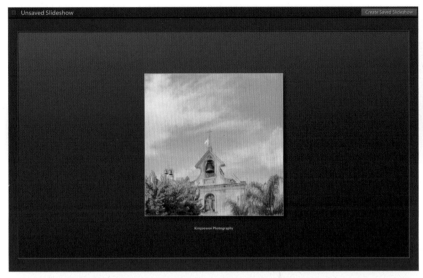

❸

❶ 설정

[Background Image]에 사진을 드래그해 삽입하면 배경 사진이나 필요에 따라 패턴 이미지를 삽입해 슬라이드 쇼를 만들 수 있습니다. 그러데이션이 없는 배경을 원한다면 [Color Wash]의 체크 표시를 해제하고 [Background Color]만 색을 변경하면 됩니다.

06 [Titles] 패널에서 슬라이드 쇼의 시작과 끝을 알리는 인트로와 엔딩을 삽입할 수 있습니다. ❶ [Intro Screen]과 ❷ [Ending Screen]에 체크 표시하면 사진 슬라이드 시작과 끝에 제목이 있는 빈 프레임을 삽입합니다. 자막은 [Add Identity Plate]에 체크 표시하여 설정된 텍스트를 적용합니다. [Scale]로 텍스트의 크기를 조절합니다.

◀ 인트로 설정

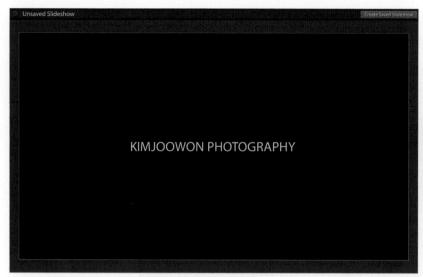

▲ 엔딩 설정

📷 슬라이드 쇼 제작 마무리하기

07 [Music] 패널에서 슬라이드 쇼에 음악을 삽입할 수 있습니다. ❶ 🔲을 클릭해 ❷ 음악 파일 있는 위치를 지정하면 슬라이드 쇼에 음악이 삽입됩니다.

음악 재생은 동영상 파일 형식의 슬라이드 쇼에만 적용됩니다.

08 [Playback] 패널에서 음악과 슬라이드 쇼 재생에 관련된 사항을 수정할 수 있습니다. [Sync Slides to Music]에 체크 표시합니다.

09 [Sync Slides to Music] 기능은 음악의 리듬에 각 이미지의 슬라이드 쇼 시간을 맞춰줍니다. 각 사진을 보여줄 시간은 [Slide Length]로 설정하고 화면이 변경될 때 흐려지는 시간은 [Crossfades]에서 설정합니다. 한 사진을 너무 길게 보여주면 지루하니 3초 내외가 적당합니다. ① 예제에서는 각각 **2.4초**, **2.5초**로 설정했습니다. ② [Fit to Music]를 클릭해 음악 길이에 전체 슬라이드 쇼를 맞춥니다.

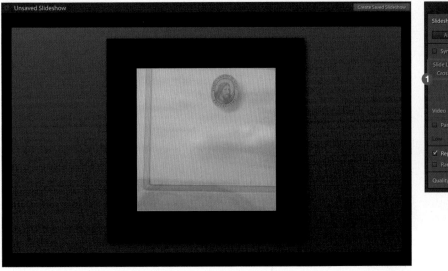

[Pan and Zoom]은 사진을 확대하거나 움직이는 효과를 줘서 좀 더 입체적으로 느껴지게 합니다. [Repeat Slideshow]는 슬라이드 쇼가 끝나면 다시 재생하는 옵션입니다. [Random Order]에 체크 표시하면 사진을 무작위로 재생합니다.

10 [Quality]는 슬라이드 쇼 사진의 품질을 결정합니다. 보통 [Standard]로 설정하는 것이 전체 용량을 줄일 수 있는 방법이지만, 고화질 슬라이드 쇼를 만들고자 한다면 [High]로 설정합니다.

11 이렇게 만들어진 영상을 그때그때 확인하려면 오른쪽 아래의 [Preview]를 클릭합니다. [Play]를 클릭하면 전체 화면으로 영상을 재생합니다. 이 두 버튼은 작업하면서 수시로 클릭하며 확인하는 것이 좋습니다.

12 완성된 슬라이드 쇼를 저장하려면 왼쪽 작업 영역 아래의 ❶ [Export PDF]를 클릭합니다. ❷ [Save As]에 파일 이름을 입력하고 ❸ [Common Sizes]에서 해상도를 설정합니다. [Quality]에서 화질을 선택한 후 ❹ [Export]를 클릭합니다.

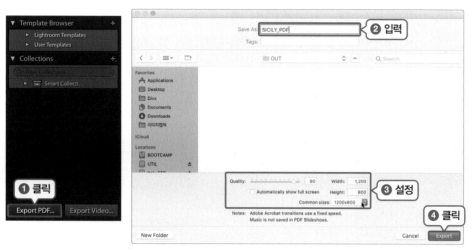

▲ [Export PDF]를 클릭한 경우

13 ❶ [Export Video]를 클릭하면 비디오 mp4 파일 형식으로 저장할 수 있습니다. ❷ [Save As]에 파일 이름을 입력한 후 ❸ [Video Preset]에서 해상도를 선택합니다. ❹ [Export]를 클릭하면 비디오 파일을 저장합니다.

 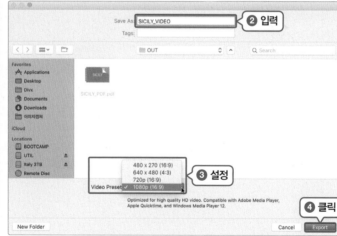

▲ [Export Video]를 클릭한 경우

음식 사진 1 : 음식을 좀 더 맛있게 보이게 수정하기

시선의 포인트를 살려 음식 사진을 맛깔나게 수정하는 방법

준비 파일 활용편/CHAPTER01/09.dng

ℹ 135mm | 조리개 4 | 셔터 1/200초 | ISO 800

완성 파일 활용편/CHAPTER01/09_결과.jpg

이 예제를 따라 하면

사진에서 보여주고자 하는 핵심을 시선의 포인트라고 합니다. 요리의 색감, 데코레이션, 그릇과 테이블의 세팅 등 음식 사진의 핵심에 시선의 포인트를 잡아 보여주면 맛깔나는 음식 사진이 됩니다. 음식 사진은 시선을 유도하는 구도 역시 중요합니다. 테이블 세팅, 그릇의 질감과 선 등을 확인합니다. 또 그릇 전체를 담으려고 하지 말고 감각적으로 잘라도 좋습니다. 포크와 나이프, 테이블의 꽃병, 요리와 데코레이션의 조화, 햇살이 들어오는 배경 등 음식을 먹음직스럽게 하는 주변 분위기까지 사진에 담아 내면 훨씬 맛있게 보입니다. 하지만 이런 조건을 지켜도 밋밋하게 보이는 음식 사진은 어떻게 수정할까요? 너무 과한 수정으로 음식 본연의 느낌을 잃지 않고 맛깔스럽게 보이도록 하는 수정 방법을 알아보겠습니다.

📷 사진의 분위기를 바꿔보기

01 라이트룸에서 음식 사진을 열었을 때 밋밋해 보이는 이유는 RAW 파일에 아무런 수정이 가해지지 않았기 때문입니다. 준비 파일을 라이트룸에 불러오고 [Profile]을 [Adobe Vivid]로 선택하면 사진의 색감이 살아나는 것을 확인할 수 있습니다.

📷 부분 보정으로 음식의 질감을 살리기

02 ❶ Adjustments Brush를 클릭하고 ❷ [Highlights]는 50, ❸ [Clarity]는 4, ❹ [Saturation]은 25로 설정합니다. ❺ 브러시를 음식 위에서 드래그해 영역을 선택하면 색감과 콘트라스트가 살아나는 것을 확인합니다. 음식이 훨씬 돋보입니다. [Auto Mask] 기능은 필요에 따라 사용합니다.

03 ❶ Radial Filter ◎ 를 클릭합니다. ❷ [Exposure]는 **-0.26**, ❸ [Highlights]는 **-100**, ❹ [Clarity]는
-64로 설정합니다. ❺ 음식 주변에 영역을 선택하면 주변이 약간 어두워지고 신명도가 떨어지며 음식이 훨
씬 돋보이게 됩니다. [Invert]는 체크 표시되어 있다면 해제합니다.

음식 사진 2 : 인스타그램에 최적화된 음식 사진 구도 만들기

사진의 왜곡을 수정하고 정사각형 구도로 사진 수정하기

☐ CC 이전 버전 ☑ **CC 2019 버전**

완성 파일 활용편/CHAPTER01/10_결과.jpg

이 예제를 따라 하면

인스타그램 사진 중에서 시선을 끄는 사진은 대체로 단순하고, 시각적으로 아름다우며 주제가 명확합니다. 특히 음식 사진은 단순히 음식을 기록하는 데 그치지 않고 빛, 컬러, 구도, 프레임 등이 잘 구성되어 있습니다. 정사각형의 인스타그램 사진은 일반적인 3:2 비율의 직사각형 형태를 후반 작업에서 잘 다듬어야 합니다. 인스타그램 앱의 보정 기능이 있지만, 라이트룸의 수정 기능이 훨씬 전문적입니다. 인스타그램에 최적화된 음식 사진의 구도를 만드는 법을 알아보겠습니다.

준비 파일 활용편/CHAPTER01/10.dng

ℹ️ @부산 | 24mm | 조리개 1.8 | 셔터 1/60초 | ISO 50 | LG V30 스마트폰 촬영

📷 렌즈의 왜곡 파악하기

01 예제 사진은 스마트폰으로 촬영했습니다. 스마트폰 카메라는 대부분 광각 렌즈를 장착해 렌즈 주변부에 피사체가 있으면 왜곡이 두드러집니다. 이 사진은 접시 상단보다 하단에 좀 더 길게 왜곡이 생긴 것을 볼 수 있습니다.

📷 렌즈의 왜곡을 수정하기

02 [Transform] 패널에서 이미지를 보며 왜곡을 교정합니다. [Vertical]은 -31, [Horizontal]은 6, [Scale]은 94, [X Offset]은 -2.3, [Y Offset]은 -0.9로 각각 설정하여 왜곡을 수정합니다.

03 [Lens Corrections] 패널의 [Distortion] 항목을 조정하면 광각 렌즈를 사용하면서 생기는 볼록한 왜곡을 없앨 수 있습니다. [Distortion] 항목의 [Amount]를 **11**로 조정합니다.

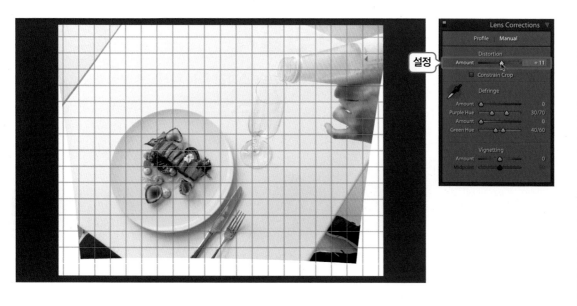

📷 1:1 비율의 사진으로 다듬기

04 ❶ Crop Overlay▦를 클릭해 ❷ [Aspect]를 [1x1] 프레임으로 선택한 후 크롭합니다. 좋은 사진의 원칙은 단순화입니다. ❸ 주변의 불필요한 배경을 자르고 음식과 식기류의 조화를 생각하며 크롭합니다.

음식 사진 3 : 킨포크 스타일의 음식 사진 만들기

비교 보기 기능을 이용해 킨포크 스타일 음식 사진으로 보정하기

완성 파일 활용편/CHAPTER01/11_결과.jpg

이 예제를 따라 하면

킨포크 스타일은 미국 포틀랜드에 모여 사는 예술가들이 창간한 잡지로 자신의 일상을 기록해 창간한 잡지가 세계적인 반향을 일으켰습니다. 유기농, 친환경, 자연 지향 등 킨포크 스타일이란 말이 생겼을 정도로 인기를 끌었습니다. 사진 관련 사이트에는 킨포크는 물론 '이런 스타일의 사진은 어떻게 보정하나요?'류의 질문이 많습니다. 인터넷에서 발견한 독특한 사진은 보는 이에게 영감을 주지만 그런 사진과 비슷하게 색감이나 톤을 만드는 일은 쉽지 않습니다. 라이트룸의 [Reference View]와 [Presets] 기능을 이용해 킨포크 스타일의 음식 사진을 만들어보겠습니다.

준비 파일 활용편/CHAPTER01/11.dng

ⓘ 55mm | 조리개 9 | 셔터 1/60초 | ISO 1250

01 킨포크 홈페이지(kinfolk.com)에 접속합니다. 색감, 스타일이 마음에 드는 사진을 찾아 컴퓨터에 저장하거나 화면을 캡처합니다. 모든 사진은 촬영자에게 저작권이 있습니다. 저장한 사진은 절대 상업적 용도는 물론 개인 전시 용도로 사용하지 말고 참조 용도로만 사용합니다.

02 ❶ 캡처한 이미지와 수정할 사진을 라이트룸으로 불러옵니다. Library 모듈의 왼쪽에 ❷ [Publish Services] 패널이 있습니다. [Find More Services Online]을 클릭합니다.

03 어도비 익스체인지의 라이트룸 사이트(adobeexchange.com/creativecloud.lightroom-classic. html#product)에 접속됩니다. 이 사이트는 어도비 제품의 플러그인이나 프리셋을 판매하고 다운로드하는 곳입니다. 검색란에 **Presets**라고 검색합니다.

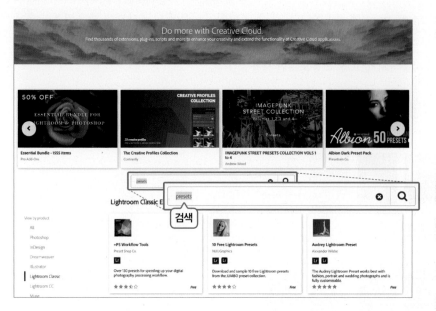

04 검색 결과 오른쪽의 ❶ [Free]를 선택하면 무료로 사용할 수 있는 프리셋만 보여줍니다. 각 프리셋을 클릭하면 프리셋을 설치했을 때 어떻게 바뀌는지 간단한 섬네일을 확인할 수 있습니다. 예제에서는 'Winter Story Preset Free Version'를 사용하겠습니다. 직접 해당 이름으로 검색해 다운로드해도 됩니다. ❷ [Free]를 클릭합니다.

05 프리셋은 압축 파일 형태로 되어 있으며 압축을 해제하면 'Lrtemplate' 파일 형식의 템플릿 파일이 있습니다. 인터넷에서 다운로드한 프리셋은 별도의 공간에 저장해두면 다음에 사용하기 좋습니다.

Reference View와 Presets 설치하기

06 Develop 모듈에서 [View]－[Open in Reference View] Shift + R 을 선택합니다.

07 [Reference View] 모드에서 왼쪽에 참조용, 오른쪽에 수정할 사진을 비교하며 작업할 수 있습니다. 킨포크 웹사이트에서 다운로드한 사진을 [Reference]에 드래그해 삽입합니다.

08 [Presets] 패널에서 ❶ ➕를 클릭하고 ❷ [Import Presets]를 선택합니다. ❸ 다운로드한 프리셋을 선택하고 ❹ [Import]를 클릭합니다.

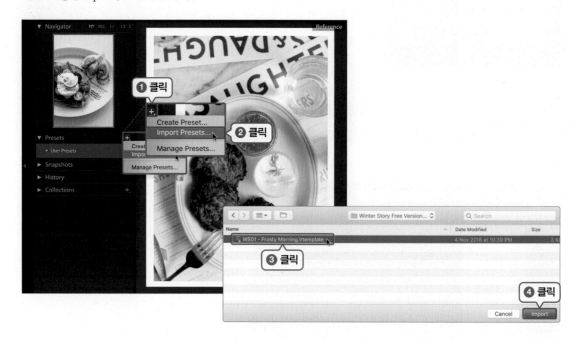

09 [Presets] 패널에 추가된 프리셋을 선택하면 처음에는 마음에 들지 않을 수 있습니다. 프리셋을 사용한다고 모든 사진이 마법처럼 간단히 바뀌는 것은 아닙니다. 프리셋을 사용하여 자신만의 색감을 만들어 가면 됩니다.

10 [Basic] 패널에서 [Active]의 사진을 확인하며 색감을 조절합니다. 프리셋을 적용한 사진에서 색감을 조정하는 것에 해답은 없습니다. 아래의 사진을 보며 참조해도 좋고, 자신만의 색감을 찾아 조절해도 좋습니다.

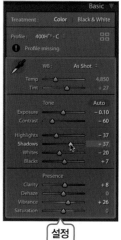

11 마무리 작업으로 색감을 만들기 위해 [Tone Curve]나 [HSL] 패널을 사용합니다. 각 패널을 확인해 어떻게 색감이 만들어지는지 파악해보면 색을 공부할 때 많은 도움이 됩니다.

인물 사진 1 : 감정과 느낌을 담은 인물의 피부 톤 보정하기

인물 사진 수정의 첫걸음인 감성을 담은 사진 수정 방법

완성 파일 활용편/CHAPTER01/12_결과.jpg

이 예제를 따라 하면

사진에는 정답이 없습니다. 그리고 컬러나 톤에도 정답이 없습니다. 사진을 수정하려고 처음 시도하는 사람들은 마치 학교에서 외우던 시험의 답안처럼 정답을 찾으려 하기에 시작이 어렵고, 두렵기 마련입니다. 필자 역시 뭔가 잡히지 않는 해답을 찾으러 너무 오랜 시간 헤맸었습니다. 하지만 사진에서는 감성의 영역이 중요합니다. 이번 LESSON을 통해서 필자가 경험하고 연구했던 이야기와 내용을 다루려고 합니다. 인물 사진에서 가장 중요한 감성을 찾아 보정하는 방법에 대해 알아보겠습니다.

준비 파일 활용편/CHAPTER01/12.dng

ⓘ 200mm | 조리개 5 | 셔터 1/320초 | ISO 3200

주관적 감성, 보편적 감성, 시대의 감성이라는 말이 있습니다. 이런 것을 사진에 대입해보면 어떨까요? 만약 사랑하는 내 아이의 사진을 촬영했는데 누군가가 봐도 마음에 들면 좋겠고, 어떤 느낌이나 감동을 주려면 바로 이런 주관, 보편, 시대의 감성이 작용해야 합니다. 이런 감성은 사진을 촬영할 때도 그렇지만 수정할 때도 작용합니다.

사진 속 주인공은 필자의 딸입니다. 이 사진은 아이가 세 살 무렵일 때 촬영했습니다. 어릴 때부터 아빠가 사진 찍는 걸 보아서 그런지 미니어처 카메라를 쥔 모습이 예사롭지 않습니다. 가을의 어느 날 부드럽고 따뜻한 빛이 놀이방 창가에 닿았습니다.

카메라를 들어 아이와 사진 찍기 놀이를 했습니다. "아빠 웃어봐요! 브이해봐요! 찰칵찰칵!" 사진 한 장이지만 여기엔 그날의 기억, 감정 같은 것이 같이 담겼습니다. 아이를 촬영했던 사진을 컴퓨터로 열고 그중 가장 마음에 드는 사진 한 장을 골랐습니다. 맑고 깨끗한 그날의 빛처럼 예쁜 사진으로 만들어보고 싶은 마음이 들었습니다.

사진을 고르거나 수정할 때 여러분도 이런 주관적 감성이 가장 우선 작용할 것입니다. 사진을 수정할 때 그런 감정과 느낌과 감성을 담아보려고 노력하는 것이 바로 인물 사진 수정의 첫 걸음입니다.

01 먼저 노출을 조정해 그날의 감성을 가장 잘 살릴 수 있는 값을 찾아보겠습니다. [Basic] 패널의 [Tone] 항목에서 [Exposure]를 조절해 노출을 밝게 하거나, 어둡게 변환해봅니다.

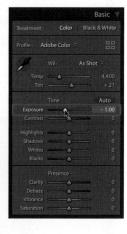

▲ 노출을 조금 어둡게 조절한 경우

▲ 원본 노출

▲ 노출을 조금 밝게 조절한 경우

02 [Temp]에서 화이트 밸런스를 조절해 차갑거나 따뜻한 이미지를 만들어봅니다.

▲ 색온도를 낮춰 차가운 느낌이 나는 사진

▲ 원본의 색온도

▲ 색온도를 올려 따듯한 느낌이 나는 사진

03 [Contrast]에서 대비를 조정해 부드럽거나 강한 이미지를 만들어봅니다.

▲ 콘트라스트를 낮춰 대비가 감소한 사진

▲ 원본의 콘트라스트

▲ 콘트라스트를 높여 대비가 증가한 사진

사진에서 내가 표현하고 싶은 바가 없다면 사진 수정은 시작할 수 없습니다. 수정 방향을 잘 모르겠다면 사진의 노출, 화이트 밸런스, 대비 등을 조절해 내 감성에 맞는 설정은 어떤 것인지 확인해봅니다. 이 세 가지는 사진의 컬러와 톤을 결정하는 가장 중요한 요소이기 때문입니다.

Profile과 Tone Curve로 색감 결정하기

그날의 빛과 느낌을 살릴 수 있는 낮은 대비, 맑은 색감의 사진을 만들기 위해 [Profile Browser] 패널에서 그런 느낌을 가지고 있는 프로파일을 골라보았습니다. 여러 프로파일을 확인한 결과 가장 근접한 느낌으로 [Adobe Neutral]이 좋을 것 같아 선택했습니다. 프로파일을 선택하는 것은 사진 수정의 시작이기도 하지만 영감을 주기도 합니다.

04 [Profile Browser] 패널에서 [Adobe Neutral] 프로파일을 선택해 부드러운 톤을 만듭니다.

05 맑고 깨끗하다는 느낌은 어떤 색이 연상이 될까요? 맑은 공기, 숲 속에 흐르는 물이 떠오르면서 아마 파란색이나 초록색 계열의 색이 떠오를 것입니다. 사진에 맑은 느낌을 더하기 위해 [Tone Curve] 패널에서 Green이나 Blue 채널의 밝기를 강조해보면 어떨까요? Green이나 Blue가 가득한 인물 사진은 어떤 주관적, 보편적 감성도 주지 않습니다. Green이나 Blue가 가득하다고 해서 맑고 깨끗한 느낌이 드는 것은 아니기 때문입니다.

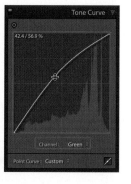

▲ 초록색을 강조할 경우

역으로 생각하면 전체 사진의 색상을 조절하는 [Basic] 패널의 화이트 밸런스(Blue&Yellow)나 색조(Green&Magenta)를 조정해도 원하는 색상을 얻을 수 없다는 결론에 이릅니다.

▲ 파란색을 강조할 경우

📷 컬러에 느낌과 감정을 더해보기

아이와 성인 남성의 얼굴 컬러는 어떤 점이 다를까요? 성인일수록 그리고 빛에 그을릴수록 동양인의 피부 톤은 Yellow가 강해집니다. 사실 남자들의 피부는 Black까지 겹쳐서 갈색에 가깝습니다. 어린 아이일수록 연한 Yellow에 Magenta, Blue 같은 색상이 미묘하게 겹쳐서 부드럽고 따뜻한 파스텔 톤의 분홍색에 가까운 색을 띱니다.

피부의 부드러운 톤을 만들기 위해 [Tone Curve] 패널의 [RGB] 채널에서 밝은 부분과 어두운 부분에 먼저 점을 찍고 중간 톤 영역을 확장해줍니다. 이런 모양의 커브는 밝은 영역과 어두운 영역의 노출 변화는 고정하고 피부 톤과 같은 중간 톤의 영역을 확장할 때 사용합니다.

06 [Tone Curve] 패널의 RGB 채널에서 ❶ 밝은 영역과 ❷ 어두운 영역의 커브를 각각 클릭합니다. ❸ 커브 중간을 클릭하고 위로 살짝 드래그해 중간 톤을 확장합니다. 이 과정을 거치면 콘트라스트가 매우 약화된 이미지가 됩니다.

07 사진 전체의 컬러를 변경하는 것으로는 원하는 느낌을 얻기 어렵습니다. 이때는 [Split Toning] 패널에서 밝은 부분과 어두운 부분의 색상을 다르게 섞어 원하는 피부 톤을 쉽게 얻을 수 있습니다. ❶ [Highlights]항목에서 [Hue]는 324, [Saturation]은 9로 설정하고, ❷ [Shadows] 항목에서 [Hue]는 168, [Saturation]은 5를 적용하여 밝은 부분에 Magenta 계열, 어두운 부분에 Green 계열을 첨가해 파스텔 피부 톤을 만들었습니다.

좀 더 고급스러운 수정 방법으로 [Tone Curve] 패널을 사용해도 되지만 각 채널 색과 배색에 대한 이해가 없다면 오히려 더욱 까다롭게 느껴질 수도 있습니다.

[Split Toning] 패널은 일단 시각적으로 색상을 확인하며 조정할 수 있어 사용하기 편리합니다. 또 [Tone Curve]와 달리 색상을 조절한다고 해서 사진의 밝기나 콘트라스트가 변하지 않기 때문에 잘 사용하면 원하는 색을 쉽게 얻을 수 있습니다.

08 [Basic] 패널로 돌아와 최종적으로 수정합니다. 전체적으로 중간 톤 영역을 확장해서 자칫 밋밋한 느낌이 나는 이미지를 [Whites]는 **30**, [Blacks]은 **-20**으로 설정하여 흰색과 검은색의 대비를 줍니다.

인물 사진 2 : 어려운 역광 인물 사진 보정하기

반사된 효과로 인물 사진을 살리고 밝은 톤으로 수정하기

준비 파일 활용편/CHAPTER01/13.dng

ⓘ @핀란드 | 138mm | 조리개 4 | 셔터 1/200초 | ISO 2000

완성 파일 활용편/CHAPTER01/13_결과.jpg

이 예제를 따라 하면

전문적으로 인물을 촬영하는 사진가들이 조명이나 반사판을 쓰는 이유가 있습니다. 바로 주인공이 되는 인물을 돋보이게 하고 피부 톤을 제대로 표현하기 위해서입니다. 광량이 좋은 자연광 아래에서 촬영해도 얼굴에 드리운 그림자나 잡색을 완전히 제거 하기긴 어렵습니다. 또 역광에서 촬영했을 때 노출이 조금만 어두워도 실제 피부 톤보다 훨씬 어둡게 나오거나 잡티가 두드러져 보입니다. 이때 역광 인물 사진에서 반사판을 사용한 것 같은 효과를 라이트룸을 이용해 만들어보겠습니다.

01 이 사진은 핀란드 여행 중 촬영한 사진으로 해질녘 강한 반역광의 창가 근처에 서 있는 아이를 촬영한 사진입니다. 햇살이 워낙 강해 하이라이트 클리핑이 일어나지 않도록 약간 어둡게 촬영했습니다. 여행 중이라 조명이나 반사판을 사용할 여건이 되지 않아 빠르게 찍을 수 밖에 없었는데 실제 아이의 얼굴보다 얼굴이 어둡고 부자연스러워 보입니다.

02 역광에서 어둡게 촬영한 사진은 실제 보다 더 거칠게 보입니다. 얼굴의 주근깨나 음영이 더 도드라지고 피부가 얼룩덜룩해 보입니다. ❶ Spot Removal◉을 클릭하고 ❷ [Heal] 브러시 기능으로 ❸ 사진에 나타난 주근깨를 살짝 감춰주겠습니다. 주근깨는 이 아이가 가진 매력이라 완전히 없애지 않아도 좋습니다.

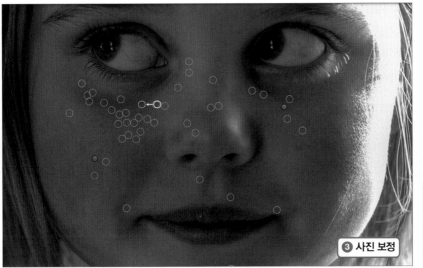

03 ❶ Radial Filter◯를 클릭한 후 ❷ 얼굴 주변에 영역을 선택합니다. ❸ [Invert]에 체크 표시한 후 ❹ [Exposure]는 0.28, ❺ [Contrast]는 -70, ❻ [Shadows]는 50으로 설정하여 얼굴의 콘트라스트를 약화시키고 어두운 Black 계열의 색을 조정합니다.

04 ❶ Adjustments Brush ▭▬를 클릭하고 ❷ [Contrast]는 **-33**, ❸ [Clarity]는 **-62**로 설정한 후 ❹ 아이의 피부에만 브러시로 칠해줍니다. [Clarity]는 경계선을 강하게 할 때 주로 사용하지만, 음수로 설정하면 사진의 경계선을 부드럽게 하여 거친 피부톤을 정리할 때 사용하기도 합니다. 주의할 것은 브러시 사이즈를 잘 조절하여 입술이나, 눈가에도 적용되지 않도록 확인하면서 사용합니다.

④ 얼굴에만 보정 작업

❶ 클릭

❷

❸

라이트룸 하단의 [Show Selected Mask Overlay]에 체크 표시를 하며 작업하면 실수할 우려가 없습니다. 단축키는 O 입니다.

05 [Tone Curve] 패널의 RGB 채널에서 ❶ 밝은 부분과 ❷ 어두운 부분을 클릭해 점을 추가한 후 ❸ 중간 톤을 약간 위로 올려주면 중간톤 영역이 확장되며 훨씬 부드러운 느낌이 납니다.

인물 사진 3 : 흑백 다큐멘터리 인물 사진 보정하기

닷징과 버닝으로 흑백 인물 사진 톤 보정하기

완성 파일 활용편/CHAPTER01/14_결과.jpg

이 예제를 따라 하면

예제의 사진은 태국의 한 사원에서 만난 남자를 촬영한 사진으로 상념에 빠진 눈빛에 이끌려 카메라를 들었습니다. 배경의 평온한 부처상과 달리 남자는 어떤 생각에 빠져 있었을까요? 이 사진의 핵심은 남자의 눈빛입니다. 전통적인 암실 흑백 사진에서 톤을 어둡게 하는 것을 버닝(Burning), 밝게 하는 것을 닷징(Dodging)이라고 합니다. 사진의 어두운 부분은 밝은 곳보다 나중에 보이고, 사진의 밝은 부분은 시각적으로 먼저 보이며 두드러져 보입니다. 이것을 이용한 것이 바로 버닝과 닷징입니다. 디지털 흑백 사진에도 버닝과 닷징 작업은 여전히 유효하며 암실 작업보다 훨씬 섬세하게 작업할 수 있습니다.

준비 파일 활용편/CHAPTER01/14.dng

ⓘ @태국 | 28mm | 조리개 2.8 | 셔터 1/125초 | ISO 400

대부분의 디지털카메라는 RAW 파일로 촬영한 컬러 사진이 기본입니다. 즉 촬영할 때 흑백 사진으로 보정할 것이라면 이것을 염두에 두고 촬영해야 한다는 의미이며, 사진을 고르고 수정하기 전 무엇을 드러내고 무엇을 숨길 것인지를 고민해야 합니다.

01 [Profile Browser]에서 [B&W 01]을 선택하면 가장 무난한 흑백 이미지가 만들어집니다. 프로파일을 선택할 때 처음부터 대비가 너무 강한 프로파일을 선택하지 않습니다. 이 사진의 핵심은 남자의 눈빛입니다. 흑백으로 전환하며 눈빛을 강조할 수 있는 적절한 톤을 찾는 것이 중요합니다. 흑백으로 전환한 후에는 전체적으로 남자의 얼굴보다 주변이 훨씬 밝게 보이는 것을 확인할 수 있습니다.

02 ❶ Radial Filter◯를 클릭합니다. ❷ [Exposure]는 -0.69, ❸ [Clarity]는 -24로 설정하고 ❹ 남자 주변에 영역을 지정합니다. [Clarity]를 낮게 설정한 이유는 주변부의 선명도 흐려짐 효과로 좀 더 아웃포커싱 느낌을 줄 수 있기 때문입니다.

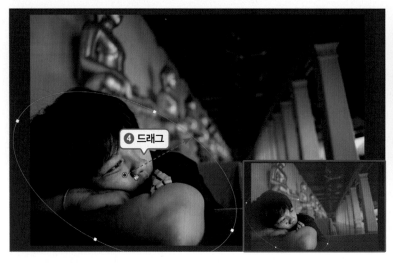

03 ① Graduated Filter를 클릭합니다. ② [Exposure]는 -0.31, ③ [Highlights]는 -27로 설정합니다. ④ 사진의 아래에서 위로 드래그해 버닝 효과를 줍니다. 얼굴과 팔꿈치가 비슷한 톤이라 아래 쪽의 톤을 낮추기 위한 버닝 작업입니다.

04 Graduated Filter에서 ① [New]를 클릭합니다. ② [Exposure]는 -0.31, ③ [Highlights]는 -27로 설정하고 ④ 오른쪽 사원의 기둥에서 안쪽으로 드래그해 버닝 효과를 줍니다.

05 ❶ Adjustments Brush를 클릭합니다. ❷ [Clarity]는 **25**, ❸ [Sharpness]는 **22**로 설정하고 ❹ 얼굴 부분을 브러시로 선택해줍니다. 노출을 밝게 하지 않아도 선명도 효과로 질감이 살아나는 걸 볼 수 있습니다.

04 Adjustments Brush에서 ❶ [New]를 클릭합니다. ❷ [Whites]는 **18**, ❸ [Clarity]는 **46**, ❹ [Sharpness]는 **10**으로 설정하고 ❺ 눈 부분을 브러시로 선택해줍니다. 눈 부분이 조금 더 두드러지도록 닷징하는 작업입니다.

07 [Basic] 패널에서 [Preference] 항목의 [Dehaze]를 **15**로 설정하여 콘트라스트를 강하게 합니다. [Dehaze]는 주로 안개가 낀 사진을 선명하게 할 때 사용하지만 약하게 사용하면 [Contrast]와 [Clarity]를 결합한 효과가 납니다.

08 [Effects] 패널에서 [Grain]을 적용하여 흑백 사진의 입자감을 살립니다. [Amount]를 **14**로 적용합니다.

이번 CHAPTER에서는 사진을 보정하기 위해

좋은 사진을 선택하는 방법과 한 장의 사진도 소중한 사진가를 위해

사진에 나타난 문제점을 수정하는 방법에 대해 알아보겠습니다.

우선 좋은 사진을 만들기 위한 가장 기본은 좋은 원본을 촬영하는 일입니다.

하지만 모든 사진을 완벽하게 촬영할 수는 없습니다.

따라서 구도, 색감, 노출, 노이즈 등 사진에서 다양하게 발생하는

여러 문제점을 케이스로 나누어

보다 나은 사진으로 만드는 방법에 대해 알아보겠습니다.

CHAPTER 02

내 사진은 무엇이 문제일까?
라이트룸 보정으로
사진 업그레이드하기

01

내 사진을 업그레이드하기 위한 사진 선택하기

좋은 사진을 만들기 위해 좋은 사진을 선택하는 방법

"도대체 무엇부터 건드려야 할지 모르겠어요!"

사진 수정 작업은 처음 카메라를 잡을 때의 느낌과 똑같은 설레임이 있습니다. 이때 어떤 사진을 선택하고, 버려야 할까요? 어떤 것이 좋은 사진인지, 또 노출, 색감, 대비 중에서 무엇부터 수정해야 하는지 등 사진을 촬영하는 일도 어려운데 수정 작업은 더 막막합니다.

어떤 사진은 시각적으로 좋지만 이야기가 없고, 어떤 사진은 이야기가 풍부하지만 기술적으론 서툴 수 있습니다. 사실 좋은 사진은 찍는 순간 거의 결정됩니다. 강태공의 손맛처럼 "앗! 이거다!" 하는 느낌이나 감정이 셔터를 통해 전해집니다.

별로 마음에 들지 않는 사진을 이리저리 수정해봐야 결과는 신통치 않습니다. 그렇다면 좋은 사진은 무엇일까요? 어떤 사진을 고르고 수정해야 할까요? 이러한 물음에서 출발해 내 사진을 업그레이드하기 위한 해결 방법과 사진 선택 방법을 알아보겠습니다.

기술적으로 실패한 사진은 과감히 버린다

촬영자의 특별한 의도가 없다면 기술적으로 실패한 사진은 과감히 버리는 것이 좋습니다. 흔들리거나 초점이 맞지 않는 사진, 노출이 너무 어둡거나 과해 디테일이 사라진 사진은 대부분 사진 촬영에 실패한 사진입니다.

실패한 사진을 억지로 살리려 해봐야 좋은 사진이 될 리 없습니다. 그래서 사진을 담을 때는 초점, 노출, 구도, 프레임 등 기술적인 부분을 잘 지키고 생각하며 촬영하는 것이 좋습니다. 정말 좋은 내용을 가지고 있는 사진이라도 초점이 나가면 쓸 수 없기 때문입니다. 평소에 자신의 카메라를 자유자재로 다루는 훈련이 중요합니다.

▲ 너무 흔들려 초점이 빗나간 사진

▲ 과도한 노출로 하늘의 디테일이 사라진 사진

내 사진은 무엇을 말하는가? 사진에 말 걸어보기

예전에 어떤 작가가 자신의 사진에 대해 설명하는 것을 들은 적이 있습니다. "이 사진은 라이카 렌즈를 사용했고요. 조리개는 8, 셔터 속도는 30초, 수동 모드로 촬영했어요. 좋은 렌즈를 사용하니 사진이 쨍하니 좋지 않나요?" 필자는 "아, 네." 하고 전시장을 뛰쳐나왔습니다.

이 사람은 사진이 아니라 사진을 촬영하는 기술에 대해 이야기하고 있기에 다른 사진을 볼 필요가 없다는 생각이었습니다. 사진을 촬영하는 사람들 모두 사진 속에 어떤 이야기가 있었으면 하는 생각을 가지고 있습니다.

더 나아가 주제가 있는 사진, 생각을 던져주는 사진이면 더 좋습니다. 그것이 꼭 말이나 글로 할 수 있는 이야기가 아닌 마음속으로 말을 걸어오는 그런 사진 말입니다. 사진을 고르고 수정할 때도 말을 거는 과정이 필요합니다. 좋은 사진은 꾸준히 바라보고 싶고 다음에도 생각납니다. 이런 사진을 선택해 수정하면 분명 좋은 결과가 나올 것입니다.

▲ 좋은 사진은 말이나 글로 표현할 수 없는 이야기를 품고 있습니다.

주제와 부제, 사진의 핵심 파악하기

음식 사진을 촬영한다면 사진의 주제는 메인 요리입니다. 그 다음 배경에 있는 스푼이나 나이프 같은 것은 부제가 됩니다. 당연히 주제가 부각된 사진을 선정하되, 부제가 적절히 어우러지면 더 좋습니다. 너무 주제만 부각된 사진은 직설적이며 흥미롭지 않습니다. 마치 요리의 증명 사진처럼 느껴지기 때문입니다. 사진 수정에도 이런 요소를 강조하거나 숨겨두면 좋습니다. 주제가 부제에 비해 적절히 드러나게 하여 시각적으로 무엇이 우선순위인지 강조하고 부제는 오히려 살짝 감춰 사진에 다양한 볼거리를 제공하는 것입니다.

▲ 주제와 부제가 적절히 어우러진 사진은 다양한 볼거리를 제공합니다.

어떻게 하면 더 좋은 사진이 되는가

참 어려운 문제입니다. 사진을 보는 각자의 주관이 있고 보는 사람에 따라 좋은 사진이 될 수도, 나쁜 사진이 될 수도 있기 때문입니다. 하지만 정답이 있다면 촬영의 기본을 지킨 사진은 일단 들여다볼 가치가 있다는 것입니다. 촬영할 때 기술적으로 공을 들이고 노출이나 구도 등에 신경 쓴 사진은 일단 관찰하고 크롭한 후 약간의 구도를 수정하거나, 색을 첨가해 자신의 느낌을 반영하면 더 좋은 사진이 될 수 있습니다.

▲ 수정할 때 나만의 느낌을 약간만 가미하면 더 좋은 사진이 될 수 있습니다.

사진에 나타난 상황별 문제점 수정하기

사진 촬영과 기기의 한계를 넘어 라이트룸에서 감성 보완하기

사진을 촬영하다 보면 여러 문제가 생깁니다. 재빨리 찍느라 구도가 좀 엉성하거나, 줌을 하거나 다가가서 촬영해야 하지만 여건상 그러지 못한 경우도 있습니다. 또 촬영할 때 감정적으로 흥분해 서두르다 카메라 다이얼이 돌아가 높은 ISO, 노출 부족으로 촬영되는 경우도 허다합니다.

완벽하게 촬영한 것 같은 사진도 잘 살펴보면 결점이 있습니다. 렌즈의 광학적 문제나 화이트 밸런스에 의해 색감이 틀어지기도 합니다. 잘 촬영한 사진은 수정하기 까다롭지 않습니다. 하지만 실수한 사진이라도 반드시 살려야 하는 사진이 있습니다. 가족의 행사나 한번 밖에 만날 수 없는 우연의 스침 같은 장면입니다. 이번에는 사진을 촬영할 때 발생한 각종 문제점을 수정하는 방법에 대해 알아보겠습니다. 수정하면서 염두에 두어야 할 점은 이런 실수를 반복하지 않고, 후반 작업에 모든 것을 맡겨두지 않도록 공을 들여 촬영해야 한다는 점입니다.

구도의 문제 수정하기

필자는 촬영할 때 어떤 순간을 보고 본능적으로 셔터를 누릅니다. 당시엔 무엇이 날 이끌었는지 잘 알 수 없습니다. 사진을 크게 보고 관찰하는 과정에서 내가 봤던 요소, 그리고 보지 못한 요소가 같이 나타납니다. 감출 때 좋아질 수도 있지만 드러낼 때 주제가 살아나는 사진도 있습니다. 사진 공부를 20년 넘게 해도 사실 그게 가장 고민입니다. 어떤 구도일 때 완벽하다고 말하기는 참 어렵기 때문입니다. 오히려 이럴 땐 사진을 여러 장의 구도로 만들어 두고 찬찬히 살펴보는 과정을 거치면 좋습니다.

 간단 실습

Virtual Copy, Survey 모드를 활용해 사진 비교 분석하기

준비 파일 활용편/CHAPTER02/01.dng
완성 파일 활용편/CHAPTER02/01_결과.jpg

01 이탈리아 시실리에서 촬영한 이 사진은 길거리 화가가 그리고 있는 그림과 지나가는 가족을 보고 셔터를 눌렀습니다. 하지만 광각 렌즈로 급하게 촬영하니 주변 사물, 풍경이 너무 많이 프레임 속에 잡혀 주제가 명확하게 드러나지 않은 느낌입니다. 이때는 다양하게 크롭해 프레임을 정리하는 작업이 필요합니다.

02 하지만 라이트룸에서는 한 번에 한 장의 사진만 수정할 수 있습니다. 그래서 대안으로 나온 방법이 바로 Virtual Copy 기능입니다. 가상의 복제본을 만들어 다른 방법으로 수정하고 비교해 볼 수 있는 기능입니다. ❶ 사진에서 마우스 오른쪽 버튼을 클릭하고 ❷ [Create Virtual Copy]를 선택하면 하나의 복제본이 생성됩니다. 여러 장의 복제본을 다양하게 편집할 것이라면 여러 장 복제합니다. ❸ 복제본에서 구도를 수정하기 위해 Crop Overlay █ 를 사용해 새로운 구도로 자릅니다.

▲ Virtual Copy 기능으로 복제한 후 다양한 구도로 크롭된 사진

03 크롭한 복제본의 구도를 비교해보겠습니다. ❶ G 를 눌러 Grid 보기 모드로 전환한 후 ❷ 복제했던 사진들을 전체 선택 Ctrl + A 합니다.

04 N 을 누릅니다. 선택한 여러 장의 사진을 Survey 보기 모드에서 한 번에 비교할 수 있습니다. 이제 네 장의 크롭된 사진 중 어떤 사진을 선택해 보정할지는 자신의 몫입니다.

색감 문제 수정하기

디지털카메라를 사용하는 사람들의 가장 큰 불만은 색감입니다. 어떤 브랜드의 색감이 새로운 기종에서 변하던가, 다른 브랜드로 카메라를 바꾸고 전혀 다른 색감에 적응하지 못하는 경우도 있습니다. 각 제조사들도 사용자들이 만족할 수 있는 색감을 만들고자 노력하지만, 색감은 지극히 주관적인 부분이어서 전체 사용자를 만족시키기는 힘든 듯합니다. 하지만 컬러가 완전히 틀어지거나 전혀 다르게 나타나기 보다는 특정 색이 강조되게 설정해 출고하는 경우가 많습니다. 보통 상황에서 큰 문제는 없지만, 빛이 부족하거나 원색의 컬러가 강하게 나타나는 상황에선 눈으로 봤던 컬러보다 과장되어 보일 때가 있습니다. 특정 컬러가 만족스럽지 않을 때는 화이트 밸런스 수정 후 [HSL] 패널을 이용해 부분 수정을 하면 좋습니다.

화이트 밸런스, [HSL] 패널을 이용해 원래의 색상으로 조절하기

준비 파일 활용편/CHAPTER02/02.dng
완성 파일 활용편/CHAPTER02/02_결과.jpg

01 스마트폰 카메라로 촬영한 이 사진은 실제 보다 Yellow 계열은 더 강조되어 보이고 Blue 계열은 옅게 보입니다. 최근 모바일 카메라들도 RAW 방식의 촬영을 지원하기도 하지만, 컬러 프로파일이 제대로 적용되지 않아 이처럼 엉뚱한 색으로 나타날 때가 있습니다.

02 가장 먼저 화이트 밸런스를 맞추겠습니다. [Basic] 패널에서 ❶ White Balance Selector를 클릭합니다. ❷ 지붕 위의 빛을 받고 있는 눈을 클릭합니다. 해당 부분이 흰색에 가장 가까워 화이트 밸런스를 맞추기 좋습니다.

03 [HSL/Color] 패널의 ❶ [Hue](색조) 항목을 선택하고 ❷ Target Adjustment Tool을 클릭합니다. 이 사진은 담장의 Yellow가 너무 강하게 강조되어 있습니다. Yellow의 색을 조정하기 위해서 ❸ 담장의 노란 부분에서 아래로 천천히 드래그해 색을 맞춰줍니다.

04 ❶ [Saturation](채도) 항목을 선택합니다. Yellow의 채도를 약간 약화시키겠습니다. ❷ Target Adjustment Tool 을 클릭합니다. ❸ 담장 뒤에 빛이 든 벽에서 아래로 천천히 드래그합니다. 전체 사진을 수정하다 보면 강한 채도가 더 강하게 나타날 가능성이 있어 미리 조정해두면 좋습니다.

05 하늘이 실제 보다 더 밝은 Blue로 표현되어 있어 조정해보겠습니다. ❶ [Luminance](광도) 항목을 선택하고 ❷ Target Adjustment Tool을 클릭한 후 ❸ 하늘 부분의 밝기를 조정하기 위해 아래로 천천히 드래그합니다. Blue가 더 짙은 색으로 표현됩니다.

06 [Basic] 패널에서 전체적인 톤을 수정하며 마무리합니다.

07 보정 전후 사진을 비교해 어떤 색감이 어떻게 조정되었는지 확인합니다.

보정 전후를 좌우로 비교하는 [Before/After]–[Left/Right] 보기 모드는 Develop 모듈에서 편집 도중 Y 를 누릅니다. 다시 Y 를 누르면 단독 보기로 변경됩니다.

주제와 부제의 문제 수정하기

모든 사진에는 주가 되는 대상이 있습니다. 그리고 주변의 풍경이나 사물이 주제를 뒷받침하는 부제가 됩니다. 사진을 어떤 방식으로 수정할지 모르겠다면 내가 무엇에 이끌려 셔터를 누르게 되었나 생각해보면 좋습니다. 그리고 수정할 때도 무엇을 강조하고 무엇을 숨겨야 할지 생각하면 수정의 방향성이 생깁니다.

간단 실습

Graduated Filter, Radial Filter, 흑백 전환으로 톤의 밝기 비교하기

준비 파일 활용편/CHAPTER02/03.dng
완성 파일 활용편/CHAPTER02/03_결과.jpg

01 이탈리아를 여행하면서 촬영한 사진입니다. 노인의 시선과 광고판의 여인이 대비되어 여러 생각을 불러 일으키는 사진입니다. 이 사진의 주가 되는 대상은 노인입니다. 그리고 여인은 주제를 뒷받침하는 부제입니다. 당연히 주가 되는 노인의 모습을 통해 부제를 드러나게 하고 싶은 마음이 생깁니다. 사실 이 노인과 광고판 속 여인은 아무런 상관이 없습니다. 사진을 찍은 필자가 상상의 고리를 연결해 만든 것뿐입니다.

02 어떤 피사체가 눈에 먼저 띄는지 확인해 보려면 [Basic] 패널에서 [Saturation]을 -100으로 하여 흑백 사진으로 전환해보면 쉽습니다. 인간은 이미지를 볼 때 어떤 부분을 먼저 볼까요? ❶ 밝은 부분을 먼저 보고 어두운 부분은 나중에 봅니다. ❷ 큰 형태를 먼저 보고 작은 것을 나중에 보게 됩니다. ❸ 왼쪽을 먼저 보고 오른쪽을 나중에 보게 됩니다. 따라서 프레임을 변화시키지 않으려면 왼쪽의 여인의 톤을 낮추고 노인의 톤을 밝게 하는 것이 수정의 방향입니다. 다시 [Saturation]을 0으로 설정해 컬러 상태로 돌아옵니다.

흑백으로 설정

03 ❶ Graduated Filter ▨를 클릭하고 ❷ 사진의 광고판의 프레임을 기준으로 오른쪽으로 조금만 드래그해 영역을 선택합니다. ❸ [Exposure]는 -0.69, ❹ [Highlights]는 -90으로 설정해 광고판의 노출을 줄입니다.

2 드래그

04 ❶ Radial Filter◯를 선택하고 ❷ [Invert]에 체크 표시합니다. ❸ [Highlights]는 24, [Shadows]는 35, [Whites]는 43, ❹ [Clarity]는 21로 설정한 후 ❺ 노인의 주변에 드래그해 톤이 좀 더 밝게 강조되도록 수정합니다.

05 다시 [Basic] 패널에서 [Saturation]을 -100으로 설정하여 흑백 사진으로 전환해 밝기를 비교해봅니다.

06 원본과 수정 후 사진을 비교한 사진입니다. 어떤 톤의 변화가 있는지 확인해보겠습니다.

톤과 콘트라스트의 문제 수정하기

풍경 사진에서 제일 두려운 자연 요소 중 하나가 바로 연무와 해무입니다. 물론 이런 현상을 이용해 독특하고 몽환적인 느낌을 낼 수도 있지만 원경의 풍경을 담을 때 연무와 해무는 가시거리를 떨어뜨리고 사진을 뿌옇게 만드는 요소입니다. 미세먼지가 없는 쾌청한 하늘도 연무나 해무를 당해낼 수 없고 후반 작업으로도 없어지지 않는 경우가 많습니다. 이때 연무와 해무를 없앨 수 있는 해결 방법이 바로 [Dehaze] 기능입니다.

Dehaze, Blacks, Whites로 뿌연 느낌 사라지게 하기

준비 파일 **활용편**/CHAPTER02/04.dng
완성 파일 **활용편**/CHAPTER02/04_결과.jpg

01 이 사진은 이탈리아 시실리의 한 호텔 앞 전경입니다. 이 풍경을 촬영하기 위해 해가 뜨기 전부터 기다렸지만 해무가 걷히지 않았습니다. 날씨가 맑고 공기가 깨끗해 보이지만 해무 때문에 톤과 콘트라스트가 약하고 색상도 약간 뿌연 느낌입니다.

02 색을 좀 더 강조하기 위해 [Basic] 패널에서 [Profile]을 [Adobe Landscape]로 바꿉니다.

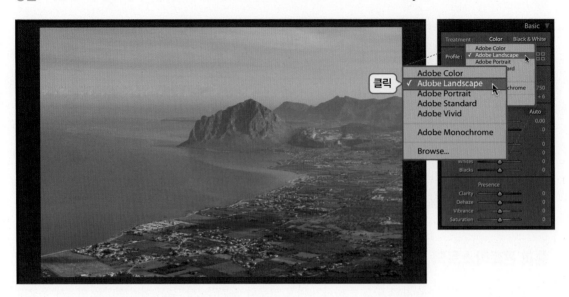

03 [Dehaze]를 사용하여 해무 현상을 없애보겠습니다. 슬라이더가 오른쪽으로 갈수록 효과는 강하게 적용되지만 이미지 손상도 심해집니다. 미리 보기를 확인하며 슬라이더를 이동합니다. 예제에서는 [Dehaze]를 30으로 적용했습니다.

04 [Dehaze]로도 뿌연 느낌이 완전히 사라지지 않을 때는 [Whites]와 [Blacks] 적절히 조절하여 톤 대비를 강하게 적용합니다.

05 간단한 [Dehaze] 조정과 톤 대비를 이용해 사진에 나타난 연무를 제거했습니다.

렌즈의 광학적 왜곡 문제 수정하기

광각렌즈를 사용하면 촬영하는 각도에 따라 사진에 왜곡이 발생합니다. 대표적인 왜곡은 큰 건축물을 아래에서 위로 올려다볼 때 위로 갈수록 좁아지는 현상이나, 근접한 대상의 가운데가 훨씬 크게 보이는 경우가 있습니다. 건축 사진에서는 건축물의 본모습을 제대로 표현하기 위해 틸트 시프트 렌즈로 수평과 수직 왜곡을 교정하며 촬영합니다. 하지만 렌즈의 가격이 고가이고, 수동으로 촬영하기에는 특수하고 정밀한 세팅이 필요합니다. 따라서 중요한 건축물 촬영이 아니라면 라이트룸의 왜곡 교정 기능을 사용해도 됩니다. 왜곡을 교정하면 사진의 테두리를 잘라내야 하므로 어느 정도 여백을 두고 촬영하는 것이 좋습니다.

Lens Profile, Upright를 이용해 렌즈 왜곡 수정하기

예제 사진은 여의도의 LG 트윈 타워 근처에서 촬영한 사진입니다. 반대쪽 건물 옥상에서 구도를 살짝 위로 촬영해 건물이 위로 갈수록 약간 좁아지는 왜곡이 발생했습니다.

준비 파일 활용편/CHAPTER02/05.dng
완성 파일 활용편/CHAPTER02/05_결과.jpg

01 촬영 각도에 따라서 왜곡이 생기지만 렌즈 자체의 왜곡이나, 비네팅 등의 광학적인 문제도 있습니다. [Lens Corrections] 패널에서 [Enable Profile Corrections]에 체크 표시하면 각 제조사의 렌즈에 따른 문제점을 쉽게 보완할 수 있습니다. 카메라나 렌즈가 구형 기종이라면 프로파일이 없을 수도 있습니다. 이때는 [Manual] 항목에서 수동 교정을 진행합니다.

02 렌즈의 왜곡 교정이 완료되면 사진 자체의 교정을 진행합니다. ❶ [Transform] 패널의 [Guided]를 클릭합니다. ❷ [Upright] 항목에서 Guided Upright Tool ⊞ Shift + T 을 클릭해 수직 왜곡을 교정해보겠습니다. 이때 사진을 약간 확대하면 좀 더 정교한 작업이 가능합니다.

03 건물의 왼쪽 경계를 따라 가이드라인을 드래그합니다.

04 건물의 오른쪽 경계를 따라 가이드라인을 드래그합니다.

05 같은 방향으로 두 개 이상의 가이드라인이 설정되면 자동으로 수평, 수직 교정이 실행됩니다.

카메라 센서 표현의 문제 수정하기

요즘 생산되는 풀프레임 DSLR이나 미러리스 디지털카메라에 장착된 광학 센서의 표현 범위는 보통 12~14비트입니다. 비트 수가 증가할수록 컬러 표현이 풍부해지고, 밝은 곳부터 어두운 곳까지의 톤 표현도 풍부해집니다.

하지만 센서가 아무리 좋더라도 아직 사람의 육안으로 볼 수 있는 색과 톤의 한계를 넘지는 못했습니다. 여러분도 언젠가 엄청난 밝기 차이가 나는 환경에서 사진을 담을 일이 있었을 것입니다. 이때 밝은 곳에 노출을 맞추면 어두운 부분의 컬러나 디테일 표현이 사라지고, 어두운 곳에 노출을 맞추면 밝은 곳이 하얗게 날아가 디테일을 복원하기 어렵습니다. 밝은 곳과 어두운 곳까지 완벽한 디테일로 담으려면 여러 노출로 촬영하는 HDR 기법밖에 답이 없습니다. 그렇다면 한 장의 사진으로 이 한계를 극복할 수는 없을까요? 완벽하진 않겠지만 부득이하게 HDR로 촬영하지 못한 사진을 그래도 볼만한 톤으로 만드는 방법에 대해 알아보겠습니다.

Radial Filter를 활용한 단계적 수정으로 센서 표현의 한계 넘기

준비 파일 활용편/CHAPTER02/06.dng
완성 파일 활용편/CHAPTER02/06_결과.jpg

01 핀란드의 여름 별장에서 촬영한 사진입니다. 이 오두막은 완벽하게 빛이 차단되는 형태로 낮에도 거의 밤 같은 조도를 유지합니다. 아침에 문을 열어 밖을 봤는데 너무 아름다운 빛이 들어오고 있었습니다. 밝은 빛에 노출을 맞춰 촬영했는데 오두막 안의 디테일은 검은색에 완전히 사라져버렸습니다.

02 이런 사진을 복원하기 위해서는 전체적인 톤 범위를 넓혀줘야 합니다. 톤 범위가 좁을수록 콘트라스트가 강해지고, 넓을 수록 부드러워집니다. 우선 넓은 톤 범위를 가진 프로파일을 선택해보겠습니다. [Profile Browser] 패널에서 [Adobe Neutral]을 선택합니다.

03 빛이 들어온 야외의 밝은 부분은 수정할 필요가 없습니다. ❶ Radial Filter ◯를 클릭하고 ❷ 문 주변을 드래그해 원을 그려 영역을 지정합니다.

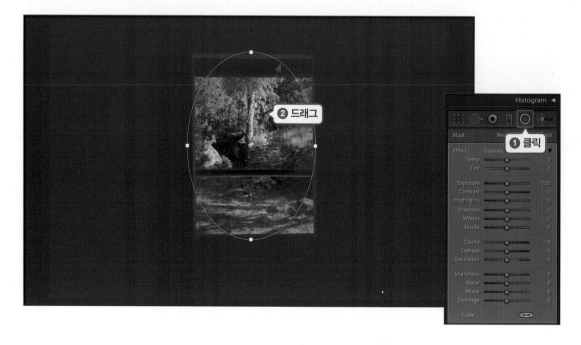

04 이런 극단의 노출을 가진 사진을 수정할 때는 미리 각 수치를 설정하는 것보다 단계적으로 디테일을 최대한 살리는 방향으로 시작합니다. [Shadows]를 100으로 설정해 어두운 곳의 디테일을 복원합니다. 검은색 속에 있던 오두막의 디테일이 조금 살아난 것을 볼 수 있습니다.

05 [Blacks]을 20으로 설정해 검은색 계열을 조금 없애줍니다. 약간 뿌연 느낌이 나지만 나중에 수정할 수 있습니다.

06 오두막 내부의 디테일이 약한 느낌이 들어 [Clarity]를 **67**로 설정해 디테일을 살렸습니다.

07 어두운 부분을 강제적으로 밝게 하면 노이즈가 생깁니다. [Sharpness]를 **-20**으로 하여 선명도를 약화시키고 [Noise]는 **25**로 설정해 노이즈를 제거합니다.

08 내부에 전체적으로 푸른 빛이 돌기에 [Temp]를 **35**로 조정하여 노란색 계열을 추가합니다.

09 보정 전후 사진을 비교하며 문 주변의 오두막 디테일이 어떻게 복원되었는지 확인합니다.

고감도 촬영 시 노이즈 문제 수정하기

필름 카메라로 촬영할 당시에 ISO 800 필름 정도면 굉장히 고감도의 이미지였습니다. 요즘 디지털카메라는 상용 감도가 ISO 6400~12800 정도입니다. 상용 감도는 실제로 볼만한 이미지를 만들어 주는 수준의 각도를 말합니다. 하지만 볼만한 사진과 쓸만한 사진은 다릅니다. 너무 고감도로 촬영한 사진은 웹에서 보기엔 적당할지 몰라도 인쇄용으로 사용하기엔 선명도도 떨어지고 색도 조잡해서 사용하기 어렵습니다. 하지만 흔들린 사진 보다는 노이즈가 있는 사진이 훨씬 낫습니다. 노이즈는 라이트룸으로 충분히 복원이 가능하기 때문입니다.

간단실습

Noise Reduction으로 섬세하게 노이즈 조정하기

준비 파일 활용편/CHAPTER02/07.dng
완성 파일 활용편/CHAPTER02/07_결과.jpg

01 숲속이고 해가 진 뒤라 ISO를 12800까지 올려 셔터 속도를 확보해 촬영했습니다. 조리개 4에 셔터 속도는 1/80초 정도입니다. 이보다 셔터 속도가 내려가면 흔들린 사진이 될 것이고 ISO를 더 올리면 노이즈가 더 강해질 것입니다.

02 일단 톤이나 색감 등을 어느 정도 수정을 하고 노이즈는 나중에 제거하면 좋습니다. 우선 [Basic] 패널에서 [Highlights]는 **-50**, [Shadows]는 **+60**으로 설정해 톤 대비를 줄입니다. 고감도로 촬영한 사진은 색 정보가 부족하기 때문에 너무 과하게 수정하면 노이즈가 더 증가하므로 주의합니다.

03 어느 정도 노이즈가 증가했는지 100% 확대해 확인하면 좋습니다.

04 화면이 100% 확대된 상태에서 디테일이 사라지지 않는 선까지 적용합니다. [Detail] 패널의 [Noise Reduction]에서 [Luminance]를 30으로 적용합니다.

05 [Detail] 슬라이더는 노이즈를 적용하며 사라진 디테일을 복원하는 역할을 합니다. 너무 많은 수치로 적용하면 노이즈가 오히려 증가하니 화면을 보며 적용합니다. [Detail]을 60으로 설정합니다.

06 [Contrast] 슬라이더는 노이즈를 줄여서 생기는 색의 대비를 보완하는 역할을 합니다. 예제에서 [Contrast]는 **30**을 적용했습니다.

07 원본과 수정 후 사진을 100% 확대했을 때 노이즈 차이를 확인하고 전체 색감을 비교합니다.

스튜디오 사진의 배경 수정하기

스튜디오 흰색 배경에서 제품이나 인물을 촬영할 때 조명이 밝게 떨어진 부분은 깔끔하지만 그렇지 못한 부분은 배경의 얼룩이 사진에 그대로 나타납니다. 이런 얼룩은 하나하나 지우기도 힘들고 깔끔하게 만들기도 어렵습니다. 특히 깔끔한 종이 배경이라면 괜찮지만 대부분 인물 사진 스튜디오들이 호리존(Horizon)이라 불리는 배경과 바닥을 둥글게 연결시켜 흰색 페인트로 칠한 형태를 많이 사용합니다. 하지만 스튜디오에서 아무리 깔끔하게 관리해도 바닥을 매번 페인트를 새로 칠할 수 없어 후반 작업에서 얼룩을 지우는 것이 당연한 작업처럼 되었습니다. 라이트룸으로 이런 스튜디오에서 촬영한 배경의 얼룩을 깔끔하게 지우는 방법에 대해 알아보겠습니다.

Adjustment Brush, Luminance Range Mask로 깔끔하게 배경 정리하기

준비 파일 **활용편**/CHAPTER02/08.dng
완성 파일 **활용편**/CHAPTER02/08_결과.jpg

01 호리존은 주로 인물의 상반신 위주로 사용하기에 바닥을 촬영할 일이 많진 않습니다. 사실 이정도 호리존이면 스튜디오 촬영에서는 깔끔한 축에 속합니다. 하지만 자세히 살펴보면 배경과 바닥 부분에 얼룩이 보입니다. 흰 배경의 얼룩을 가장 쉽게 제거하는 방법은 조명으로, 밝게 한 것처럼 노출을 올려줍니다.

02 ❶ Adjustment Brush 를 클릭합니다. ❷ [Clarity]는 **-100**, [Dehaze]는 **-100**으로 설정합니다. [Clarity]를 낮게 설정한 이유는 배경의 얼룩이나 질감을 부드럽게 하기 위함이고, [Dehaze]를 낮게 설정한 이유는 안개 효과처럼 밝고 뿌연 느낌을 주기 위해서입니다. 어차피 흰 배경의 디테일을 살릴 의도는 없기에 디테일을 줄이는 것이 목적입니다.

03 ❶ [Show Selected Mask Overlay] O 에 체크 표시를 하고 마스크가 칠해지는 곳을 보면서 작업하면 좋습니다. ❷ 배경에 브러시로 전체적으로 칠해줍니다. 인물이나 옷의 경계선 부분에 브러시가 좀 넘어가도 상관없습니다. ❸ [Show Selected Mask Overlay]를 해제하면 바닥 부분이 밝게 된 것을 확인할 수 있지만 전체적으로 너무 밝아 어딘가 자연스럽지 않습니다.

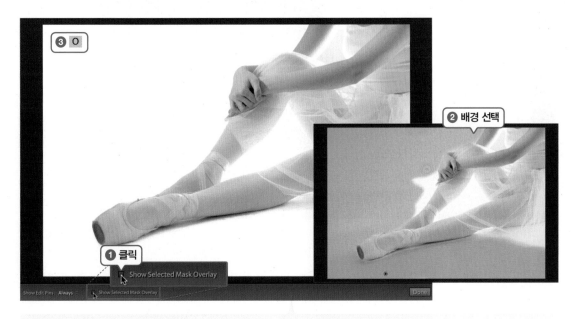

[Auto Mask]에는 체크 표시를 해두면 배경 이외의 다른 곳에 브러시가 적용되는 것을 방지해줍니다.

04 ❶ [Range Mask]를 [Luminance]로 변경한 후 ❷ 를 클릭합니다. ❸ 사진에서 바닥 부분을 한 번 클릭하면 약간 밝은 회색 계열이 마스크로 선택됩니다. 마스크의 ❹ [Range]를 조정해 줄여주면 훨씬 자연스럽습니다. 예제에서는 **29/63**으로 설정했습니다.

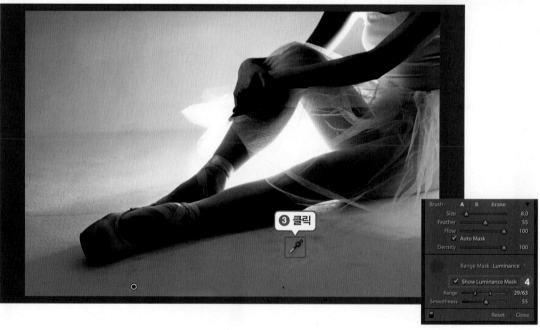

05 좀 더 섬세한 작업을 위해 ❶ [New]를 클릭해 Adjustment Brush 를 하나 더 생성합니다. ❷ [Exposure]를 0.34로 설정하고 ❸ 바닥 부분을 선택해 한 번 더 밝게 조정합니다.

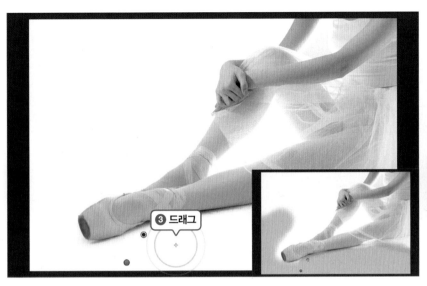

06 그래도 사라지지 않는 얼룩은 ❶ Spot Removal 을 클릭하고 ❷ [Heal] 브러시를 사용해 제거하면 깔끔하게 정리됩니다.

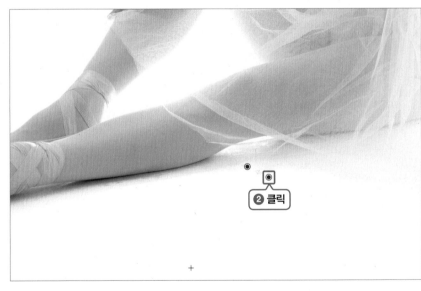

라이트룸에는 사진 보정 기능 외에도 간단한 동영상 편집을 할 수 있으며,

촬영한 사진으로 지도 정보를 업데이트하고,

디지털 포트폴리오와 화보집을 만들 수 있습니다.

바로 Develop 모듈 오른쪽에 있는

Map, Book, Print 모듈이 그러한 기능입니다.

이번 CHAPTER에서는 라이트룸의 사진을 보정하고,

편집하는 기능 외에 사진 생활을 더욱 풍부하게 만들어줄

다양한 기능을 알아보겠습니다.

이러한 기능을 이용해 다른 사람들과 사진을 공유하고

자신만의 포트폴리오를 만들 수 있길 바랍니다.

다양한 기능으로
라이트룸을
더욱 풍부하게 활용하기

라이트룸으로 영상 편집하기

라이트룸의 숨겨진 영상 편집 기능으로 동영상 색 보정하기

라이트룸의 영상 편집 기능은 비디오 길이를 조정하고, 포스터 프레임을 정하거나, 영상 파일을 캡처하는 등 아주 단순합니다. 하지만 이미지 편집 기능을 영상에 응용하면 영상 편집 전문 프로그램에서 구현하기 까다로운 색 보정 작업을 쉽게 할 수 있습니다.

영상을 편집해보면 알겠지만 편집 프로세스 자체는 굉장히 단순합니다. 촬영한 소스에서 좋은 영상을 골라내고 편집에 필요한 순서대로 한 컷, 한 컷 붙이면 한 편의 영상이 만들어집니다. 다만, 전체 영상을 만드는 과정에서 각 영상의 밝기, 톤, 컬러 등이 어느 정도 일정한 흐름을 가지는 한 편의 작품을 만드는 것이 어려울 따름입니다.

영상을 편집할 때 한 장면이 너무 길면 지루해 재미가 떨어집니다. 여행이나 예능 프로그램에서도 타임랩스, 슬로모션, 음식 클로즈업, 인물, 인터뷰, 자막 등 다양한 소스를 모아 한 편의 영상을 완성합니다. 이는 한 장면을 너무 길게, 또는 소재를 좁혀 촬영할 필요가 없다는 말입니다.

마치 여행 사진을 찍듯이 흥미로운 요소를 다양하게 영상으로 촬영해두면 편집할 때 양념처럼 버무릴 수 있습니다. 한 개 클립은 5~15초 내외로 짧게, 되도록 여러 대상을 많이 담아둡니다.

비디오 파일 불러오기와 길이 조절하기

영상을 촬영한 후 가장 많이 하는 작업 중 하나가 영상의 시간, 길이를 잘라내는 작업입니다. 한 클립의 하이라이트 장면이나 다음 영상과 연결점을 찾아 잘라내고 편집하면 한 편의 영상이 됩니다. 준비 파일을 이용해 영상을 라이트룸에 불러오고 길이를 조절하는 방법에 대해 알아보겠습니다.

준비 파일 활용편/CHAPTER03/01~03.mp4

01 ❶ 영상을 불러오는 방법은 사진과 동일하게 Import 기능을 사용합니다. `Ctrl` + `Shift` + `I` 를 눌러 영상 파일을 불러옵니다. ❷ 영상 파일은 섬네일 왼쪽에 영상의 길이를 나타내는 시간이 표시됩니다. 영상을 촬영할 때는 시작 지점과 끝나는 지점을 생각해서 10~20초 내외로 촬영하고, 길이를 잘라낼 때는 짧게는 1~5초 내외로 여러 컷을 편집하면 좋습니다. ❸ Grid 보기 모드에서 영상 파일을 더블클릭하면 Loupe 보기 모드에서 크게 볼 수 있으며 영상 재생과 편집이 가능합니다.

02 ❶ `Spacebar` 를 누르면 영상 미리 보기를 재생할 수 있습니다. 영상을 시작할 지점과 끝날 지점은 아래에 위치한 조절 바에서 ❷ 🔧를 클릭하고 ❸ 슬라이더가 나타나면 드래그해 선택합니다. ❹ 시작과 끝 지점의 선택이 끝나면 조절 바 왼쪽에 시간이 표시됩니다. 시간 조절을 했다고 실제 영상이 편집되는 것은 아닙니다. 이미지 편집과 마찬가지로 Export 과정을 거쳐야 조절된 영상 클립이 컴퓨터에 저장됩니다.

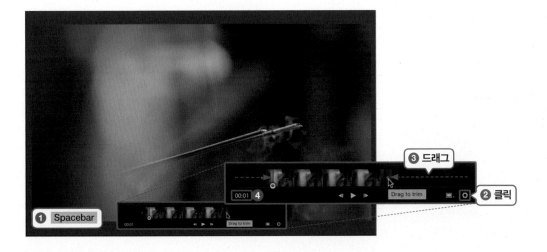

Quick Develop로 간단한 영상 파일 수정하기

01 영상 파일의 색을 수정하려고 Develop 모듈을 선택하면 영상 파일을 편집할 수 없다는 메시지가 나타납니다. 아쉽게도 영상 파일은 라이트룸의 Develop 모듈에서 편집할 수 없습니다.

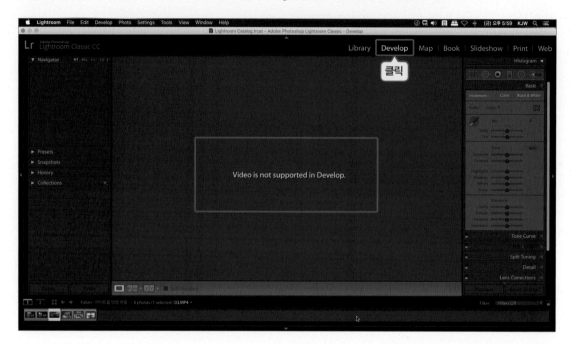

02 하지만 Library 모듈의 [Quick Develop] 패널에서 간단한 화이트 밸런스, 노출, 대비, 밝은 영역, 어두운 영역 등을 수정할 수 있습니다. [Highlights], [Shadows], [Clarity]를 수정할 수 없지만 대부분의 영상 작업은 이 기능으로 충분합니다.

03 [Quick Develop] 패널은 보통 사진 파일을 빠르게 수정할 때 사용하지만, 영상 클립을 편집할 때는 전체 톤을 맞추거나 개별 톤을 다른 클립과 시각적으로 확인하며 노출 등을 간단히 편집할 때 사용합니다.

Capture Frame으로 Develop 모듈의 편집 기능 활용하기

01 Develop 모듈에서 편집할 수 없는 단점은 [Capture Frame] 기능을 응용해 간단히 해결할 수 있습니다. Library 모듈의 Loupe 보기 모드 아래 조절 바에서 ❶ ▭.를 클릭하고 ❷ [Capture Frame]을 선택합니다. 영상 파일을 캡처하고 JPG 사진 파일을 생성합니다.

02 캡처한 사진은 자동으로 Import됩니다. ❶ Develop 모듈 아래 사진 목록에서 선택하거나, Library 모듈에서 사진을 선택한 후 ❷ Develop 모듈에서 자유롭게 수정합니다.

03 ❶ Library 모듈로 돌아옵니다. ❷ Library 모듈에서 수정한 캡처 이미지를 선택하고 ❸ Ctrl 을 누른 상태에서 영상 파일도 같이 선택합니다. ❹ 오른쪽 아래의 [Sync Settings]를 클릭하면 이미지 파일의 수정 내역을 영상 파일에도 동일하게 적용합니다.

04 [Synchronize Settings] 대화상자가 나타납니다. 수정 내역이 적용되는 항목들과 그렇지 않은 항목을 보여줍니다. [Lens Corrections]나 [Transform] 등 이미지 크기, 왜곡을 수정하는 Develop 모듈의 몇 가지 기능은 사용할 수 없지만 톤, 컬러 등을 수정하는 기능은 적용이 가능합니다. [Synchronize](동기화)를 클릭하면 이미지의 수정 내역을 영상에도 반영합니다.

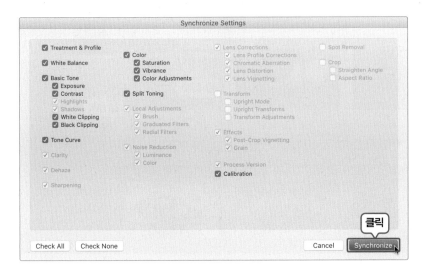

나만의 프리셋으로 영상 색 보정 쉽게 하기

01 전문적으로 영상을 제작하는 사람도 영상 편집에서 가장 어려워하는 일이 바로 색 보정이었습니다. 하지만 요즘은 소프트웨어가 워낙 쉽고 편리해져 일반인들도 쉽게 색 보정에 접근합니다. 라이트룸 사용자들은 Develop 기능의 강력함과 프리셋의 편리함을 영상 편집에 적극 활용해보면 도움이 될 것입니다. Develop 모듈에서 사진을 수정하고 [Presets] 패널에서 ❶ ➕를 클릭한 후 ❷ [Create Preset]을 선택합니다.

02 Library 모듈로 돌아와서 ❶ 영상 파일을 선택하고 [Quick Develop] 패널에서 ❷ [Saved Preset]–[User Presets]을 선택하면 [User Presets]에 앞에서 만든 프리셋이 보입니다. ❸ 자신이 만든 프리셋을 선택해 영상 파일에 적용하면 금방 색 보정 작업이 끝납니다.

Split Toning 이용해 영화 같은 느낌으로 영상 색 보정하기

준비 파일 동영상은 핀란드 헬싱키에서 스마트폰 카메라로 촬영한 영상입니다. 라이트룸의 영상 편집 기능은 제한적이지만 앞서 배운 내용들을 적용하면 간단하지만 전문적인 색 보정을 진행할 수 있습니다.

준비 파일 활용편/CHAPTER03/07.mp4

01 삽입한 영상 파일의 Grid 보기 모드에서 ❶ ▭.를 클릭하고 ❷ [Capture Frame]을 선택합니다. 캡처된 사진은 색보정 소스로 사용할 예정이므로 어느 장면을 선택해도 상관없습니다.

02 ❶ 캡처한 이미지를 Develop 모듈에서 엽니다. ❷ [Split Toning] 패널에서 수정합니다. [Highlights], [Shadows] 항목에서 각각 다른 색조를 가미하여 색상을 수정합니다.

03 [Basic] 패널에서 사진의 느낌을 보며 전체적인 톤, 색상을 조절합니다.

04 Library 모듈로 돌아옵니다. 캡처된 사진을 먼저 선택하고 Ctrl 을 누른 상태에서 영상 파일을 선택한 후 [Sync Settings]를 클릭합니다. 동영상의 색감도 사진과 동일하게 변경됩니다.

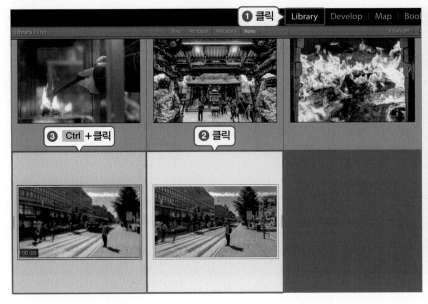

05 [Split Toning]으로 보정한 설정도 프리셋으로 만들면 영상 파일에 일괄 적용하여 비슷한 느낌의 색상으로 쉽게 수정할 수 있습니다.

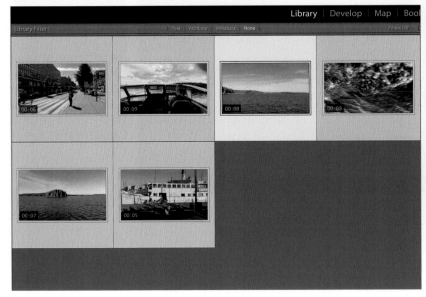

Export로 비디오 파일의 저장 방식과 포맷 설정하기

01 라이트룸에서 수정한 비디오 파일은 ❶ [Export]를 클릭해 사진과 동일하게 내보낼 수 있지만 전문적인 영상 편집 프로그램과 다르게 저장 옵션과 코덱 선택에는 한계가 있습니다. 라이트룸 비디오 파일의 내보내기 포맷은 ❷ [Video]-[Video Format]에서 설정할 수 있습니다. DPX(Digital Picture eXchange)와 H.264 포맷이 있습니다. [H.264]를 선택합니다.

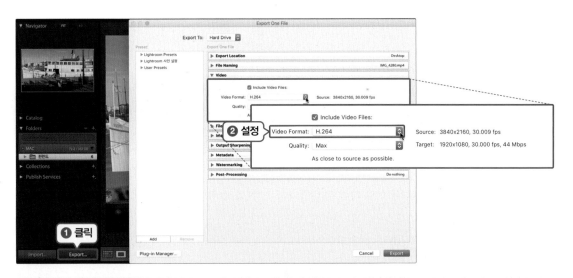

인터넷에서 주로 많이 사용하는 H.264 방식은 압축률 대비 화질이 뛰어납니다. DSLR이나 스마트폰 카메라로 촬영한 간단한 영상은 보통 H.264 방식을 많이 사용합니다.

02 [Quality]는 [Max]부터 [Low]까지 압축률에 따른 영상 품질과 파일 크기를 지정할 수 있습니다. ❶ [Max]로 내보내면 컴퓨터에서 보거나 인터넷에서 활용하기에 큰 문제가 없는 mp4 영상 파일로 저장합니다. [Low] 로 내보내면 파일 용량을 줄이거나 해상도를 줄일 수 있지만, 영상 품질이 급격히 낮아지는 문제점 때문에 추천하지 않습니다. ❷ [Export]를 클릭합니다.

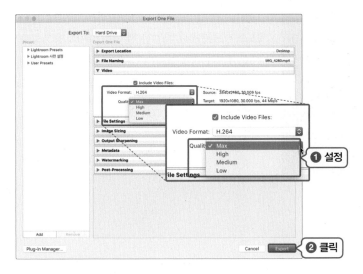

LESSON 02

Map, 촬영 여행의 정확한 위치 찾고 기록하기

사진에 기록된 위치 정보로 사진을 관리하는 방법 알아보기

라이트룸에는 이미지의 메타데이터에 포함된 위치 정보를 읽고 지도에 표시해주는 Map 모듈이 있습니다. 스마트폰 카메라는 촬영할 때 기본적으로 위치 정보를 담는 기능이 있습니다. 몇몇 디지털카메라는 Geo Tag(위치 정보 표시) 기능이 있거나, 스마트폰과 연동해 사진의 위치 정보를 담기도 합니다.

필자도 Geo Tag 기능이 있는 카메라를 가지고 있지만 배터리 문제로 보통 끄고 촬영합니다. 하지만 Map 모듈은 위치 확인 및 촬영 기록용으로 자주 활용합니다. 카메라로 촬영하기 전 스마트폰으로 현장을 한 장 담아두면 자동으로 위치 정보가 스마트폰 사진에 입력됩니다. 이 사진을 이용하면 나중에 기사나 출판 원고를 쓸 때 정확한 지명 등을 작성하기 좋습니다.

Geo Tag 활성화하기

01 먼저 위치 정보 표시 기능이 있는 스마트폰이나 카메라를 사용해서 촬영한 사진을 라이트룸에서 불러온 후 ❶ [View]-[View Options] 메뉴를 선택합니다. ❷ [Library View Options] 대화상자가 나타나면 [Show Grid Extras]에 체크 표시합니다.

❸ 스마트폰에서 백업한 사진을 라이트룸으로 불러오면 자동으로 Geo Tag를 인식하기 때문에 위치 정보가 있는 사진은 Library 섬네일 오른쪽 아래에 ▦ 표시가 나타납니다.

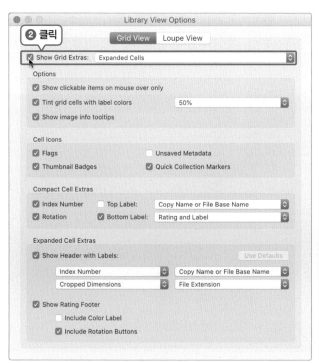

02 사진 섬네일에 표시된 ☐를 클릭하면 Map 모듈로 이동합니다.

02 Map 모듈에서는 구글 지도를 기반으로 사진이 촬영된 정확한 위치를 표시해줍니다. 지도에 표시된 말풍선 안의 숫자는 해당 위치에서 촬영된 사진의 개수를 의미합니다. 숫자에 마우스 포인터를 가져가면 작은 섬네일로 사진을 넘겨 볼 수 있습니다.

04 지도에서 위치 별로 사진을 모아서 보고 싶다면 범위를 지정하면 됩니다. 왼쪽의 [Saved Locations] 패널에서 ❶ ➕를 클릭하고 ❷ [New Location] 대화상자가 나타나면 [Radius]에서 범위를 조절해 지역 범위를 설정합니다. 범위는 지도상에 원 형태로 나타나며 ❸ 거리 단위도 조절할 수 있습니다. ❹ [Create]를 클릭합니다.

라이트룸의 Map 기능 응용하기

01 아래 사진은 핀란드 여름 여행 중 고속도로에서 촬영한 사진입니다. 너무 아름다운 풍경에 차를 잠시 세워 촬영했는데 나중에 지명이나 위치를 찾기 어려울 것 같아 스마트폰으로 촬영했습니다. 우연히 고속도로에서 마주친 장소는 GPS 데이터가 없으면 나중에 찾기 어렵기 때문입니다. 보이는 것처럼 라이트룸의 Map 모듈에서 쉽게 위치를 확인할 수 있습니다.

02 또 Map 모듈은 구글 맵(map.google.com) 서비스를 기반으로 작동합니다. 따라서 나중에 출사지를 재촬영할 때 입체적으로 계획을 짜기 좋습니다. 시간이 지날수록 기억이 가물가물해 정확한 위치나 촬영 포인트, 빛이 좋은 시간 등을 기억하기 어려울 때 사용하면 좋습니다. ❶ 지도에서 원하는 지역을 선택한 후 ❷ [View on Google Maps]를 클릭하면 인터넷 브라우저가 나타나며 자동으로 해당 위치의 구글 맵 서비스로 이동합니다. 구글 맵의 스트리트 뷰 기능을 이용해 촬영 장소를 다시 확인할 수 있습니다.

03 구글 아이디가 있다면 라이트룸의 Map 모듈과 구글 맵을 연동해 자신이 방문했던 장소들을 즐겨찾기 하면 편리합니다. 필자는 그동안 촬영지와 여행 장소를 구글 맵으로 하나하나 기록하고 있습니다. 자신만의 추억을 쌓기에도 좋고, 사진 출사 기록을 관리하기에도 좋습니다.

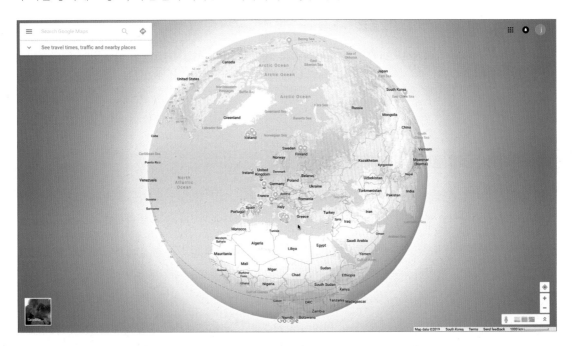

LESSON

03

나만의 사진집과
디지털 포트폴리오 제작하기

자신만의 포트폴리오 PDF를 제작하고 Blurb 사이트에서 책 제작 의뢰하기

예술가에게는 왜 포트폴리오가 필요한가?

사진가에게 의뢰하여 촬영하는 사진을 상업 사진이라고 합니다. 어떤 유명한 패션 잡지의 편집자가 사진가에게 촬영을 의뢰하려고 합니다. 여러분이 편집자라면 어떤 사진가에게 작업을 의뢰할까요?

외국에 가서 작업할 경우 촬영 이미지에 대한 비용은 물론 이동과 촬영 경비를 책정해 사진가에게 지불합니다. 많은 비용을 받고 촬영하는 사진가는 일부지만 매체에 따라 수백 또는 수천만 원 이상을 받고 촬영하는 작가도 있습니다.

이왕 촬영하는 사진인만큼 첫째로 결과물의 퀄리티를 제대로 보여줄 사진가를 찾을 것이고, 둘째로 의뢰하고자 하는 목적에 맞는 사진가를 찾을 것입니다. 패션 분야면 모델을 잘 다루고 패션 트렌드를 잘 읽고 표현하는 작가를, 풍경이라면 극적인 순간을 잘 읽고 표현할 수 있는 작가를 찾을 것입니다.

그래서 편집자, 마케팅 담당자, 디자이너, 감독은 어떤 사진가가 어떤 작업에 특화되어 있는지 항상 예의주시합니다. 작가들의 전시회를 직접 찾아 다니기도 하고 인터넷을 통해 새로 작업을 하는 작가를 발굴하기도 하며 누가 이런 작업을 잘한다는 입소문에도 귀를 기울입니다.

그래서 예술가, 특히 사진가에겐 자신만의 포트폴리오가 필요합니다. 포트폴리오는 자신이 그동안 어떤 작업을 했고, 어떤 특별한 감각을 가지고 있는지 등을 소개하는 요약 자료입니다. 명함으로 '무슨 사진가'라고 소개하는 것보다 한 장의 또는 한 묶음의 감각 있는 포트폴리오를 보여주는 것이 더 확실합니다.

포트폴리오는 여러 가지 방법으로 만들 수 있습니다. 블로그, SNS, 홈페이지를 제작해 보여주는 것도 모두 포트폴리오의 일종입니다. 하지만 모니터로 보던 멋진 결과가 실전에선 실력을 제대로 발휘되지 않을 때도 있습니다. 작가의 상상력과 노력의 결정체가 집약된 물성을 가진 형태로 보는 프린트나 책의 느낌과 모니터의 느낌은 사뭇 다릅니다.

결과적으로 말하자면 포트폴리오는 스스로를 위한 공부이기도 합니다. 내가 촬영한 사진을 정리하고 반성해 꾸준히 사진을 작업하기 위한 원동력입니다. 이번 레슨에서는 효율적으로 자신의 포트폴리오를 만드는 방법을 소개합니다.

Book, 내가 디자인하고 만드는 나의 사진집

사진 한 장을 출력하기는 쉽지만 여러 장을 하나의 책으로 묶기는 쉽지 않습니다. 특히 사진집 제작은 많은 사진가들이 도전해보고 싶은 분야지만 편집, 디자인, 출력, 제본 등은 물론이고 책을 제작할 때 필요한 제반 비용을 감당하기 어려워 포기하는 경우가 많습니다.

오죽하면 사진하는 사람들의 평생 소원이 자신만의 사진집을 한 권 가져보는 것일까요? 사진집 제작은 인쇄 기술을 기반으로 하기에 책의 레이아웃을 편집해주는 디자이너, 인쇄를 담당해줄 인쇄소, 또 종이의 재질과 인쇄의 품질 결정, 책을 시중에 유통해줄 출판사 등을 섭외하다 보면 제작 방식에 따라 비용이 수백, 수천만 원을 넘기는 경우도 허다합니다. 그래서 책 형태의 사진집 포트폴리오에 더욱 공을 들입니다.

라이트룸의 Book 모듈은 그동안 사진가들이 어렵게 생각하던 사진집 제작에 필요한 레이아웃을 편리하게 적용할 수 있는 기능을 제공합니다. 디자인을 선택하고 사진을 드래그하여 삽입하면 누구나 사진집을 쉽게 제작할 수 있습니다. 또 사진은 물론 일러스트, 미술, 판화 등 자신의 창작물을 취향에 맞게 디자인하여 제작하는 포트폴리오로도 활용이 가능합니다.

Blurb, 사용자 맞춤형 사진집 제작 솔루션

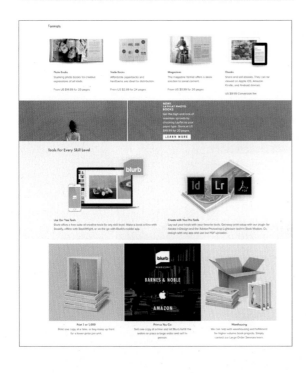

라이트룸의 Book 모듈은 Blurb(www.blurb.com) 서비스와 연계됩니다. 국내 사용자들에겐 생소하지만 Blurb는 전문 품질의 소량 인쇄 사진집 제작을 도와주는 플랫폼을 갖추고 있습니다. 단순히 제작에 그치지 않고 자신이 제작한 사진집을 blurb 사이트를 통해 세계의 독자들에게 선보이고 판매할 수 있는 획기적인 시스템을 갖추고 있어 사진가는 물론 그래픽 디자이너, 일러스트레이터, 건축가, 아티스트들이 포트폴리오 제작을 위해 활용하고 있습니다.

또한 Blurb 사이트에서 사용자들이 만든 작품집을 미리보기 형태로 제공하므로 레이아웃이나 디자인의 영감을 얻기 위해서도 한 번은 방문해보는 것도 좋습니다.

Book Settings에서 사진집 사이즈와 품질 선택하기

사진집으로 만들 이미지는 인쇄용으로 미리 수정 작업 및 내보내기(Export)가 완료되어야 합니다. 또 책으로 만들 사진 파일은 한 폴더에 모아서 저장하는 것이 좋습니다. 사진집을 만들 때 너무 많은 사진을 선택해 넣는 것보다 처음엔 50장 이내의 사진으로 도전해봅니다.

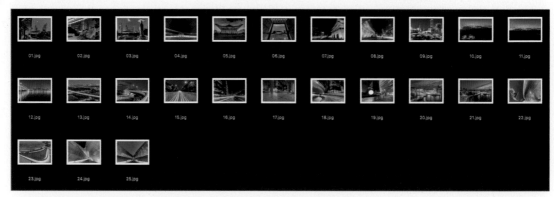

▲ 사진집 제작을 위해서 미리 수정 작업 및 Export하여 한 폴더에 이미지를 모아둡니다.

준비 파일 활용편/CHAPTER03/01~25.jpg

예제 파일은 필자가 촬영한 사진이므로 Book 모듈의 편집 디자인 실습 예제로만 사용합니다. Blurb 사이트에 PDF 데이터가 업로드되거나 실제 인쇄되어 유통되지 않도록 주의합니다.

01 라이트룸에 준비 파일 사진을 Import하고 Book 모듈을 선택합니다. 자동으로 책 형태의 디자인이 준비됩니다.

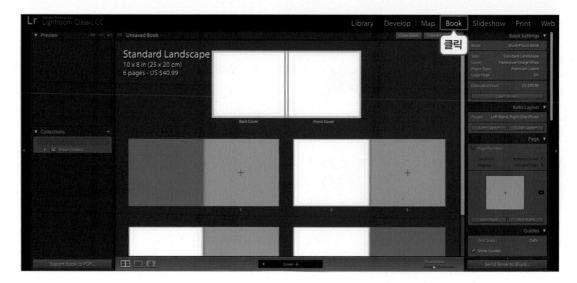

02 Book 모듈 오른쪽 상단의 [Book Settings] 패널에서 사진집의 사이즈와 크기 표지, 종이 등을 선택할 수 있습니다.

사이즈와 표지, 종이 종류를 선택하면 아래에 대략적으로 계산된 권당 가격이 자동으로 나옵니다. 사진집이 작을수록, 종이 품질이 약간 떨어질수록 가격이 저렴합니다. 해외 배송비가 제법 비싼 편이므로 자신의 예산에 맞게 구성합니다.

① **Size** ┃ 사진집의 크기를 설정합니다. 7×7, 8×10, 10×8, 13×11, 12×12inch 중 하나를 선택할 수 있습니다.

② **Cover** ┃ Hardcover Image Wrap(이미지를 표지에 입힘), Hardcover Dust Jacket(책 껍질 방식의 표지), Softcover(잡지 느낌 얇은 종이) 중 하나를 선택할 수 있습니다.

③ **Paper Type** ┃ Premium Lustre(반 광택), Premium Matte(무광), ProLine Uncoated(고급 무광), ProLine Pearl Photo(펄 반 광택), Standard(일반 용지), Standard Layflat 중 하나를 선택할 수 있습니다. 고급 용지일수록 제작 단가가 비싸집니다.

④ **Logo Page** ┃ 마지막 장에 로고를 넣는 옵션으로 로고를 제거하면 가격이 약간 내려갑니다.

⑤ **Estimated Price** ┃ 대략적인 제작 비용입니다. 여러 나라의 통화로 결제할 수 있지만, 대부분 달러화를 선호합니다. 환율에 따른 가격을 따져보고 선택합니다.

🔍 기능 꼼꼼 익히기 　 Blurb 사이트에서 직접 옵션 확인하기

Blurb 사이트(www.blurb.com)에 접속해 종이의 재질, 표지의 종류를 확인할 수 있으며 사이즈(판형) 등도 확인할 수 있습니다.

Pages에서 사진집 레이아웃 구성하기

Book 모듈에서 사진집을 제작할 때 두 장 단위로 레이아웃을 구성합니다. 가장 처음에는 책의 앞뒤 표지를 구성합니다. 책 표지를 넘기면 첫 장은 한 장이고, 다음부터는 두 장씩 진행되다가 마지막 페이지도 한 장으로 구성됩니다. 사진을 레이아웃에 넣기 위해서는 아래의 섬네일에서 드래그해 레이아웃 화면에 배치합니다.

사진을 삽입하고 위치나 크기는 다시 사진을 선택해 조정할 수 있습니다. 레이아웃 디자인은 정해진 원칙은 없지만, 사진 내용의 전개와 시각적인 흐름을 생각하면서 배치합니다. 책 디자이너가 작업하는 영역을 사진가가 하는 것이므로 스스로 디자이너가 되어 창조적인 배치를 고민해봅니다.

01 가장 처음 할 일은 표지 디자인을 정합니다. 오른쪽 [Page] 패널에서 디자인을 선택하거나 ❶ 사진 아래의 ▼을 클릭해 ❷ [Modify Cover] 패널에서 디자인 배치를 선택할 수 있습니다. ❸ 사진은 아래 섬네일에서 작업영역으로 드래그해 배치합니다.

02 본문의 사진 배치와 구성을 진행합니다. 자신의 사진에 어울리는 창의적인 디자인을 고민하며 사진을 배치합니다. ❶ 전체 페이지 섬네일 레이아웃 보기인 Multi-Page View ▦ Ctrl + E 과 ❷ 두 페이지 레이아웃 보기인 Spread View ▭ Ctrl + R 을 번갈아 가며 편집하면 좋습니다.

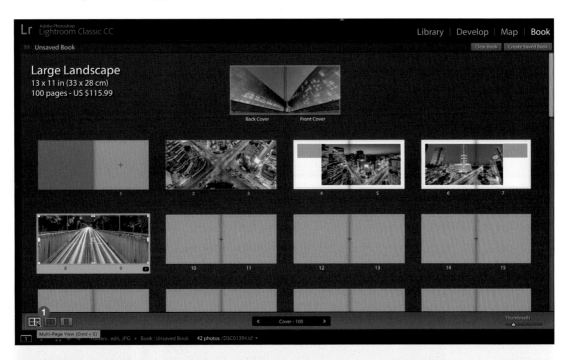

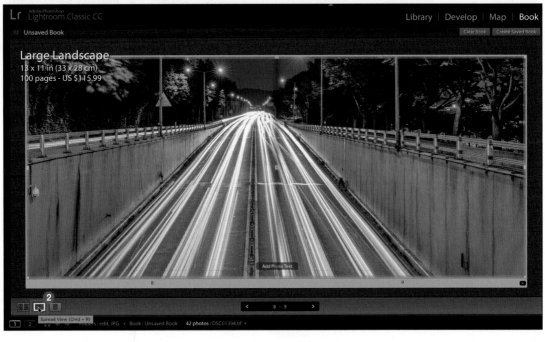

03 [Cell] 패널에선 [Padding] 항목의 [Amount]를 조절해 사진 주변 여백을 정할 수 있습니다.

04 [Guides] 패널에서 [Show Guides]의 체크 표시를 해제하면 가이드라인을 숨겨 실제 책과 같은 느낌으로 확인할 수 있습니다. 디자인할 때 자주 활성화, 비활성화하며 확인합니다.

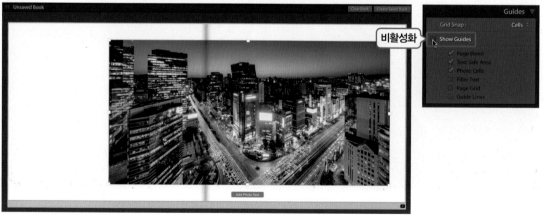

캡션과 텍스트 디자인 삽입하기

01 [Type] 패널에서 캡션, 텍스트는 이미지와 조화를 이루도록 디자인합니다. 텍스트 디자인 역시 중요합니다. 사진 이외의 여백을 잘 활용하면 좋습니다.

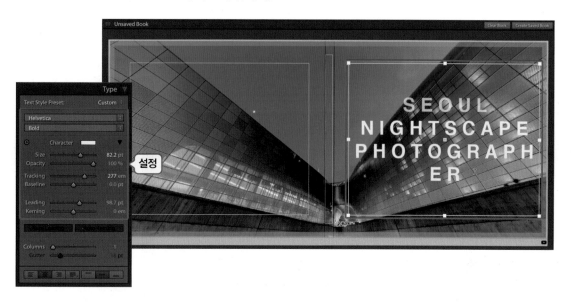

02 [Type] 패널에서 삽입한 텍스트의 [Size](글꼴 크기), [Opacity](투명도), [Tracking](자간), [Baseline](글자 상하 위치) 등 텍스트에 관한 다양한 설정을 활용해 디자인합니다.

03 사진 레이아웃이 정해지면 사진에 대한 설명 등을 담은 캡션을 입력합니다. 캡션은 [Type] 패널에서 디자인합니다. 자신의 사진에 어울리는 폰트와 캡션의 위치가 있기에 정해진 정답이 없습니다. 각자의 선택에 따라 전혀 다른 디자인으로 바뀝니다.

사진 레이아웃과 함께 텍스트 디자인도 사진집의 디자인에 큰 영향을 미치기 때문에 이 부분은 앞서 blurb 사이트의 다른 사용자들이 공유한 내지 디자인을 참조하면 공부가 될 것입니다.

blurb(www.blurb.com) 사이트의 사용자들이 직접 제작한 페이지 디자인 등을 살펴보고 영감을 얻으면 좋습니다.

Export Book to PDF로 주문 전 최종 확인하기

01 사진집의 대략적인 디자인이 끝나고 PDF로 내보내기 전 라이트룸을 작업 영역 전체화면 보기 `Shift` + `Ctrl` + `F` 로 전환하여 사진집 전체의 디자인, 레이아웃 등을 최종적으로 꼼꼼하게 살펴보면 좋습니다.

02 Book 모듈 오른쪽 아래의 ❶ [Send Book to Blurb]를 클릭하면 [Purchase Book] 대화상자가 나타납니다. ❷ Blurb 계정으로 로그인합니다. 디자인한 사진집 데이터를 업로드하기 전 ❸ [Book Title]에 책 제목을, [Book Author]에 작가 이름을 영문으로 입력합니다. ❹ [Upload Book]을 클릭합니다.

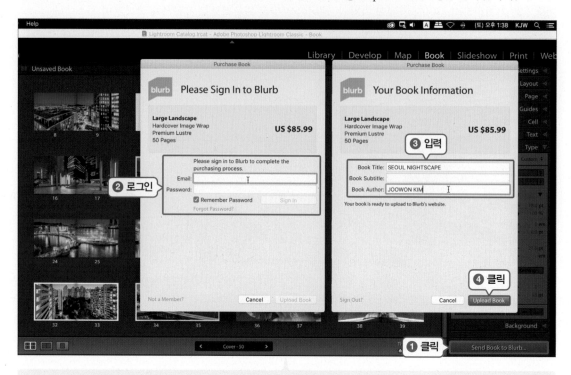

아이디가 없다면 왼쪽 아래의 [Not a Member?]를 클릭하고 간단한 정보를 입력해 가입합니다.

03 Blurb 사이트로 업로드 중일 때 라이트룸을 종료하면 안 됩니다. 가끔 중간에 업로드가 실패하는 경우가 있기 때문에 올린 후에 꼭 사이트에서 다시 확인합니다.

04 전송이 끝나고 Blurb 사이트에 자신의 계정으로 로그인하면 My Dashboard에서 사진집을 미리 볼 수 있습니다. PDF 아웃풋, 웹상 미리 보기 등을 통해 최종적으로 문제가 없으면 결제를 진행합니다. 또 배송 시간에 따라 배송 가격이 달라지므로 최종적으로 확인하고 주문합니다. 한달 이상 걸리는 주문은 가격이 가장 저렴하나 배송 추적이 안 되는 경우도 있습니다. 결제는 신용카드로 진행하며 자신의 사진집이 배송될 영문 주소 등을 다시 확인합니다.

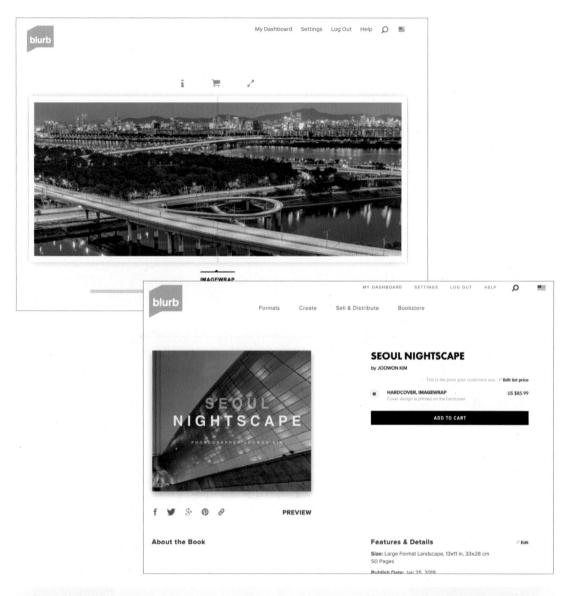

Blurb 사이트에 로그인하면 자신이 올린 사진집을 미리 볼 수 있습니다. 꼼꼼하게 살핀 뒤 문제 없으면 신용카드로 결제를 진행합니다.

01 Blurb는 전송 후 몇 시간 안에 자동으로 제작되는 시스템으로 시간이 지나면 결제를 취소할 수 없습니다. 사진집을 잘 만들거나, 못 만들거나 결제하면 자동으로 제작되어 바로 배송하는 시스템이므로 주문 전 여러 번 디자인과 텍스트의 오류가 없는지 꼼꼼하게 확인하는 것이 좋습니다. 왼쪽 아래의 [Export Book to PDF]를 클릭하면 디자인한 책을 PDF 파일로 내보낼 수 있습니다.

▲ PDF 파일로 내보내 주문 전 먼저 꼼꼼히 확인 작업을 거칩니다.

02 또한 디자인한 PDF 사진집을 꼭 책이 아니더라도 이렇게 PDF 형태의 디지털 포트폴리오 작품집으로 만들기도 좋습니다. PDF 뷰어에서 미리 보기할 때는 보기의 옵션에서 한 페이지가 아닌 두 페이지 보기로 선택합니다.

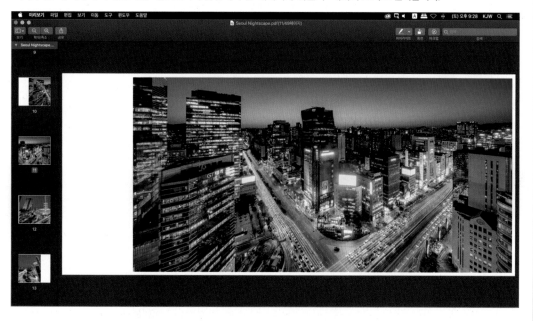

Print, 촬영한 사진을 직접 출력하기

사진을 보여주는 가장 아름다운 방법인 인화 인쇄하기

잉크젯 프린팅, 사진을 즐기는 또다른 방법

사진을 프린트하는 방법은 크게 전문 프린트 업체에 맡기는 방법과 직접 잉크젯 프린터를 구매하여 셀프 프린팅을 하는 방법이 있습니다. 초대형 사이즈의 인화나 작은 사이즈를 대량 인화해야 할 경우에는 인화 전문 업체에 맡기는 것이 좋습니다. 셀프 프린팅을 경험하고 싶다면 저가형의 포토 프린터보다 브랜드 중 고급 품질의 사진 전용 잉크젯 프린터를 구입하면 좋습니다.

프린터는 한 번 마련하면 최소 5년 이상은 사용합니다. 따라서 프린터의 가격을 보고 구입하는 것보다 경제성, 색 재현 능력, 색 일관성, 용지 호환성, AS 유무 등을 따져보고 결정합니다. 또 가능하다면 중고 제품이 아닌 새 제품을 구입하는 것이 좋습니다. 프린트 부품 중에서 가장 고가인 헤드는 수명이 있어 중고 제품을 구입했다가 AS가 불가하거나 내구성에서 문제가 발생할 수 있습니다.

▲ 프린트된 사진을 액자 넣어 전시하는 방법은 가장 전통적이고 아름다운 사진 공유 방식입니다.

잉크젯 프린트로 출력하는 가장 큰 재미 중 하나가 바로 다양한 용지에 프린트하고 용지에 따른 여러 효과를 경험할 수 있다는 것입니다. 용지는 그 프린터 제조 회사의 전용지(엡손, 캐논 등)를 사용하는 방법과 시중에 다양하게 나와 있는 용지를 선택하는 방법이 있습니다.

용지는 크게 광택이 있는 Grossy 용지, 회화의 판화 용지와 흡사한 Fine Art 용지, 섬유 질감을 살린 Canvas 용지로 나뉩니다. 용지는 다양한 크기로 생산됩니다. Grossy 용지나 일반 프린트 용지는 작은 크기부터 다양하게 사용할 수 있지만, Fine Art 용지는 작은 크기는 생산되지 않고 A3 이상의 크기만 생산되는 경우도 있으니 작품에 맞는 사이즈를 선택합니다.

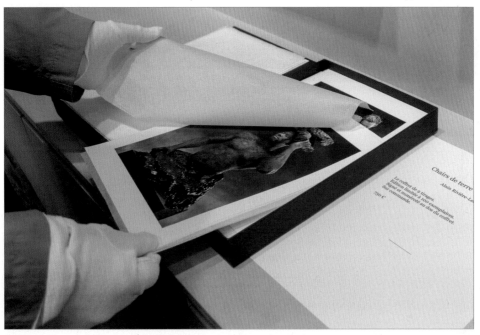

▲ 작가들은 자신의 작품에 가장 잘 보여줄 수 있는 용지를 찾기 위해 다양한 테스트를 합니다

출력 결과를 예측하는 Soft Proofing 기능

01 라이트룸은 용지의 종류에 따라 다르게 프린트 되는 점을 감안해 결과물을 미리 예측할 수 있는 [Soft Proofing] 기능을 제공합니다. 쉽게 말해 모니터에서 용지에 따라 컬러가 어떻게 표현되는지 확인하는 기능입니다. [Soft Proofing]은 Develop 모듈에서 진행합니다. 사진 아래의 도구바에서 [Soft Proofing] 체크 표시합니다. 사진의 배경이 흰색으로 바뀌는 이유는 [Soft Proofing]이 흰색 종이 위의 인쇄 결과를 시뮬레이션(Proof Preview)하기 때문입니다. 배경에서 마우스 오른쪽 버튼을 눌러 배경색을 변경할 수 있지만 프린팅 종이와 같이 흰색 배경에서 보는 느낌이 훨씬 정확합니다.

02 오른쪽 상단의 [Histogram]이 [Soft Proofing]으로 바뀝니다. [Soft Proofing] 패널에서는 용지나 잉크 시뮬레이션, 렌더링 인텐트(렌더링 의도) 등을 설정할 수 있습니다. 사용하는 잉크젯 프린터의 드라이버를 설치하면 용지 종류에 따른 컬러 프로파일이 설치됩니다. 컬러 프로파일은 색을 번역하는 언어 같은 역할을 합니다.

❶ [Profile]-[Other]를 선택하면 사용하는 용지 프로파일을 Soft Proofing 메뉴에 추가할 수 있습니다. ❷ [Choose Profile] 대화상자가 나타나면 자신이 사용하는 용지에 맞는 프로파일을 선택합니다.

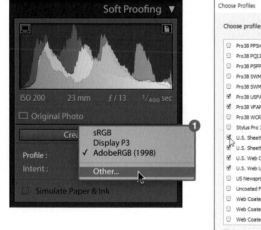

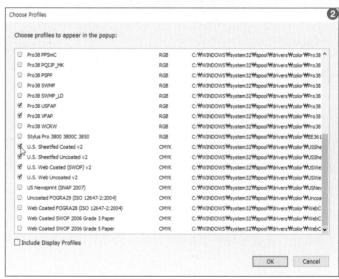

프로파일은 용지 제조사에 따라 다르지만 엡손의 경우 용지의 앞 글자를 따 프로파일 이름을 만들었습니다. 예를 들어 Pro38 USFAP 는 Epson 3800 Print Ultra Smooth Fine Art Paper의 약자입니다.

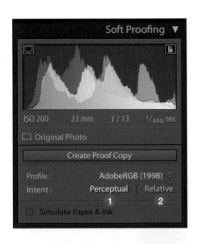

03 디지털 이미지는 RGB지만 잉크젯 프린터는 CMYK 색 체계를 사용합니다. 따라서 디지털 이미지를 인쇄용 이미지로 변환할 때 원본 이미지의 모든 색이 표현되는 것은 아닙니다. 어느 정도의 손실이 있거나, 프린터나 용지에 따라 색이 약간씩 달라질 수 있습니다.

[Intent]는 이렇게 전혀 다른 색 체계의 컬러를 어떻게 변환할 것인지 정의하는 역할을 합니다. 자신의 사진과 용지에 맞는 [Intent]를 선택해야 제대로 출력할 수 있습니다.

① **Perceptual** | 색 영역을 벗어난 색은 압축해 색 영역 안으로 편입시키는 방법을 사용합니다. 그래서 시각적인 컬러의 변화는 인간이 거의 감지를 못합니다. 용지나 잉크의 표현 한계를 넘는 영역이 많을 때 주로 사용하는데, 가끔 원색의 채도가 높게 나타날 수 있습니다.

② **Relative** | 사진 잉크젯 프린트에서 많이 추천하는 방식입니다. 공통적으로 표현할 수 있는 색과 밝기 등은 일치시키고 표현 영역 밖의 컬러는 가장 유사한 컬러로 변환하는 방식입니다. 우리가 일상적으로 접하는 대부분의 컬러에서는 좋은 결과를 얻을 수 있습니다. 만약 [Relative]에서 좋은 결과를 얻지 못했다면 [Perceptual]을 선택합니다.

▲ [Perceptual]을 선택한 경우

▲ [Relative]를 선택한 경우

Y 를 누르면 원본 사진과 [Soft Proofing]으로 시뮬레이션한 결과를 한 화면에 나누어 비교해 보여줍니다. 출력 결과를 예측해보고 색감이나 톤을 Develop 모듈에서 조금 수정해도 좋습니다.

또 [Profile]이나 [Intent]에 따른 색 변화를 보며 원본과 결과물을 비교할 때 좋은 방법입니다. 재미있는 것은 Soft Proofing(간단 증명)이란 말처럼 사진에 어떤 영향도 미치지 않는 점입니다.

만약 출력 결과물이 마음에 들지 않는다면 [Soft Proofing]을 활성화하고 용지 [Profile]과 [Intent]를 선택한 뒤 어느 정도의 보정을 진행하는 것도 한 방법입니다.

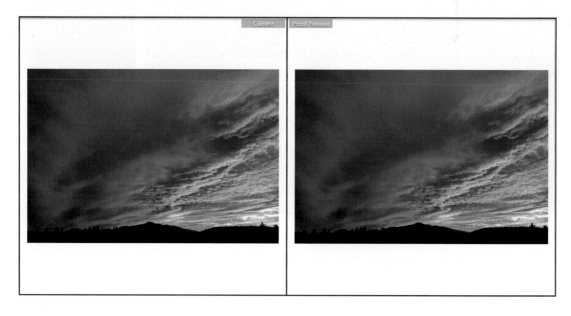

Print 모듈, 쉽고 편리한 작품 프린트 제작하기

01   Print 모듈에선 다양한 템플릿을 제공하고 있어 한 장의 사진은 물론 한 페이지에 여러 사진을 출력하는 것도 가능합니다. 먼저 진행할 것은 용지 크기에 맞는 페이지를 설정하는 것입니다. Print 모듈에서 ❶ [Page Setup]을 클릭하면 [인쇄 설정] 대화상자가 나타납니다. ❷ [이름]에 프린터 종류를 ❸ [크기]에서 용지 크기를 선택합니다. 프린터와 용지 선택을 마치면 ❹ [확인]을 클릭합니다.

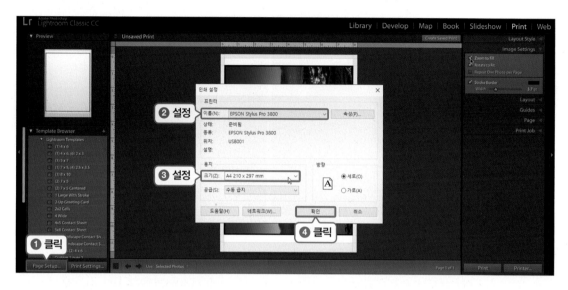

02   [Image Settings] 패널에서는 ❶ Zoom to Fill(사진을 용지 안에 꽉 채우기), ❷ Rotate to Fit (용지에 맞춰 사진을 회전), ❸ Stroke Border(사진 주변에 테두리를 줄 수 있는 기능)을 제공합니다.

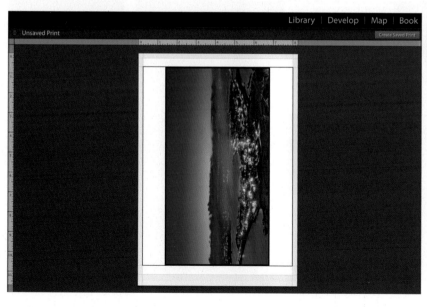

03 [Layout] 패널의 ❶ [Margins]에서 사진의 왼쪽, 오른쪽, 위, 아래 여백을 설정합니다. ❷ [Page Grid]에서는 용지 한 장에 여러 사진을 인쇄하도록 설정할 수 있습니다. 왼쪽 상단에 레이아웃 미리보기가 [Preview] 패널에 나타납니다.

04 [Guides] 패널에서는 용지에 사진을 배치할 때 여백이나 실제 사진 크기를 확인할 수 있습니다. 작업 영역 왼쪽과 상단의 눈금 자에서 마우스 오른쪽 버튼을 클릭하면 inch(Inches)와 cm(Centimeters) 등의 단위를 선택할 수 있습니다.

05 [Page] 패널은 ❶ [Page Background Color]에서 배경색을 지정해 인쇄하거나, ❷ [Identity Plate]를 이용해 출력물에 간단한 텍스트를 입력할 수 있습니다. 워터마크를 넣거나 사진의 정보를 입력해 출력하는 것이 가능합니다.

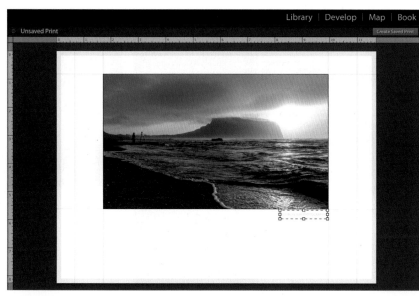

06 [Print Job] 패널은 실제 프린트의 컬러나 선명도 등에 영향을 미치는 옵션을 설정할 수 있습니다.

① **Print Resolution** | 프린트 해상도입니다. 기본은 240ppi로 선택되어 있으나 좀 더 선명한 인쇄를 하고 싶다면 300ppi로 설정합니다.

② **Print Sharpening** | 체크 표시하면 프린트에 샤프닝을 줄 수 있는 옵션입니다. [Low], [Standard], [High]를 선택할 수 있고 [Media Type](용지 재질)에서 [Glossy](광택) 대신 [Matte](무광)를 선택하면 샤프닝이 더 강해집니다. 단, 이미 Develop 모듈에서 출력을 감안해 샤프닝 작업을 진행했다면 굳이 높일 필요가 없으므로 체크 표시하지 않아도 됩니다.

③ **16Bit Output** | RAW 파일을 16 비트 상태로 프린터에 보내 출력하는 옵션입니다. 작은 사이즈의 종이에 인쇄할 때보다 대형 사이즈의 작품 프린트를 할 때 이 옵션을 선택하면 약간의 화질 향상을 기대할 수 있습니다.

④ **Color Management** | 기본 [Profile]은 [Managed by Printer]로 되어 있습니다. 보통 프린터가 알아서 컬러를 출력하므로 잘못 선택하면 이질적인 색상이 나올 수도 있습니다. 자신의 용지에 맞는 [Profile]을 선택하고 [Soft Proofing]에서 결정했던 [Intent] 방식을 선택합니다.

⑤ **Print Adjustment** | 프린트한 결과물이 마음에 들지 않을 때 [Brightness]와 [Contrast]에서 밝기와 콘트라스트를 조절할 수 있습니다.

07 만약 한 장의 이미지로 프린트하지 않고 다양한 방식으로 프린트하고 싶다면 왼쪽 [Preview] 패널의 [Template Brower]에서 다양한 템플릿을 선택할 수 있습니다. 템플릿을 응용한다면 포스터나 밀착 인화도 쉽게 만들 수 있습니다.

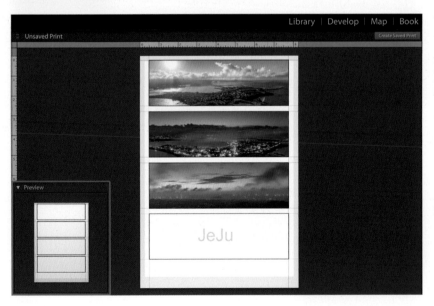

라이트룸 편

"어머, 이건 꼭 봐야 해!"

이미 공부해본 선배들의
강력추천 솔직 후기

 Jjkwak님 현업에서 일하는 저자의 노하우 중심으로 군더더기 없이 핵심 영양만 담아 맛있게 섭취할 수 있는 책!

 Hothansoda님 초심자의 입장에서 막히거나 어려운 부분을 정확히 짚고 알려준다. 독학하는 분들께 강추!

 Jossunstyle님 '평소 이런 디자인 나도 해보고 싶다' 생각했던 감각적이고 센스 있는 예제들이 많아요. 디자인 실무자에게 적극 추천!

※ 『맛있는 디자인 시리즈』 도서로 학습한 분들의 실제 후기입니다.

맛있는 디자인 CC 2019 시리즈 출간!

믿고 보는 시리즈
그래픽 분야
1등

더 강력해졌다
CC2019
완벽 대응

가장 완벽한
3단계
실습구성

한빛미디어
Hanbit Media, Inc.

혼공
용어 노트

혼자 공부하는 머신러닝+딥러닝

한빛미디어
Hanbit Media, Inc.

혼자 공부하며 함께 만드는

혼공 용어 노트

목차

01장

| □ 인공지능 | **artificial intelligence** | [01장 027쪽] |

학습하고 추론할 수 있는 지능을 가진 컴퓨터 시스템을 만드는 기술

| □ 강인공지능 vs | | [01장 027쪽, 028쪽] |
| **약인공지능** | | |

강인공지능은 인공일반지능이라고도 하고 사람의 지능과 유사(영화 속 전지전능한 AI)함. 약인공지능은 특정 분야에서 사람을 돕는 보조 AI(음성 비서나 자율 주행도 여기 포함)

| □ 머신러닝과 | **machine learning과 deap learning** | [01장 028쪽, 029쪽] |
| **딥러닝** | | |

머신러닝은 데이터에서 규칙을 학습하는 알고리즘을 연구하는 분야(대표 라이브러리는 사이킷런). 딥러닝은 인공신경망을 기반으로 한 머신러닝 분야를 일컬음(대표 라이브러리는 텐서플로)

| □ 코랩과 노트북 | **Colab과 Notebook** | [01장 033쪽, 037쪽] |

코랩은 웹 브라우저에서 텍스트와 프로그램 코드를 자유롭게 작성 할 수 있는 온라인 에디터로 이를 코랩 노트북 또는 노트북이라 부름. 최소 단위는 셀이며 코드 셀과 텍스트 셀이 있음

| □ 이진 분류 | **binary classification** | [01장 046쪽] |

머신러닝에서 여러 개의 종류(혹은 클래스) 중 하나를 구별해 내는 문제를 분류classification라고 부르며 2개의 종류(클래스) 중 하나를 고르는 문제를 이진 분류라 함

| □특성 | feature | [01장 047쪽] |

데이터를 표현하는 특징으로 여기서는 생선의 특징인 길이와 무게를 특성이라 함

두 번째 특성 : 무게
242g
첫 번째 특성 : 길이
25.4cm
첫 번째 도미

| □맷플롯립 | matplotlib | [01장 048쪽] |

파이썬에서 과학계산용 그래프를 그리는 대표 패키지

| □k-최근접 이웃 알고리즘 | k-Nearest Neighbors Algorithm, KNN | [01장 050쪽] |

가장 간단한 머신러닝 알고리즘 중 하나로 어떤 규칙을 찾기보다는 인접한 샘플을 기반으로 예측을 수행함

| □훈련 | training | [01장 053쪽] |

머신러닝 알고리즘이 데이터에서 규칙을 찾는 과정 또는 모델에 데이터를 전달하여 규칙을 학습하는 과정

02장 ✅

□ **지도 학습**   **supervised learning**   [02장 067쪽]

지도 학습은 입력(데이터)과 타깃(정답)으로 이뤄진 훈련 데이터가 필요하며 새로운 데이터를 예측하는 데 활용함. 1장에서 사용한 k-최근접 이웃이 지도 학습 알고리즘임

□ **비지도 학습**   **unsupervised learning**   [02장 067쪽]

타깃 데이터 없이 입력 데이터만 있을 때 사용. 이런 종류의 알고리즘은 정답을 사용하지 않으므로 무언가를 맞힐 수가 없는 대신 데이터를 잘 파악하거나 변형하는 데 도움을 줌

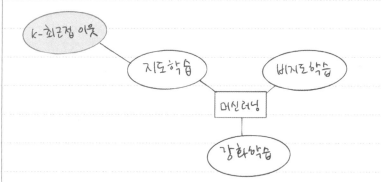

□ **훈련 데이터**   **training data**   [02장 067쪽]

지도 학습의 경우 필요한 입력(데이터)과 타깃(정답)을 합쳐 놓은 것

| □ 훈련 세트와 | train set와 test set | [02장 068쪽] |

□ **훈련 세트와**

테스트 세트   train set와 test set   [02장 068쪽]

모델을 훈련할 때는 훈련 세트를 사용하고 평가는 테스트 세트로 함. 테스트 세트는 전체 데이터에서 20~30%

□ **샘플링 편향**   sampling bias   [02장 073쪽]

훈련 세트와 테스트 세트에 샘플이 고르게 섞여 있지 않을 때 나타나며 샘플링 편향이 있음. 제대로 된 지도 학습 모델을 만들 수 없음

올바른 훈련 데이터
훈련 세트
테스트 세트

□ **넘파이**   numpy   [02장 073쪽]

파이썬의 대표적인 배열array 라이브러리로 고차원의 배열을 손쉽게 만들고 조작할 수 있는 간편한 도구를 많이 제공함. 공식 명칭은 NumPy

□ **배열 인덱싱**   array indexing   [02장 077쪽]

넘파이 기능으로 여러 개의 인덱스로 한 번에 여러 개의 원소를 선택할 수 있음

□ **데이터 전처리**   data preprocessing   [02장 099쪽]

머신러닝 모델에 훈련 데이터를 주입하기 전 가공하는 단계로 특성값을 일정한 기준으로 맞추어 주는 작업. 데이터를 표현하는 기준이 다르면 알고리즘을 올바르게 예측할 수 없음

□ **브로드캐스팅**   broadcasting   [02장 100쪽]

조건을 만족하면 모양이 다른 배열 간의 연산을 가능하게 해 주는 기능

03장 ✓

□ **회귀**

regression [03장 115쪽]

클래스 중 하나로 분류하는 것이 아니라 임의의 어떤 숫자를 예측하는 문제

□ **k-최근접 이웃**

분류 vs k-최근접 이웃 회귀

참고 용어 k-최근접 이웃 알고리즘 [03장 115쪽, 116쪽]

k-최근접 이웃 알고리즘을 사용해 각각 분류 문제와 회귀 문제를 해결하는 방법

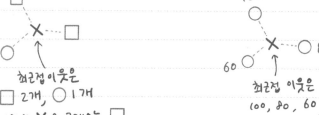

□ **결정계수(R²)**

coefficient of determination [03장 120쪽]

회귀 모델에서 예측의 적합도를 0과 1 사이의 값으로 계산한 것으로 1에 가까울수록 완벽함

$$R^2 = 1 - \frac{(타깃 - 예측)^2}{(타깃 - 평균)^2}$$

□ **과대적합 vs 과소적합**

overfitting vs underfitting [03장 122쪽]

과대적합은 모델의 훈련 세트 점수가 테스트 세트 점수보다 훨씬 높을 경우를 의미함. 과소적합은 이와 반대로 모델의 훈련 세트와 테스트 세트 점수가 모두 동일하게 낮거나 테스트 세트 성능이 오히려 더 높을 경우를 의미함

□ 선형 회귀	**linear regression**	[03장 135쪽]

널리 사용되는 대표적인 회귀 알고리즘으로 특성이 하나인 경우 어떤 직선을 학습

하는 알고리즘(농어 무게 학습 그래프)

농어 무게

농어무게 = $a \times$ 농어길이 $+ b$

절편(b)

기울기(a)

농어 길이

□ **가중치**	**weight (또는 coefficient)**	[03장 137쪽]
(또는 계수)	선형 회귀가 학습한 직선의 기울기를 종종 가중치 또는 계수라 함	

위 그림에서 기울기(a)

□ **다항 회귀**	**polynomial regression**	[03장 139쪽]

다항식을 사용하여 특성과 타킷 사이의 관계를 나타낸 선형 회귀

농어 무게

무게 = $a \times$ 길이$^2 + b \times$ 길이 $+ c$

농어 길이

□ **다중 회귀**	**multiple regression**	[03장 151쪽]

여러 개의 특성을 사용한 선형 회귀

타킷

특성 1

특성 2

□ 변환기	transformer	[03장 154쪽]

특성을 만들거나 전처리하는 사이킷런의 클래스로 타깃 데이터 없이 입력 데이터를 변환함

□ 릿지 회귀	ridge regression	[03장 160쪽]

규제가 있는 선형 회귀 모델 중 하나로 모델 객체를 만들 때 alpha 매개변수로 규제의 강도를 조절함. alpha 값이 크면 규제 강도가 세지므로 계수 값을 더 줄이고 조금 더 과소적합되도록 유도하여 과대적합을 완화시킴

□ 하이퍼파라미터	hyperparameter	[03장 161쪽]

머신러닝 모델이 학습할 수 없고 사람이 지정하는 파라미터

□ 라쏘 회귀	lasso regression	[03장 163쪽]

또 다른 규제가 있는 선형 회귀 모델로 alpha 매개변수로 규제의 강도를 조절함. 릿지와 달리 계수 값을 아예 0으로 만들 수도 있음

04장 ✓

□ **다중 분류**   multi-class classification   [04장 181쪽]

타깃 데이터에 2개 이상의 클래스가 포함된 문제

□ **로지스틱 회귀**   logistic regression   [04장 183쪽]

선형 방정식을 사용한 분류 알고리즘으로 선형 회귀와 달리 시그모이드 함수나 소
프트맥스 함수를 사용하여 클래스 확률을 출력

□ **시그모이드 함수**   sigmoid function   _logistic regression_   [04장 183쪽]

시그모이드 함수 또는 로지스틱 함수라고 부르며 선형 방정식의 출력을 0과 1 사
이의 값으로 압축하며 이진 분류를 위해 사용. 이진 분류일 경우 시그모이드 함수
의 출력이 0.5보다 크면 양성 클래스, 0.5보다 작으면 음성 클래스로 판단

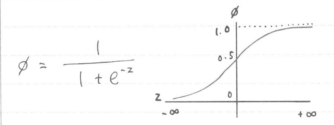

$$\phi = \frac{1}{1 + e^{-z}}$$

□ **불리언 인덱싱**   boolean indexing   [04장 185쪽]

넘파이 배열은 True, False 값을 전달하여 행을 선택할 수 있으며 이를 불리언 인
덱싱이라고 함

| □ 소프트맥스 함수 | softmax function | [04장 190쪽] |

여러 개의 선형 방정식의 출력값을 0~1 사이로 압축하고 전체 합이 1이 되도록 만들며 이를 위해 지수 함수를 사용하기 때문에 정규화된 지수 함수라고도 함

$$S1 = \frac{e^{z1}}{e\_sum} \ , \ S2 = \frac{e^{z2}}{e\_sum} \ , \ \cdots \ , \ S7 = \frac{e^{z7}}{e\_sum}$$

| □ 확률적 경사 하강법 | Stochastic Gradient Descent | [04장 200쪽] |

훈련 세트에서 랜덤하게 하나의 샘플을 선택하여 손실 함수의 경사를 따라 최적의 모델을 찾는 알고리즘

| □ 에포크 | epoch | [04장 202쪽] |

확률적 경사 하강법에서 훈련 세트를 한 번 모두 사용하는 과정

| □ 미니배치 경사 하강법 | minibatch gradient descent | [04장 202쪽] |

1개가 아닌 여러 개의 샘플을 사용해 경사 하강법을 수행하는 방법으로 실전에서 많이 사용

□ 배치 경사 하강법	batch gradient descent	[04장 202쪽]

한 번에 전체 샘플을 사용하는 방법으로 전체 데이터를 사용하므로 가장 안정적인 방법이지만 그만큼 컴퓨터 자원을 많이 사용함. 또한 어떤 경우는 데이터가 너무 많아 한 번에 전체 데이터를 모두 처리할 수 없을지도 모름

□ 손실 함수	loss function	[04장 203쪽]

어떤 문제에서 머신러닝 알고리즘이 얼마나 엉터리인지를 측정하는 기준.

□ 로지스틱 손실 함수	logistic loss function	*이진 크로스엔트로피 손실 함수라고도 함* [04장 206쪽]

양성 클래스(타깃 = 1)일 때 손실은 $-\log$(예측 확률)로 계산하며, 1 확률이 1에서 멀어질수록 손실은 아주 큰 양수가 됨. 음성 클래스(타깃 = 0)일 때 손실은 $-\log$(1−예측 확률)로 계산함. 이 예측 확률이 0에서 멀어질수록 손실은 아주 큰 양수가 됨

log

0   1   예측 확률

타깃 = 1 일때
→ $-\log$(예측 확률)

타깃 = 0 일때
→ $-\log$(1−예측 확률)

□ 크로스엔트로피 손실 함수	cross-entropy loss function	[04장 206쪽]

다중 분류에서 사용하는 손실 함수

□ 힌지 손실	hinge loss	[04장 212쪽]

서포트 벡터 머신support vector machine이라 불리는 또 다른 머신러닝 알고리즘을 위한 손실 함수로 널리 사용하는 머신러닝 알고리즘 중 하나. SGDClassifier가 여러 종류의 손실 함수를 loss 매개변수에 지정하여 다양한 머신러닝 알고리즘을 지원함

05장 ✓

□ **결정 트리**

Decision Tree [05장 226쪽]

스무고개와 같이 질문을 하나씩 던져 정답을
맞춰가며 학습하는 알고리즘으로 비교적 예측
과정을 이해하기 쉬움

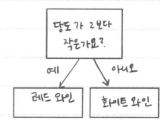

□ **검증 세트**

validation set `참고 용어` 하이퍼파라미터 [05장 243쪽]

하이퍼파라미터 튜닝을 위해 모델을 평가할 때, 테스트 세트를 사용하지 않기 위
해 훈련 세트에서 다시 떼어 낸 데이터 세트

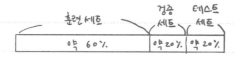

□ **교차 검증**

cross validation [05장 245쪽]

훈련 세트를 여러 폴드로 나눈 다음 한 폴드가 검증 세트의 역할을 하고 나머지 폴
드에서는 모델을 훈련함. 이렇게 모든 폴드에 대해 검증 점수를 얻어 평균하는
방법으로 교차 검증을 이용하면 검증 점수가 안정적이
며, 훈련에 더 많은 데이터를 사용할 수 있음

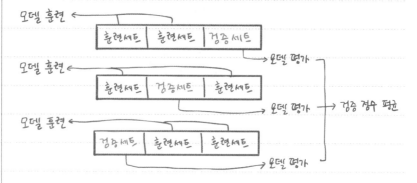

□ 그리드 서치	Grid Search	[05장 248쪽]
	하이퍼파라미터 탐색을 자동화해 주는 도구	

□ 랜덤 서치	Random Search	[05장 252쪽]
	랜덤 서치는 연속적인 매개변수 값을 탐색할 때 유용	

□ 정형 데이터 vs 비정형 데이터	structured data vs unstructured data	[05장 264쪽]
	특정 구조로 이루어진 데이터를 정형 데이터라 하고, 반면 정형화되기 어려운 사진 이나 음악 등을 비정형 데이터라 함	

CSV나 데이터베이스 등

□ 앙상블 학습	ensemble learning	[05장 264쪽]
	여러 알고리즘(예, 결정 트리)을 합쳐서 성능을 높이는 머신러닝 기법	

□ 랜덤 포레스트	Random Forest	[05장 265쪽]
	대표적인 결정 트리 기반의 앙상블 학습 방법. 안정적인 성능 덕분에 널리 사용됨. 부트스트랩 샘플을 사용하고 랜덤하게 일부 특성을 선택하 여 트리를 만드는 것이 특징	

랜덤 포레스트
결정 트리

□ 부트스트랩 샘플	bootstrap sample	[05장 265쪽]
	데이터 세트에서 중복을 허용하여 데이터를 샘플링하는 방식	

부트스트랩 샘플

훈련 세트 → 랜덤 샘플링 → 결정 트리 훈련

결정 트리 훈련

□ 엑스트라 트리	extra trees 참고 용어 랜덤 포레스트, 앙상블 학습	[05장 269쪽]
	랜덤 포레스트와 비슷하게 동작하며 결정 트리를 사용하여 앙상블 모델을 만들지만 부트스트랩 샘플을 사용하지 않는 대신 랜덤하게 노드를 분할하여 과대적합을 감소시킴	
□ 그레이디언트 부스팅	gradient boosting	[05장 271쪽]
	깊이가 얕은 결정 트리를 사용하여 이전 트리의 오차를 보완하는 방식으로 앙상블하는 방법. 깊이가 얕은 결정 트리를 사용하기 때문에 과대적합에 강하고 일반적으로 높은 일반화 성능을 기대할 수 있음	
□ 히스토그램 기반 그레이디언트 부스팅	Histogram-based Gradient Boosting	[05장 273쪽]
	그레이디언트 부스팅의 속도를 개선한 것으로 과대적합을 잘 억제하며 그레이디언트 부스팅보다 조금 더 높은 성능을 제공. 안정적인 결과와 높은 성능으로 매우 인기가 높음	

06장 ✓

<table>
<tr><td>□ 히스토그램</td><td>histogram</td><td>[06장 294쪽]</td></tr>
</table>

값이 발생한 빈도를 그래프로 표시한 것으로 보통 x축이 값의 구간(계급)이고, y축은 발생 빈도(도수)임

<table>
<tr><td>□ 군집</td><td>clustering</td><td>[06장 298쪽]</td></tr>
</table>

비슷한 샘플끼리 그룹으로 모으는 작업으로 대표적인 비지도 학습 작업 중 하나

<table>
<tr><td>□ k−평균
　알고리즘</td><td>k−means algorithm</td><td>[06장 304쪽]</td></tr>
</table>

처음에 랜덤하게 클러스터 중심을 정하여 클러스터를 만들고 그다음 클러스터의 중심을 이동하여 다시 클러스터를 결정하는 식으로 반복해서 최적의 클러스터를 구성하는 알고리즘

<table>
<tr><td>□ 이너셔</td><td>inertia</td><td>[06장 311쪽]</td></tr>
</table>

k−평균 알고리즘은 클러스터 중심과 클러스터에 속한 샘플 사이의 거리를 잴 수 있는데 이 거리의 제곱 합을 이너셔라고 함. 즉 클러스터의 샘플이 얼마나 가깝게 있는지를 나타내는 값임

<table>
<tr><td>□ 차원 축소</td><td>dimensionality reduction</td><td>[06장 319쪽]</td></tr>
</table>

데이터를 가장 잘 나타내는 일부 특성을 선택하여 데이터 크기를 줄이고 지도 학습 모델의 성능을 향상시킬 수 있는 방법

<table>
<tr><td>□ 주성분 분석</td><td>principal component analysis, PCA</td><td>[06장 319쪽]</td></tr>
</table>

차원 축소 알고리즘의 하나로 데이터에서 가장 분산이 큰 방향을 찾는 방법이며 이런 방향을 주성분이라 함. 원본 데이터를 주성분에 투영하여 새로운 특성을 만들 수 있음

07장 ✓

□ 인공신경망

artificial neural network, ANN   [07장 347쪽]

생물학적 뉴런에서 영감을 받아 만든 머신러닝 알고리즘. 신경망은 기존의 머신러닝 알고리즘으로 다루기 어려웠던 이미지, 음성, 텍스트 분야에서 뛰어난 성능을 발휘하면서 크게 주목을 받고 있으며 종종 딥러닝이라고도 부름

□ 딥러닝

deep learning   [07장 350쪽]

딥러닝은 인공신경망과 거의 동의어로 사용되는 경우가 많으며 혹은 심층 신경망deep neural network, DNN을 딥러닝이라고 부름. 심층 신경망은 여러 개의 층을 가진 인공신경망임

□ 텐서플로

TensorFlow   [07장 350쪽]

구글이 만든 딥러닝 라이브러리로 CPU와 GPU를 사용해 인공신경망 모델을 효율적으로 훈련하며 모델 구축과 서비스에 필요한 다양한 도구를 제공함. 텐서플로 2.0부터는 신경망 모델을 빠르게 구성할 수 있는 케라스를 핵심 API로 채택. 케라스를 사용하면 간단한 모델에서 아주 복잡한 모델까지 손쉽게 만들 수 있음

□ 활성화 함수

activation function 참고 용어 소프트맥스 함수   [07장 355쪽]

소프트맥스와 같이 뉴런의 선형 방정식 계산 결과에 적용되는 함수

□ 원-핫 인코딩

one-hot encoding   [07장 357쪽]

타깃값을 해당 클래스만 1이고 나머지는 모두 0인 배열로 만드는 것. 다중 분류에서 크로스 엔트로피 손실 함수를 사용하려면 0, 1, 2와 같이 정수로 된 타깃값을 원-핫 인코딩으로 변환해야 함

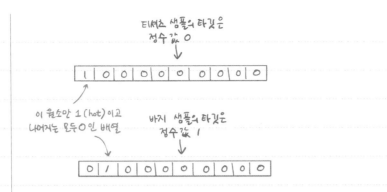

티셔츠 샘플의 타깃은
정수값 0

| 1 | 0 | 0 | 0 | 0 | 0 | 0 | 0 | 0 | 0 |

이 원소만 1 (hot) 이고
나머지는 모두 0 인 배열

바지 샘플의 타깃은
정수값 1

| 0 | 1 | 0 | 0 | 0 | 0 | 0 | 0 | 0 | 0 |

☐ 은닉층   **hidden layer**   [07장 369쪽]

입력층과 출력층 사이에 있는 모든 층을 은닉층이라고 부름

☐ 심층 신경망   **deep neural network, DNN**   [07장 371쪽]

2개 이상의 층을 포함한 신경망으로 종종 다층 인공신경망, 심층 신경망, 딥러닝을
같은 의미로 사용함

☐ 렐루 함수   **ReLU Function**   [07장 377쪽]

입력이 양수일 경우 마치 활성화 함수
가 없는 것처럼 그냥 입력을 통과시키
고 음수일 경우에는 0으로 만드는 함수

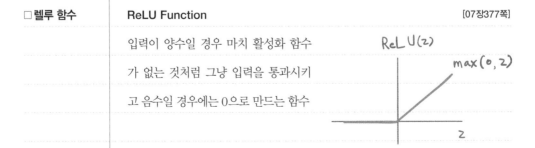

| □ 옵티마이저 | optimizer | [07장 381쪽] |

신경망의 가중치와 절편을 학습하기 위한 알고리즘 또는 방법. 케라스에는 다양한 경사 하강법 알고리즘이 구현되어 있으며 대표적으로 SGD, 네스테로프 모멘텀, RMSprop, Adam 등이 있음

| □ 적응적 학습률 | adaptive learning rate | [07장 383쪽] |

모델이 최적점에 가까이 갈수록 안정적으로 수렴하도록 학습률을 낮추도록 조정하는 방법. 이런 방식들은 학습률 매개변수를 튜닝하는 수고를 덜 수 있는 것이 장점

| □ 드롭아웃 | dropout | [07장 401쪽] |

훈련 과정에서 층에 있는 일부 뉴런을 랜덤하게 꺼서(즉 뉴런의 출력을 0으로 만들어) 과대적합을 막음

| □ 콜백 | callback | [07장 408쪽] |

케라스에서 훈련 과정 중간에 어떤 작업을 수행할 수 있게 하는 객체로 keras.callbacks 패키지 아래에 있는 클래스로 fit( ) 메서드의 callbacks 매개변수에 리스트로 전달하여 사용

08장 ✓

| □ 합성곱 | convolution | [08장 423쪽] |

합성곱은 밀집층과 비슷하게 입력과 가중치를 곱하고 절편을 더하는 선형 계산이지만 밀집층과 달리 합성곱은 입력 데이터 전체에 가중치를 적용하는 것이 아니라 일부에 가중치를 곱함

| □ 필터 | filter | [08장 425쪽] |

밀집층의 뉴런에 해당. 뉴런 = 필터 = 커널 모두 같은 말이라 생각해도 좋음

필터

3	1	0	1
6	4	8	2
4	5	1	1
3	2	5	8

w_1 w_2 w_3
w_4 w_5 w_6
w_7 w_8 w_9

커널

(2, 2) 출력

특성 맵

위 그림 참고

| □ 특성 맵 | feature map | [08장 427쪽] |

합성곱 계산을 통해 얻은 출력을 특별히 특성 맵이라 부름

| □ 패딩과 세임 패딩 | padding과 same padding | [08장 431쪽] |

입력 배열의 주위를 가상의 원소(보통 0)로 채우는 것을 패딩이라고 하고 합성곱 신경망에서는 세임 패딩을 많이 사용함

| □ 밸리드 패딩 | valid padding | [08장 431쪽] |

패딩 없이 순수한 입력 배열에서만 합성곱을 하여 특성 맵을 만드는 경우이며 특성 맵의 크기가 줄어들 수밖에 없음

□ 스트라이드	stride	[08장 434쪽]
	합성곱 층에서 필터가 입력 위를 이동하는 크기로 기본으로 스트라이드는 1픽셀. 즉 한 칸씩 이동함.	

□ 풀링	pooling	[08장 434쪽]
	합성곱 층에서 만든 특성 맵의 가로세로 크기를 줄이는 역할을 수행하지만 특성 맵의 개수는 줄이지 않음. 또한 가중치가 없는 대신 특성 맵에서 최댓값이나 평균값을 선택함	

□ 최대 풀링과 평균 풀링	max pooling과 average pooling	[08장 435쪽]
	풀링을 수행할 때 가장 큰 값을 고르거나 평균값을 계산하는데 이를 각각 최대 풀링과 평균 풀링이라고 부름	

09장 ✓

| □ 순차 데이터 | **sequential data** | [09장 487쪽] |

텍스트나 시계열 데이터와 같이 순서에 의미가 있는 데이터를 말함. 예를 들어 "I am a boy"는 쉽게 이해할 수 있지만 "boy am a I"는 말이 되지 않음

순차 데이터 ⟨ 텍스트. 예) "I am a boy"

시계열. 예) 1일 15℃, 2일 17℃, 3일 16℃, …

| □ **시계열 데이터** | **time series data** | [09장 487쪽] |

일정한 시간 간격으로 기록된 데이터

↳ 주식, 일자별 날씨 등등

| □ **피드포워드 신경망** | **feedforward neural network, FFNN** | [09장 488쪽] |

입력 데이터의 흐름이 앞으로만 전달되는 신경망. 완전 연결 신경망과 합성곱 신경망이 모두 피드포워드 신경망에 속함

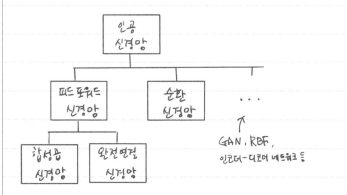

인공 신경망
├─ 피드포워드 신경망
│ ├─ 합성곱 신경망
│ └─ 완전연결 신경망
└─ 순환 신경망
   … ↑ GAN, RBF, 인코더-디코더 네트워크 등

| □ 순환 신경망 | **recurrent neural network, RNN** | [09장 489쪽] |

완전 연결 신경망과 거의 비슷함. 순차 데이터에 잘 맞는 인공신경망의 한 종류로 순차 데이터를 처리하기 위해 고안된 순환 층을 1개 이상 사용한 신경망

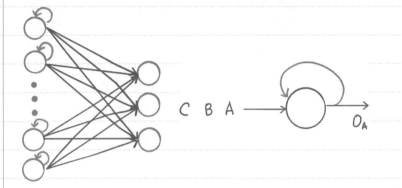

| □ 셀 | **cell** | [09장 490쪽] |

순환 신경망에서는 특별히 층을 셀이라 부르며 한 셀에는 여러 개의 뉴런이 있지만 완전 연결 신경망과 달리 뉴런을 모두 표시하지 않고 하나의 셀로 층을 표현함

| □ 은닉 상태 | **hidden state** | [09장 490쪽] |

순환 신경망에서는 셀의 출력을 은닉 상태라 부름. 은닉 상태는 다음 층으로 전달될 뿐만 아니라 셀이 다음 타임스텝의 데이터를 처리할 때 재사용됨

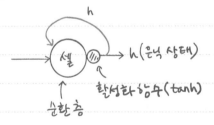

| □ 말뭉치 | **corpus** | [09장 501쪽] |

자연어 처리 분야에서는 훈련 데이터를 종종 말뭉치라고 부름. 예를 들어 IMDB 리뷰 데이터셋이 하나의 말뭉치임

| □ 토큰 | token | [09장 501쪽] |

일반적으로 영어 문장은 모두 소문자로 바꾸고 구둣점을 삭제한 다음 공백을 기준으로 분리하는데 이렇게 텍스트에서 공백으로 구분되는 문자열 또는 단어를 토큰이라고 부름

I am a boy는 4개의 토큰. 한글은 조사가 발달해 형태소 분석을 해야 함

| □ 단어 임베딩 | word embedding | [09장 514쪽] |

순환 신경망에서 텍스트를 처리할 때 즐겨 사용하는 방법으로 입력으로 정수 데이터를 받아 메모리를 훨씬 효율적으로 사용할 수 있음

| □ LSTM | Long Short−Term Memory | [09장 527쪽] |

단기 기억을 오래 기억하기 위해 고안된 순환층. 입력 게이트, 삭제 게이트, 출력 게이트 역할을 하는 작은 셀이 포함

| □ 셀 상태 | cell state | [09장 527쪽] |

LSTM 셀은 은닉 상태 외에 셀 상태를 출력. 셀 상태는 다음 층으로 전달되지 않으며 현재 셀에만 순환됨

LSTM 셀의 간소화 버전으로 생각할 수 있지만 LSTM처럼 셀 상태를 계산하지

않고 은닉 상태 하나만 포함. LSTM보다 가중치가 적기 때문에 계산량이 적지만

LSTM 못지않은 좋은 성능을 내는 것으로 알려져 있음

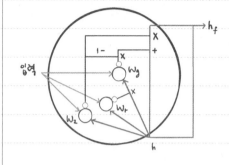

MEMO

MEMO

MEMO

MEMO

**혼자
공부하는
사람들을 위한
용어 노트**